v. Wilpert
Schiller-Chronik

Gero von Wilpert
Schiller-Chronik

Sein Leben und Schaffen

Mit 12 Abbildungen

Philipp Reclam jun. Stuttgart

Umschlagabbildung:
Friedrich Schiller. Porträt in Öl, Jakob Friedrich Weckherlin
zugeschrieben, um 1780

Universal-Bibliothek Nr. 18060
Alle Rechte vorbehalten
© für diese Ausgabe 2000 Philipp Reclam jun. GmbH & Co., Stuttgart
Lizenzausgabe mit Genehmigung des Alfred Kröner Verlags, Stuttgart
© 1958 Alfred Kröner Verlag, Stuttgart
Gesamtherstellung: Reclam, Ditzingen. Printed in Germany 2000
RECLAM und UNIVERSAL-BIBLIOTHEK sind eingetragene Marken
der Philipp Reclam jun. GmbH & Co., Stuttgart
ISBN 3-15-018060-0

Vorwort zur ersten Auflage

Wenn in dem vorliegenden Bande der Versuch gemacht worden ist, das Leben und Schaffen Friedrich Schillers in Form einer chronikalischen Aneinanderreihung der wichtigsten Daten und Fakten aufzuzeichnen, so war sich der Verfasser von vornherein darüber klar, daß die gewählte Form naturgemäß einen Verzicht auf vieles bedeutet: ein Vorübergehen an langen inneren Entwicklungen und Gedankenprozessen, ein Beiseitelassen der großen seelischen und künstlerischen Wendepunkte, die sich nicht immer im einzelnen datieren lassen, eine Einschränkung im Aufzeigen von Querverbindungen und in allen allgemeineren Erörterungen, ein bewußtes Nichtbeachten vor allem der dichterischen Bedeutsamkeit und der literarhistorischen Interpretation, derjenigen Gesichtspunkte also, die sich nur in synthetischer Schau und deutender Beschreibung erfassen lassen, dem strengen Gerüst einer Chronologie jedoch sich entziehen.

Zu allen diesen formalen Bedenken kommt hinzu, daß die Abfassung einer Schiller-Chronik noch heute, rein vom Inhaltlichen her ein Wagnis darstellt – ein Wagnis freilich, das schon im Jahre 1900 unter noch weit ungünstigeren Voraussetzungen Ernst Müller in seinen hier dankbar benutzten »Regesten zu Friedrich Schillers Leben und Werken« auf sich genommen hat. Die Schiller-Forschung befindet sich heute wie damals noch in dauerndem Fluß, und wenngleich sie sich heute gemäß den modernen Strömungen der Literaturwissenschaft in stärkerem Maße der Interpretation des Werkes als der biographischen Einzeluntersuchung zuwendet, so schließt dies die gelegentliche Neuentdeckung von biographischen Bezügen, ja selbst von Handschriften und Werkteilen, nicht aus.

Trotzdem und gerade wegen der bezeichneten Abkehr der Forschung von der Biographie zur Werkdeutung erscheint der Zeitpunkt gekommen für eine Zusammenfassung der Ergebnisse in chronologischer Gestalt. Die Vielzahl falscher Daten und Angaben in der Schiller-Literatur der letzten Jahrzehnte ist ein erschreckendes Symptom und spricht eine beredte Sprache für die Notwendigkeit eines solchen Unterfangens.

Diesem Übelstand abzuhelfen und in chronologischer Reihe die gesicherten Daten aller wesentlichen Ereignisse aus dem Leben und Schaffen des Dichters übersichtlich zusammenzustellen, ist die Aufgabe dieses Bandes, der nach dem Vorbild von Biedermanns Goethe-Chronik als Extrakt einer Biographie zu rascher Orientierung über Leben und Werk dienen soll.

Aufgenommen wurden daher alle wesentlichen biographischen Tatsachen, alle Reisen, Ortsveränderungen, Lebensumstände und Krankheitsfälle, alle wichtigen Besuche und Bekanntschaften, belegte Lektüre und Theaterbesuche, Konzeption und Entstehungsphasen der einzelnen Werke, auch der einzelnen Gedichte, Uraufführungen und wichtige Erstaufführungen der Dramen sowie alle Vorstellungen in Schillers Anwesenheit, schließlich die Daten zur Drucklegung der einzelnen Werke sowie alle Erstdrucke zu Lebzeiten des Dichters.

Hinsichtlich der Reichweite der aufzunehmenden Daten war durch den gebotenen Umfang des Bandes schon ein gewisses Ziel gesetzt, das sich als tunlich erwies, um die Biographie nicht zu weit in den bloß stichwortartigen Charakter eines Tagebuchs ausarten zu lassen; andererseits konnte wichtigeren Ereignissen ein etwas breiterer Raum gegönnt werden.

Auf diese Weise glaubt der Verfasser den Mittelweg gefunden zu haben, der einerseits die Belanglosigkeiten und Nichtigkeiten des täglichen Einerlei vermeidet, andererseits aber doch mit aller möglichen Objektivität den Dichter im

Alltag zeigt und jenen eigentümlichen Reiz wahrt, den seine kleinen Sorgen und Freuden auf den heutigen Betrachter ausüben, wenn er das Leben eines Großen Monat für Monat, Woche für Woche, ja fast Tag für Tag an sich vorbeiziehen sieht.

In dieser Treue im Kleinen, die der großen synthetischen Biographie schon aus stilistischen Gründen versagt ist, weil sie nur zu leicht von der Überschau aus die zeitliche Reihenfolge der Ereignisse verwischt, mag nun auch der eigentliche Wert dieser Arbeit liegen, die als notwendige Ergänzung zu jeder Werkausgabe und zu jeder Schillerbiographie dienen soll.

Es ist selbstverständlich, daß eine Arbeit wie die vorliegende nur zum Teil auf eigener Forschung beruht, daß sie neben der sorgsamen Auswertung der Quellen, Briefe, Gespräche, Kalendereintragungen, Zeugnisse und Tagebuchaufzeichnungen der Zeitgenossen auch die Ergebnisse der modernen Forschung heranziehen muß. Die Aufzählung der entsprechenden Werke, die dem Kenner geläufig sind, muß hier schon aus Raumgründen unterbleiben; der Verfasser fühlt sich allen denjenigen verpflichtet, die sich um die Erhellung unseres Schillerbildes verdient gemacht haben.

Es liegt ferner im Wesen der gewählten Form, daß sie sich nicht in die Diskussion um einzelne Fakten und Daten einlassen kann. In diesen Fällen schließt sich die Chronik dem Termin der größten Wahrscheinlichkeit oder der überwiegenden Meinung der Forschung an, versieht jedoch im Interesse der Verläßlichkeit jedes umstrittene oder nur vermutete Datum mit einem Fragezeichen.

Hinsichtlich der Schreibweise wurden alle Zitate und Titelangaben der modernen Orthographie angepaßt, soweit dies ohne Veränderung des Klangbildes möglich war. Nur bei der bibliographischen Anführung der Erstausgaben schien es geboten, den Drucktitel mit allen orthographischen Besonderheiten wiederzugeben

Eine Bemerkung verdient schließlich noch die Beziehung

Schillers zu Goethe. Der Verkehr der beiden Dichter steht
im Mittelpunkt der letzten Weimarer Jahre. Hier wurde, um
ein unverzerrtes Bild der Tatsachen zu geben, jeder belegte
Besuch und jeder Gedankenaustausch sorgsam aufgezeich-
net, ebenso wie jede Abwesenheit Goethes vom Aufenthaltsort Schillers festgehalten wurde, um einen möglichst
genauen Spiegel der gegenseitigen Beziehungen zu geben.

Für mannigfache Hinweise und Unterstützung bei der
Durchsicht des Textes bin ich Herrn Prof. Dr. Reinhard
Buchwald und den Herren des Schiller-Nationalmuseums
in Marbach zu Dank verpflichtet. Bei der Sammlung des
Materials, der Korrektur und der Anfertigung der Register
hat mich meine Frau in gewohnter Weise dankenswert unterstützt.

Wenn trotz aller erdenkbaren Sorgfalt bei der Material-
sammlung und Drucklegung Irrtümer, die nun einmal im
Bereich des Menschlichen liegen, unterlaufen sein sollten, so
bitte ich dies zum Anlaß von Berichtigungen oder Ergän-
zungsvorschlägen zu nehmen.

Stuttgart, Herbst 1958   *G. v. W.*

Vorwort zur zweiten Auflage

Der ersten Auflage dieses Bandes 1958 im Alfred Kröner
Verlag, Stuttgart, folgten 1959 eine Lizenzausgabe für die
DDR im Akademie-Verlag, Berlin, und eine stark gekürzte
Fassung in dem 1966 von Bernhard Zeller im Insel-Verlag
herausgegebenen Band »Schillers Leben und Werk in Daten
und Bildern«. Zu meiner Freude hat sich dieser Versuch im
Kalendermachen das Wohlwollen der Kritik, die Gunst der
Schiller-Freunde und das Vertrauen der Schiller-Forschung

erworben, die weiterhin oft darauf zurückgreift. Nachdem die Zeit der großen Schiller-Biographien abgeklungen ist und die biographische Forschung sich mehr Spezialuntersuchungen und den nicht sehr zahlreichen Neuentdeckungen widmet, ergab sich für die vorliegende, durchgesehene und ergänzte Neuauflage lediglich eine Reihe von kleinen Verbesserungen und Erweiterungen aufgrund des jüngsten Forschungsstandes. Der Grundbestand des Textes jedoch konnte fast unverändert und ungekürzt beibehalten werden und möge weiterhin zur Orientierung über Schillers Leben und Werk dienen.

Ergänzende Hinweise zur Benutzung: Die Titel von Schillers Werken sind *kursiv* gesetzt. Im Text kürzehalber weggelassene Vornamen sind im Register zu erschließen. Schillers Aufenthaltsorte erscheinen bei Ortswechseln im Text jeweils g e s p e r r t, so daß der nächste zurückliegende gesperrte Ortsname immer Schillers derzeitigen Aufenthaltsort bezeichnet.

Sydney, Herbst 2000 *G. v. W.*

Chronik

1759

November 10. Johann Christoph Friedrich Schiller in der kleinen Wohnung der Eltern zu Marbach am Neckar geboren.

Vater: Johann Kaspar Schiller, geboren am 27. Oktober 1723 in Bittenfeld, am Studium durch den frühen Tod des Vaters verhindert, seit 1733 Feldarbeit, seit 1738 Barbierlehrling in Denkendorf, 1741/1742 Barbier in Backnang und Lindau, 1743 in Nördlingen, wo er Französisch und Fechten lernt, September 1745 bis März 1749 als Feldscher eines bayrischen Husarenregiments im Österreichischen Erbfolgekrieg in den Niederlanden ausgezeichnet,

Schillers Geburtshaus in Marbach.
Kreidezeichnung von Ludwig von Gleichen-Rußwurm, 1859

1749–1753 Wundarzt in Marbach, seit 22. Juli 1749 dort verheiratet, wegen drohendem Vermögensverlust der Schwiegereltern seit 7. Januar 1753 Regimentsfurier bei der Armee des Herzogs Karl Eugen von Württemberg im Siebenjährigen Krieg, wurde am 16. September 1757 Fähnrich und Adjutant, am 21. März 1758 Leutnant, stand z. Z. der Geburt in der 2. hessischen Kampagne am Main, wohin die Armee am 28. Oktober 1759 aus der Heimat aufgebrochen war. – Grundzüge seines Charakters: praktisch, redlich und kämpferisch.

Mutter: Elisabeth Dorothea, geb. Kodweiß, geboren am 13. Dezember 1732 als Tochter des Wirtes »Zum Goldenen Löwen« in Marbach. – Grundzüge ihres Charakters: gütig, mild, religiös, innerlich.

Großeltern väterlicherseits: Johannes Schiller, 1682 bis 1733, Bäcker und Schultheiß in Bittenfeld. – Eva Margarethe Schatz, 1690–1788, Uhrmacherstochter aus Alfdorf.

Großeltern mütterlicherseits: Georg Friedrich Kodweiß, 1698–1771, Löwenwirt und Bäcker in Marbach. – Anna Maria Munz, 1698–1773, Bauerntochter vom Röhracher Hof bei Rietenau.

Ahnen: protestantische Bäcker, Gastwirte und Weinbauern aus dem Remstal, bis ins 16. Jahrhundert zurück verfolgbar.

Ältere Geschwister: Elisabeth Christophine Friederike, geboren am 4. September 1757 in Marbach.

November 11.   Taufe und Eintragung ins Kirchenbuch. Taufzeugen sind des Vaters Regimentskommandeur Christoph Friedrich von der Gabelenz, der Bürgermeister Hartmann in Marbach und der Bürgermeister Hübler in Vaihingen, der verwandte Philosophiestudent Johann Friedrich Schiller, die Kollaboratorswitwe Ehrenmann und die Vogtstochter Wölfing aus Marbach, Jungfer Sommer aus Stuttgart, Jungfer Bilfinger und Jungfer Werner aus Vaihingen. Nachher hat sich dazu angegeben: Oberst von Rieger.

1760

Januar 13. Die Truppe des Vaters bezieht Winterquartiere im Bistum Würzburg. Frau Dorothea Schiller reist nach ihrer Genesung mit den Kindern dem Gatten nach, der z. Z. als Dolmetsch bei dem französischen Kommissionär amtiert, und wohnt mit ihm in einem Wirtshaus in Würzburg nahe der Mainbrücke.

Mai 18. Abmarsch der württembergischen Truppen aus den Winterquartieren in Würzburg, Heimkehr nach Württemberg, wo die Regimenter ergänzt werden; der Vater Schiller kommt zum Stab nach Vaihingen.

Juli 20. Abmarsch der Truppen nach Sachsen und Thüringen zum letzten Feldzug.

1761

Januar. Rückkehr der Truppen in die Heimat in die Winterquartiere; Vater Schiller mit dem Stab nach Urach.

Februar. Versetzung des Vaters nach Cannstatt, wohin vermutlich die Familie nachfolgt.

August 17. Ernennung des Vaters zum Hauptmann.

1762

Der Vater liegt mit dem Regiment in Ludwigsburg, Stuttgart und schließlich endgültig wieder in Ludwigsburg in Garnison; die Familie zieht vermutlich immer mit, läßt sich jedoch erst in Ludwigsburg zu dauernder Häuslichkeit nieder. Von hier aus häufige Besuche der Mutter mit den Kindern bei den Großeltern Kodweiß in Marbach.

Johann Caspar Schiller und Elisabeth Dorothea Schiller.
Ölgemälde von Ludovike Simanowiz, 1793

1763

Dezember 24. Versetzung des Vaters Schiller als Werbe-
offizier in die Freie Reichsstadt Schwäbisch Gmünd.

1764

Anfang. Die Familie folgt nach Schwäbisch Gmünd
nach, der Vater läßt sich jedoch bald darauf mit seiner
Familie zur Verringerung der Unterhaltskosten in dem
benachbarten württembergischen Dorf Lorch nieder.
Wohnung anfangs im Gasthaus zur Sonne, dann beim
Schmied Molt gegenüber dem Gasthof zum Lamm.
Jugendfreundschaft mit Karl Philipp Conz und Christoph
Ferdinand Moser.
Der Vater erklärt Friedrich in Lorch die Zeugnisse historischer Vergangenheit (Hohenstaufengräber; vgl. den späteren Plan eines Konradin-Dramas) und nimmt die Kinder
oft auf seinen Dienstwegen nach Gmünd mit. Daneben
häufige Spaziergänge mit der Schwester in die umliegen-
den Wälder und auf den Klosterberg.
Der durch das Vorbild des Pfarrers Philipp Ulrich Moser
erregte Wunsch Friedrichs, Geistlicher zu werden, wird
durch die Eltern gefördert. Vorliebe des Knaben besonders im 6. und 7. Jahr, mit einer schwarzen Schürze ange-
tan von einem Stuhl herab Predigten an seine Geschwister und Gespielen zu halten, wenn ihn ein frommer
Gedanke ergreift: Auslegung von Begebenheiten, Liedern
und Sprüchen, die sich bei mangelnder Andacht der »Ge-
meinde« in Strafpredigten wandeln.
Durch die Mutter Bekanntschaft mit religiösen Dichtern
wie Gellert, Paul Gerhardt und Uz.

1765

Erster regelmäßiger Elementarunterricht in der Lorcher Dorfschule bei dem trägen und nachlässigen Schulmeister J. Chr. Schmid, sommers 5, winters 6 Std. täglich.

Daneben ab 6. Jahr erster Lateinunterricht beim Prediger Moser zusammen mit dessen Sohn Christoph Ferdinand. (Dem Pfarrer Moser wird später in den *Räubern* ein Denkmal gesetzt.)

1766

Januar 23. Geburt der zweiten Schwester, Luise Dorothea Katharina, in Lorch.

Beginn des Anfangsunterrichts im Griechischen beim Pfarrer Moser; damit hört vermutlich der Besuch der Dorfschule auf.

August. Da der Herzog Schillers Vater an Diäten und Besoldung rd. 3400 Gulden schuldet, muß der Vater in der Not den letzten Rest seines Vermögens, einen Viertelmorgen Weinberg in Marbach, unmittelbar vor der Ernte verkaufen.

November 22. Charlotte von Lengefeld, spätere Gemahlin Schillers, in Rudolstadt geboren.

Dezember 23. Der Hauptmann Schiller läßt sich des billigeren Lebens wegen, da er über drei Jahre seit 1764 auf eigene Kosten habe leben müssen und nichts mehr zuzusetzen habe, zum Regiment in die Garnison Ludwigsburg zurückversetzen. Er erhält die im Rückstand gebliebenen Diätengelder und Besoldung für sich und die beiden ihm unterstellten Unteroffiziere von der Kriegskasse angewiesen, kann aber erst nach neun Jahren »mit Akkord« dazu gelangen. Erste Ludwigsburger Wohnung 1766–1767 beim Leibchirurgen Reichenbach (Hintere

Schloßstraße 26), dann zusammen mit der Familie von Hoven im Hause des Hofbuchdruckers Chr. Fr. Cotta in der Stuttgarter Straße 26.

1767

Anfang. Eintritt in die Ludwigsburger Lateinschule zusammen mit seinem Kameraden Friedrich Wilhelm von Hoven; beider Ausbildung zum Geistlichen vorgesehen. Schulunterricht sommers 7.00–11.00 und 14.00–17.00 Uhr, winters 8.00–11.00 und 14.00–16.00 Uhr. In der ersten Klasse beim Präzeptor Abraham Elsässer nur Latein und Religion, am Freitag auch Deutsch, dazu sonntags die Pflicht, der kirchlichen Predigt beizuwohnen, und nachmittags Katechisation. Fleißiges Lernen beim strengen, aber freundlichen Lehrer.

Ostermontag. Spaziergang mit Mutter und Schwester zu den Großeltern nach Marbach; Emmaus-Erlebnis.

Juli 11. Prunkvoller Einzug des Herzogs Karl Eugen bei seiner Rückkehr aus Venedig in Ludwigsburg, wobei die Schüler, wohl auch Schiller, Spalier stehen.

Sommer. Einige Tage mit dem Vater im großen Musterungslager des Herzogs verlebt; erste Eindrücke für *Wallensteins Lager*.

Herbst. Vermutlich Aufrücken in die 2. Klasse der Lateinschule zum strenggläubig-frömmelnden Präzeptor Philipp Christian Honold; Schulfreundschaft mit dem Arztsohn und späteren Karlsschüler Immanuel Gottlieb Elwert.

Der Vater Schiller gründet hinter seiner Wohnung in Ludwigsburg eine Baumschule, aus der er später 4000 Obstbäume auf die Solitude pflanzt, und veröffentlicht 1767/1768 seinen ersten Versuch über Fragen der praktischen Volkswirtschaft, 5 Hefte »Betrachtungen über Landwirtschaftliche Dinge in dem Herzogthum Würtemberg ...

aufgesetzt von einem Herzoglichen Officier« (1769 als
»Oekonomische Beyträge zur Beförderung des bürgerlichen Wohlstandes« Band I zusammengefaßt).

1768

Sommer (?). Wanderung mit I. G. Elwert nach Harteneck und Neckarweihingen, um eine durch gutes Aufsa-
gen des Katechismus beim Präzeptor Honold verdiente
Belohnung von je 2 Kreuzern als Milch zu verzehren,
die in Harteneck jedoch nicht vorhanden ist. Dabei erstes Erwachen jugendlichen Dichtergeistes: Fluch über
das ungastliche Harteneck, Segen über Neckarweihingen.

Herbst. Die bisher dreiklassige Ludwigsburger Lateinschule erhält eine 4. Klasse.

Herbst (?). Erste Theatereindrücke beim Besuch des Ludwigsburger Hoftheaters, zumeist mit Opernaufführun-
gen, zu dem die Offiziere mit ihren Familien freien Zutritt haben und wohin der Vater Friedrich als Belohnung
für Schulfleiß gelegentlich mitnimmt. Nachhaltige Wirkung der Eindrücke in improvisierten eigenen Aufführungen mit ausgeschnittenen Pappfiguren (bis 1773) und
gelegentlichen Schauspielereien mit Freunden und Geschwistern.

November 20. Geburt der Schwester Maria Charlotte.

1769

Januar 1. Ältestes erhaltenes Gedicht, ein Neujahrsgruß an
die Eltern neben lateinischer Prosaübersetzung; vielleicht
auch nur Abschrift eines der, wie damals üblich, in der
Schule diktierten und zum Übersetzen ins Lateinische
bestimmten Gedichte (*Herz geliebte Eltern*).

September. Erstes Landexamen, das zur späteren Aufnahme in das Tübinger Stift berechtigt und den Weg zum Theologiestudium eröffnet, in Stuttgart beim Prälaten und Magister Knaus gut bestanden (»puer bonae spei«). Bis 1772 jährlich wiederholt.

Herbst. Vermutlich Aufrücken in die 3. Klasse zu dem Oberpräzeptor Johann Friedrich Jahn, dem bedeutendsten der Ludwigsburger Lehrer. Zusätzlich Griechischunterricht und die Anfangsgründe des Hebräischen; im Lateinunterricht Lektüre von Vergils »Aeneis« und Horaz' Oden.

1770

Erste lateinische Distichen, durch die Schullektüre angeregt und von Jahn gefördert, mit erstaunlicher Leichtigkeit verfaßt (meist verloren).

September. Zweites Landexamen mit gutem Zeugnis in Stuttgart bestanden.

September 10. Hauptmann Schiller, bisher nur Titularhauptmann, erhält eine eigene Kompanie zugeteilt.

Dezember 14. Gründung des Militärwaisenhauses für Kinder unbemittelter niederer Offiziere durch Herzog Karl Eugen auf der Solitude bei Stuttgart, wo schon seit Februar 1770 14 Waisen unterrichtet wurden. Zu Jahresende Aufforderung des Herzogs an seine Offiziere, ihre Söhne der Anstalt zu übergeben.

1771

Januar 1. Schiller überreicht seinem Vater einen lateinischen Neujahrsglückwunsch in Prosa.

Februar 11. Erweiterung des Waisenhauses auf der Solitude zur »Militär-Pflanzschule« mit philosophischen

Fächern, entsprechend der Unter- und Mittelstufe eines Gymnasiums.

Juni 15. Versetzung Jahns an die Militär-Pflanzschule. Den Unterricht in der Ludwigsburger Lateinschule übernimmt als Nachfolger Jahns für die 3. Klasse der Oberpräzeptor Philipp Heinrich Winter. Zu dessen Begrüßung verfaßt Schiller ein lateinisches Gedicht, von dem ein Pentameter überliefert ist. – Schullektüre bei Winter: Ovids »Tristia«.

Juni 17. Übertritt der Brüder Wilhelm und August von Hoven aus der Ludwigsburger Lateinschule in die Militär-Pflanzschule.

September. Drittes Landexamen mit dem gleichen guten Zeugnis in Stuttgart bestanden.

September 28. Lateinisches Danksagungsgedicht an den Ludwigsburger Dekan Georg Sebastian Zilling als Vorgesetzten der Lateinschule für die Gewährung der Herbstferien.

1772

Rückschläge und Nachlassen der Leistungen in der Schule, bedingt durch zu schnelles Wachstum.

Konfirmationsunterricht für Offizierssöhne beim Garnisonspfarrer Heinrich Friedrich Olnhausen (für die Bürgerkinder beim Dekan Zilling).

April 25. Am Tage vor der Konfirmation Entstehung des ersten selbstverfaßten deutschen Gedichtes (verloren), das wohl nach dem Vorbild Gellerts die Gefühle angesichts der bevorstehenden heiligen Handlung ausdrücken sollte, veranlaßt durch die Mahnung der Mutter, sich statt gleichgültigen Herumschlenderns der Wichtigkeit des Ereignisses bewußt zu werden. Reaktion des Vaters: »Bist du närrisch geworden, Fritz?«

April 26. Am Sonntag Quasimodogeniti Konfirmation in der Garnisonskirche durch den Garnisonspfarrer Olnhausen (der Bürgerkinder in der Stadtkirche durch Dekan Zilling).

Entstehung der ersten (nicht erhaltenen) Trauerspiele *Die Christen* und *Absalon*, wohl unter dem Einfluß Klopstocks.

September. Viertes Landexamen in Stuttgart mit weniger günstigem Zeugnis bestanden, da Schiller es den Mitschülern – wohl infolge Kränklichkeit durch schnelles Wachstum – nicht völlig gleichgetan habe.

Jahresende. Schulabschluß. Plötzliche Änderung des Lebensplanes durch Eingriff des Herzogs: Karl Eugen von Württemberg, der sich von den Schulen des Landes die besten Schüler, besonders Offizierssöhne, melden ließ, hatte schon weit früher den Vater Schiller aufgefordert, seinen Sohn Friedrich zur kostenfreien Erziehung und späteren Versorgung auf die Militär-Pflanzschule zu entsenden. Die erste Aufforderung war von dem Vater mit dem Hinweis auf die Neigung seines Sohnes zum Theologiestudium (das auf der Militär-Pflanzschule nicht möglich war) abgewiesen worden. Dem dritten Versuch des Herzogs mit der Zusicherung freier Wahl des Studienfachs und einer besseren Versorgung als im geistlichen Stand kann sich Schiller nicht entziehen, ohne den Zorn des Herzogs fürchten zu müssen. Erster geheimer Widerwille gegen diesen.

1773

Januar 16. Schiller zieht, von seinem Vater begleitet, unglücklich und wider seinen Willen auf die Solitude, um in die Militär-Pflanzschule einzutreten.

Medizinische und Intelligenz-Prüfung durch den Medikus Dr. Storr und Professor Jahn; Wiedersehen mit diesem und den Brüdern von Hoven.

Streng diszipliniertes und überwachtes Kasernenleben,

Perückentragen und Uniformzwang; bewußte Absonde-
rung von den Eltern, für die der »Vater« Karl Eugen eintritt, Besuche nur selten gestattet, Urlaub nur in ganz
dringenden Fällen, keine Ferien. Fest geregelter Tages-
lauf: Aufstehen sommers 5 Uhr, winters 6 Uhr, Musterung, Rapport, Frühstück, dann Unterricht 7–11 Uhr,
11–12 Uhr Montursäubern und Musterung durch den
Herzog, 12 Uhr Mittagessen, Spaziergang in Abteilun-
gen unter Aufsehern, Unterricht 14–18 Uhr, Erholungs-
stunde 18–19 Uhr, Musterung, Rapport, Abendessen
19.30 Uhr, Schlafengehen 21 Uhr. Sonntags größere
Spaziergänge unter Aufsicht von Offizieren.

Im ersten Jahr noch kein festes Fakultätsstudium; humani-
stischer Unterricht (Moral 4 Std., Geographie 2 Std., Geschichte 2 Std., Mythologie 2 Std., Latein 15 Std., Griechisch, Religion und Römische Antiquitäten) bei Prof.
Jahn, Französisch 4 Std. beim Sprachmeister Gerhardi,
Mathematik bei Leutnant Rösch, Geometrie 7½ Std., ferner Naturkunde, Musik, Zeichnen, Reiten, Fechten und
Tanzen.

Januar 18. Dankschreiben des Vaters an den Intendanten
der Militär-Pflanzschule, Obristwachtmeister Christoph
Dionysius von Seeger, für die seinem Sohne erwiesene
Gnade.

Beginn der Freundschaft mit Friedrich Scharffenstein.

Februar 17. und 19. Strafbillets wegen Unreinlichkeit.

März 11. Erhebung der Militär-Pflanzschule zur »Herzoglichen Militär-Akademie«. Angliederung einer Oberstufe.

Mai 4. Geburt der Schwester Beata Friederike in Ludwigsburg, die Schiller, da sie bereits am 22. Dezember 1773
starb, wohl nie gesehen hat.

Oktober 23. Strafbillet wegen Unaufmerksamkeit beim
Tischgebet.

November 2. Eintritt des späteren Freundes Wilhelm Petersen in die Militärakademie.

November 16. Zeugnis des Rittmeisters Faber: »Schiller ist

voll guten Willens und hat einen großen Trieb, etwas zu
lernen, wegen seinem dissoluten und langsamen Wesen
aber öftere Ermahnungen nötig; er erkennt seine Fehler
gern und gibt sich Mühe, sie zu verbessern.«

November 21. Bestrafung mit 12 Weidenstock-Streichen,
weil Schiller sich für 6 Kreuzer Wecken auf Borg kommen ließ (vgl. 24. Dezember).

Dezember 14. Jahrestagsfeier der Schule. Festrede des Tübinger Staatsrechtlers Gottfried Daniel Hoffmann »Von
den oberlandesherrlichen Befugnissen über die Jugend eines Staats, sonderlich in Rücksicht auf die Erziehung derselben, als derselben größte und nötigste Wohltat«; erste
Veranstaltung dieser Art, der Schiller beiwohnt, wie wohl
auch der Aufführung von Molières »L'Avare«, eines Bal-
letts und der italienischen Operette »I Pitagorici« von
Boroni durch die Zöglinge der Schule. – Nach der Platzanordnung ist Schiller meist der 4. von 11, in Französisch
der 12. von 19, in Mathematik der 15. von 27; in Griechisch ist er der 1. von 11 und erhält einen Preis (Medaille
und Pergamenturkunde) für die beste Aesop-Überset-
zung.

Dezember 22. Tod der Schwester Beata Friederike.

Dezember 24. Erhalt eines Strafbillets, weil Schiller sich
mit den Eleven Batz und Groß »durch die Reinigungs-
magd Kaffee machen lassen«, wofür Groß ein Hemd gegeben hatte. – In der Zeit vom Februar 1773 bis Februar
1774 erhält Schiller die einzigen 6 solcher Strafbillets;
später besorgen ein Mitschüler und ein Krankenwärter
die verbotenen Schleich-Einkäufe zur Ergänzung der
Kost.

Lektüre im ersten Karlsschuljahr: anfangs Haller, Vergil, die
Psalmen, Lutherbibel, Uz, E. v. Kleist, Klopstocks Oden
und »Messias«. – Gegen Jahresende Abwendung von der
religiösen Dichtung zum Sturm und Drang: Gerstenbergs
»Ugolino« als erstes weltliches Drama, Goethes »Götz
von Berlichingen«, wohl auch Lessings Dramen.

Werke des Jahres: der Hymnus *An die Sonne* in Anlehnung an Klopstocks Oden und ein (nicht erhaltenes) episches Gedicht *Moses* nach dem Vorbild des »Messias«.

1774

Anfang des Jahres. Angliederung einer juristischen Fakultät an die Militärakademie und Entschluß Schillers zum Jurastudium, jedoch entgegen seinem eigentlichen Wunsch und daher nur mit geringen Fortschritten und mäßigem Einsatz; dagegen Durchbruch des dichterischen Interesses und in jedem freien Augenblick heimliche Lektüre von neuesten Dichtungen.
Unterricht dieses Jahres: wöchentlich 3 Std. Naturrecht, 3 Std. Reichsgeschichte und 2 Std. römische Rechtsaltertümer bei Prof. Johann Friedrich Heyd, 6 Std. Philosophie, 6 Std. Rhetorik, d. h. Latein (Lektüre: Terenz, Horaz' »Ars poetica« und Ciceros Briefe), 3 Std. Griechisch und 4 Std. Geschichte und Geographie bei Prof. Jahn, 5 Std. Französisch bei Gerhardi und Frank, 6 Std. Mathematik bei Rösch, 1 Std. Religion bei Prof. Karl Friedrich Harttmann, je 1 Std. Reiten, Fechten und Tanzen.
Januar 29. Der Herzog stellt den Zöglingen zur schriftlichen Beantwortung der Frage: »Welcher unter euch ist der Geringste?«. Schillers Antwort in lateinischen Distichen bezeichnet in Übereinstimmung mit den übrigen Zöglingen Karl Kempff als den Ungeratensten.
März 29. Tod der Schwester Maria Charlotte im Alter von 6 Jahren in Ludwigsburg.
Juni. Zusätzliche nichtöffentliche Prüfungen der Zöglinge zur Kontrolle der durchgeführten Schulreformen (Fachlehrer- statt Klassensystem).
August 12. Besuch Johann Kaspar Lavaters in der Militärakademie zur Erweiterung seiner physiognomischen Beobachtungen.

September 2. bis Oktober 7. Krankheit Schillers, die sie-
bente seit dem Eintritt in die Militärakademie. Die
schlechte Gesundheit erklärt die geringen Leistungen und
den mangelnden Fleiß dieses Schuljahres; Folge des ra-
schen Wachstums.

September 23. Schriftlicher Revers der Eltern, daß ihr Sohn
zum Dank für die Erziehung in der Militärakademie sich
gänzlich den Diensten des herzoglich württembergischen
Hauses widmen werde und ohne Erlaubnis daraus auszu-
treten nicht befugt sei.

Herbst. Auf Befehl des Herzogs hat jeder Zögling von den
Mitschülern seiner Abteilung und sich selbst eine Schilderung nach Fehlern, Vorzügen, Fähigkeiten, Neigungen,
Verhältnis zur Religion, zum Herzog, zu Lehrern, Vor-
stehern und Mitschülern sowie Zufriedenheit und Reinlichkeit einzureichen. Anlaß zur Menschenbeobachtung
nach traditionellen Moralbegriffen. Schillers Selbstcha-
rakteristik gesteht seine fortdauernde Neigung zur Theo-
logie; die Urteile der Mitschüler betonen seine freund-
schaftliche Gesinnung, gute Geistesanlagen, Neigung zur
Dichtkunst, bemängeln gelegentlich fehlende Reinlichkeit
und Hang zur Eingezogenheit. – Lektüre von Goethes
»Die Leiden des jungen Werthers« und anschließend
»Clavigo«. Plan der geheimen Dichterfreunde Schiller,
Scharffenstein, von Hoven und Petersen zu einem (unge-
schriebenen) gemeinsamen Roman, einem zweiten »Werther«.

Dezember 14. Am Stiftungstag bei der Preisverteilung
Festrede des Tübinger Staatsrechtlers Hoffmann »Von
den Glückseligkeiten eines Landes, dessen Fürst selbst
regiert«. Aufführung des französischen Singspiels »Le dé-
serteur« von Boroni durch die Zöglinge, bei der Schillers
Anwesenheit möglich. – Nach der Platzanordnung im
Wissen teilen sich Schiller und die Brüder von Hoven in
die letzten Plätze, da sie der Dichtung zuviel Zeit gewidmet haben. Der Unzufriedenheit der Lehrer, die Schillers

Innenhof der Herzoglichen Militärakademie in Stuttgart.
Kolorierter Kupferstich nach einer Zeichnung
von Karl Philipp Conz

Leistungen als nur sehr mittelmäßig beurteilen und die Ursache in mangelnder Begabung oder Faulheit suchen, begegnet der Herzog mit dem Urteil: »Laßt mir diesen nur gewähren, aus dem wird etwas.«

Jahresende. Ausscheiden Jahns aus der Militärakademie wegen Meinungsverschiedenheiten in pädagogischen Fragen; 25. März 1775 seine Ernennung zum Professor für die Oberklasse der Ludwigsburger Lateinschule. An seine Stelle treten für Schillers Klasse im Philosophieunterricht Prof. August Friedrich Böck und im Griechischunterricht Prof. Johann Jakob Heinrich Nast.

Werke des Jahres: (verlorene) Versuche in metrischen Übersetzungen lateinischer Dichter.

1775

Unterricht dieses Jahres: Auf Anregung Prof. Jakob Friedrich Abels wird Philosophie Zentralfach des gesamten Unterrichts: Wöchentlich 15 Std. Philosophie (Logik) und Rhetorik bei Prof. Böck, 10 Std. Jura, neben der Fortsetzung der Kollegs von Prof. Heyd 2 Std. Rechtsgeschichte und 3 Std. Reichsgeschichte bei Prof. David Christoph Seybold, 8 Std. Mathematik bei Prof. Wilhelm Gottlieb Rappolt, 3 Std. Griechisch bei Prof. Nast (Lektüre: Xenophons »Erinnerungen an Sokrates« und Homer anhand von Bürgers Übersetzung), 5 Std. Französisch bei Prof. Uriot, 3 Std. Statistik und Geschichte bei Prof. Johann Gottlieb Schott, die übrigen Fächer wie 1774.

Januar. Schubarts Erzählung »Zur Geschichte des menschlichen Herzens« erscheint im »Schwäbischen Magazin«. Schiller, von Hoven (sogleich?) darauf hingewiesen, benutzt sie als wesentlichste Stoffquelle für die *Räuber*, deren erste Konzeption vielleicht schon in diesem Frühjahr erfolgt.

Mai. Die Nachricht vom amerikanischen Unabhängigkeitskrieg ruft bei der Schülerschaft lebhafte Anteilnahme hervor und spaltet sie in zwei Parteien. Schiller beteiligt sich nicht an den Auseinandersetzungen.

November 5.–6. Besuch der Prinzen Karl August und Georg von Meiningen in der Militärakademie.

November 18. Verlegung der Militärakademie von der Solitude in die früheren Kasernengebäude hinter dem Neuen Schloß in Stuttgart. Die militärisch geordnete, uniformierte Kolonne der Schüler mit allen Lehrern und Vorgesetzten wird vom Herzog eine halbe Stunde vor Stuttgart eingeholt und in feierlichem Zuge in die Hauptstadt geführt. – Einrichtung einer medizinischen Fakultät. – Die strenge Absperrung der Zöglinge gegen die Außenwelt muß im Stadtbereich notwendigerweise ge-

lockert werden; erleichtertes Eindringen literarischer
Neuerscheinungen.

Dezember 5. Der Vater Schiller wird im Zuge der Heeres-
verminderung aus dem Militärdienst entlassen und zum
Vorgesetzten der Herzoglichen Hofgärtnerei auf der Solitude mit Oberaufsicht über alle herzustellenden Garten-
anlagen, Baumpflanzungen und Forstschulen ernannt.
Eintritt Friedrich Haugs, des späteren Freundes, in die
Militärakademie.

Dezember 14. Anläßlich des Stiftungsfestes bei der Preisverteilung Festrede von Prof. Böck »Von der Ordnung
als der Seele der Erziehung«. Auch bei der Aufführung
des französischen Singspiels »Zemire et Azor« von Boroni durch die Zöglinge im Großen Opernhaus vor Herzog und Hof Schillers Anwesenheit möglich. Tiefstand
von Schillers Leistungen: nach dem Platzordnung das
ganze Jahr hindurch in allen Fächern, außer Griechisch,
der letzte seiner Abteilung. – Entschluß zur Vertau-
schung des juristischen Studiums mit dem medizinischen,
gemeinsam mit Wilhelm von Hoven, wohl auf Wunsch
des Herzogs, da angesichts der zahlreichen Jurastudenten
eine spätere Versorgung wegen der geringen Leistungen
nicht gesichert sei, dann jedoch auch im eigenen Interesse,
da die Versäumnisse in der Rechtswissenschaft nicht
mehr nachzuholen sind und die Medizin nach dem Vorbild Hallers als stärker mit dem Menschen verbundene
Wissenschaft auch den dichterischen Neigungen beider
näher verwandt erscheint.

Werke des Jahres: Im Anschluß an eine Zeitungsnotiz vom
Selbstmord eines Studenten und an die »Werther«-Lek-
türe (nicht erhaltener) Dramenplan *Der Student von
Nassau,* evtl. schon Zwischenform der *Räuber.*

1776

Anfang. Beginn des Medizinstudiums bei den Professoren Joh. Friedr. Consbruch, Christian Gottlieb Reuß und Christian Klein, doch mit halbem Interesse und wesentlich auf die Dichtung konzentriert, nur in der Anatomie mit Fleiß, wo Unfleiß stärker aufgefallen wäre. Trotzdem allgemeiner Aufschwung der Leistungen.

Ostern. Als Nachfolger Prof. Böcks übernimmt Prof. Abel den Philosophieunterricht der Mediziner. Schiller hört bei ihm Psychologie, Ästhetik, Geschichte der Menschheit und Moral.

Erlebnis Shakespeares durch Abel, der in der Vorlesung an mehreren Szenen aus »Othello« als psychologisches Beispiel den Kampf der Leidenschaften veranschaulicht. Schiller erbittet gleich nach der Vorlesung das Buch und studiert die Wieland-Eschenburgsche Prosaübersetzung. (Abel vermittelt später auch die Berichte über den Sonnenwirt als Stoff zum *Verbrecher aus verlorener Ehre.*)

Oktober. Erstes gedrucktes Gedicht Schillers, *Der Abend*, erscheint im »Schwäbischen Magazin«, 10. Stück, dessen Herausgeber, Prof. Balthasar Haug, an dem mit »Sch.« zeichnenden Verfasser ein »os magna sonaturum« und die Kenntnis guter Autoren rühmt.

Dezember. Schiller erscheint als Respondent in den Disputationen »De origine characteris animi« und »Theses philosophicae«, letztere zur Hälfte mit ästhetischen Sätzen, nach Abhandlungen Prof. Abels, und über Prof. Consbruchs »Theses ex historia medicinae«.

Dezember 14. Anläßlich der Preisverteilung am Stiftungsfest Rede von Prof. Abel über das Genieproblem: »Werden große Geister geboren oder erzogen, und welches sind die Merkmale derselbigen?«

Lektüre des Jahres: Shakespeare (s. o.), Klinger »Die Zwillinge«, Leisewitz »Julius von Tarent«, Miller »Siegwart«,

Maler Müllers Gedichte, wohl auch schon Rousseau, Young, Ossian und Goethes »Stella«.

Werke des Jahres: Drama *Cosmus von Medicis*, in Anlehnung an Leisewitz' »Julius von Tarent« ebenfalls um Bruderhaß und Doppelliebe, aus Einsicht in die Schwächen des Stückes gegenüber den Vorbildern nach Vollendung vernichtet, einzelne Bilder, Züge und Gedanken später in die *Räuber* übernommen.

Gedichte: *Der Abend* (s. o.); in diesem oder späteren Jahren auch die *Hymne an den Unendlichen*, *Die Herrlichkeit der Schöpfung* und *Ein Vater an seinen Sohn*.

1777

Fortsetzung der schon im vorigen Jahr begonnenen bedeutenden Wandlung, Erwachen von Kühnheit und Selbstbewußtsein, statt der bisherigen jugendlichen Unbeholfenheit Durchbruch des inneren Lebens und des Dichterberufes; wachsendes Ansehen unter den Kameraden.

Januar 23. Verhaftung Christian Friedrich Daniel Schubarts, der durch eine List auf württembergisches Gebiet gelockt wurde, und seine Unterbringung als Gefangener auf der Festung Hohenasperg; sein Schicksal erregt Schillers Widerwillen und tiefe Teilnahme.

Februar 6. Eintritt seines Sohnes Ludwig Schubart in die Militärakademie.

März. Das zweite, in der Klopstock-Nachfolge stehende Gedicht *Der Eroberer* erscheint in B. Haugs »Schwäbischem Magazin«, 3. Stück.

April 7.–8. Besuch Kaiser Josephs II. als Graf von Falkenstein in der Militärakademie. (Das zu dieser Gelegenheit verfaßte und im »Schwäbischen Magazin«, 7. Stück, zuerst gedruckte Gedicht »Auf die Ankunft des Grafen von Falkenstein« wurde früher Schiller zugeschrieben.)

April 8. Aufführung von Jomellis Oper »Didone abbando-
nata«, Text von Metastasio, durch die Zöglinge in Anwesenheit Kaiser Josephs II.; Schillers Anwesenheit möglich.

April 25. Entlassung aus der Krankenstube nach (kurzer?)
Krankheit.

Seit Ostern: Bei Abel im Philosophieunterricht ein Jahr
lang je 1 Wochenstunde und 1 Vorbereitungsstunde Ästhetik gehört.

Juli 17. Erkältung und geschwollener Hals.

September 8. Geburt der jüngsten Schwester Karoline
Christiane (Nanette).

Dezember. In der Schlußprüfung disputiert Schiller als
zweiter Mitbewerber über Abels »Ästhetische Sätze« und
über Prof. Consbruchs »Fasciculus observationum medi-
carum«. – Prof. Gottfried Ploucquet aus Tübingen, der
an der Militärakademie die Philosophieprüfungen ab-
nimmt, wird anstelle Prof. Böcks berufen und bleibt ein
Jahr in Stuttgart; Schiller zählt möglicherweise zu seinen
Hörern.

In der Medizin-Prüfung der 4. von 8.

Dezember 14. Zum Stiftungstag Aufführung der Komödie
»Thomes Jones« durch die Zöglinge; Schillers Anwesenheit möglich.

Werke des Jahres: Vermutlich Weiterarbeit oder Beginn der
eigentlichen Arbeit an den *Räubern* (vgl. Januar 1775),
Grundsätze der Komposition und Anlage der tragischen
Verwicklung planvoll festgelegt, einzelne Monologe und
Auftritte jedoch schon vorher ausgearbeitet; weitere belegte Quellen: der edle Räuber Roque im »Don Quixote«
und die Ballade von »Robin Hood«. – Auf ein Preisaus-
schreiben im »Schwäbischen Magazin« hin vermutlich
Plan einer Dramatisierung der Selbstbiographie des Ritters Schertlin von Burtenbach nach dem Muster von Goethes »Götz«.

1778

In diesem und dem folgenden Jahr Einsicht in die Notwendigkeit des Fachstudiums und willensstarker Entschluß zur Abkehr von allen anderen Interessen, insbesondere der Dichtung, bis zur vollständigen Aneignung der Brotwissenschaft. Starkes Interesse für die philosophischen Vorlesungen Prof. Abels. – Unterricht des Jahres: 1 Std. Religion bei Prof. Cleß, 18 Std. Pathologie, Semiotik und Therapie bei Prof. Consbruch, 9 Std. Chemie bei Prof. Reuß, 15 Std. Anatomie (bei Prof. Klein) und Botanik (bei Inspektor Martini), je 1 Std. Physik bei Prof. Rappolt, Englisch bei Sprachmeister Gosse, Reiten und Tanzen.

Januar 10. Zum Geburtstag Franziskas von Hohenheim Aufführung von Jomellis Oper »Demofoonte« durch die Zöglinge; Schillers Anwesenheit möglich.

April 4. Eintritt Albrecht Friedrich Lempps in die Militärakademie, der Schillers Freund wird.

Mai 5.–6. und 9.–10. Kurze Krankheiten.

Mai (oder Februar 1779 oder Frühjahr 1780). Spaziergang in den Bopserwald, bei dem Schiller sich, durch die Nachsicht des Hauptmanns begünstigt, mit den Freunden Schlotterbeck, von Hoven, Kapf, Heideloff und Dannecker absondert und ihnen aus den *Räubern* vorliest. (Datierung fragwürdig.)

Sommer (?). Entstehung des (nur fragmentarisch erhaltenen) Gedichts *Selim und Sangir* auf die Freundschaft mit Scharffenstein (oder schon 1776? vgl. Herbst 1778).

Oktober 4. Zum Namenstag Franziskas von Hohenheim, vermutlich dieses Jahres, Abfassung des Festgedichtes *Empfindungen der Dankbarkeit beim Namensfeste Ihro Excellenz der Frau Reichsgräfin von Hohenheim, 1. Von der Akademie, 2. Von der École des demoiselles.* Aus einem ähnlichen Anlaß entstanden wohl auch die *Aufschriften für ein Hoffest* in dem zum Tempel verwandelten großen Akademiesaal.

Oktober 6. Stammbuchblatt für Johann Christian Weckherlin. Aus den späteren Studienjahren stammen wohl auch die undatierten Stammbucheintragungen für Ferdinand Moser (*Selig ist der Freundschaft himmlisch Band*), für Heinrich Friedrich Ludwig Orth (*O Knechtschaft, Donnerton dem Ohre*) und *Einem ausgezeichneten Esser.*

Oktober 10. Schillers Bericht über die Todesursache des Malerzöglings Johann Christian Hiller: *Beobachtungen bei der Leichenöffnung des Eleve Hillers.*

Herbst (oder schon Herbst 1776?). Bruch der Freundschaft mit Scharffenstein: Der Mitzögling Peter Konrad Masson verspottet in einer grobwitzigen französischen Posse die Bemühungen der jungen Dichter und veranlaßt Scharffenstein und von Hoven zum Einstellen ihrer Versuche. Ihm schließt sich Georg Friedrich Boigeol mit Angriffen gegen Schillers Dichtungen an. Scharffenstein schenkt ihm Gehör und hält Schiller vor, sein Freundschaftskult, sein Gottesglaube und seine Dichtung seien im Vergleich zu anderen Dichtern angelesen und unecht. Daraufhin Abbruch der gekränkten Freundschaft in einem Brief Schillers an Scharffenstein – wichtigstes Zeugnis für Freundschaftsdenken und Jenseitsglauben – und in einem weltmännisch-überlegenen Absagebrief an Boigeol. An ihre Stelle tritt die weniger pathetische, auf gemeinsamen Studien- und Philosophieinteressen gegründete Freundschaft mit Albrecht Friedrich Lempp.

Dezember 7./8. Schiller disputiert neben von Hoven, Plieninger, Elwert, Liesching und Weckherlin als Respondent über Prof. Consbruchs Thesen aus dem Gebiet der Pathologie, Semiotik und Therapie.

Dezember. Bei den Schlußprüfungen in 2 Fächern Aspirant für Preise, doch entscheiden Abstimmung und Los gegen ihn.

Dezember 15. Entlassung Scharffensteins, Boigeols und Weckherlins aus der Militärakademie.

Lektüre des Jahres (evtl. z. T. auch 1777/79): Maler Müllers

»Fausts Leben«, philosophische Werke: Sulzer, Mendelssohn, Christian Garve, besonders seine Anmerkungen zu
Fergusons »Grundsätzen der Moralphilosophie«; medizinische Werke, besonders Haller und Brendel.
Werke des Jahres: Gedichte *Der Venuswagen*, im Winter
1778/79 in Anlehnung an Bürgers »Fortunens Pranger«,
und *Rousseau*, veranlaßt durch dessen Tod am 2. Juli.
Aus dem Jahre 1778 stammt vermutlich das erste bekannte
Bildnis Schillers, ein getuschter Schattenriß.

1779

Zweites Jahr des fleißigen Fachstudiums; 3 Std. Neurologie
und Chirurgie bei Prof. Klein, 18 Std. Pathologie bei
Prof. Consbruch, 2 Std. Arzneimittellehre bei Prof.
Reuß, je 1 Std. Botanik und Reiten, daneben die humani-
stischen Fächer; hinzu kommt in diesem Jahr eine Vorlesung »Über deutsche Sprache, Schreibart und Geschmack« bei Prof. Balthasar Haug, Geschichte bei Prof.
Drück, Philosophie bei Prof. Schwab.

Januar 10. Zum Geburtstag Franziskas von Hohenheim
hält Schiller eine selbstverfaßte Festrede über das vom
Herzog gestellte Thema »Gehört allzuviel Güte, Leutse-
ligkeit und große Freigebigkeit im engsten Verstande zur
Tugend?« mit den üblichen Floskeln der Unterwürfig-
keit. Am gleichen Tage Aufführung der literarisch-kom-
positorischen Gemeinschaftsarbeit »Der Preis der Tugend, in ländlichen Unterredungen und allegorischen Bildern von Göttern und Menschen« (Schillers Anteil am
Textbuch ungeklärt) durch die Zöglinge der Militärakademie und die Mädchen der École des demoiselles; Schiller in der kleinen Rolle des Bauern Görge; anschließend
die Oper »Calliroe« von Sacchini, die Schiller wohl auch
gesehen hat.

Januar 14.–15. Krankheit: geschwollene Drüsen.

Februar 11. Zum Geburtstag des Herzogs Karl Eugen Aufführung von Schillers Festspiel *Der Jahrmarkt* (verloren) und des allegorischen Spiels »Die Krone der Wohltätigkeit« durch die Zöglinge in der Militärakademie.

Februar 13.–22. Krankheit: Ziegenpeter.

März 4. Zwei Stammbucheintragungen für Immanuel Elwert (aus »Werther« und dem Württembergischen Gesangbuch).

Mai. Herzog Karl Eugen gründet aus den für die Theaterausbildung bestimmten Zöglingen und den Mädchen der École des demoiselles ein Deutsches Nationaltheater, das zweimal wöchentlich, dienstags und freitags um 16 Uhr im Herzoglichen Opernhaus, ab 11. Februar 1780 in einem eigenen »Kleinen Theater« aus Holz, moralische Familienstücke aufführt, zu denen die Zöglinge Zutritt haben. Schiller sieht dort wohl »Emilia Galotti«, urteilt aber später abfällig über die Bühne, die sich »noch im Stande der Minderjährigkeit« befinde.

Juli 4.–5. Krankheit: Kopfweh und Dyspepsie.

Oktober 7. Eröffnung des Mannheimer Nationaltheaters.

Oktober. Schiller reicht eine medizinische Dissertation *Philosophie der Physiologie* ein, die ursprünglich lateinisch geschrieben ist – Bruchstücke davon sind nur durch Zitate der beurteilenden Professoren erhalten; von einer wohl später überarbeiteten deutschen Fassung ist der 1. Teil erhalten.

Oktober 27. Gutachten Prof. Consbruchs zur Dissertation.

November 6. Gutachten Prof. Reuß'.

November 8. Gutachten Prof. Kleins. – Die Gutachter lehnen die Dissertation unter Anerkennung der guten Leistung wegen anstößigem Besserwissen gegenüber Haller und keckem Auftreten gegen die Lehrsätze anderer berühmter Mediziner ab.

November 13. Herzog Karl Eugen, dem die Dissertation keineswegs mißfällt, entscheidet, die Arbeit solle nicht

gedruckt werden und es werde für Schiller gut sein, noch
ein Jahr auf der Akademie zu bleiben und sein Feuer noch
ein wenig zu dämpfen. Diese Zurückstellung ist kein
Willkürakt des Herzogs, sondern trifft alle Mediziner dieses ersten abgeschlossenen Kurses ohne Rücksicht auf die
Qualität der Dissertationen, da die Formalitäten für die
Zulassung zur Praxis noch in Verhandlungen mit der
höchsten medizinischen Landesbehörde zu klären sind.

November 29. Beginn der öffentlichen Schlußprüfungen.

Dezember 4. Schiller disputiert bei Prof. Haug über Sätze
über »deutsche Sprache, Schreibart und Geschmack«.

Dezember 5.–7. Kopfweh und Übelkeit.

Dezember 9. und 11. Schiller als Respondent und Oppo-
nent bei der Disputation über Prof. Consbruchs Thesen
aus der praktischen und gerichtlichen Medizin.

Dezember 10. Schiller als Respondent bei der Disputation
über Prof. Reuß' 38 Thesen zur Arzneimittellehre.

Dezember 12. Abends erster Besuch Herzog Karl Augusts
von Weimar mit Goethe in der Militärakademie.

Dezember 14. Stiftungstag und Schlußfeierlichkeiten der
Militärakademie in Anwesenheit Herzog Karl Augusts
von Weimar (als Baron von Wedel), Goethes und des
Freiherrn W. Heribert von Dalberg. Goethe wohnt vor-
mittags um 11 Uhr der Predigt in der Akademiekirche
und anschließend der Besichtigung der Akademie bei.
Abends bei der Preisverteilung – nach einer Festrede von
Prof. Consbruch »Von dem Einfluß der physikalischen
Erziehung der Jugend in die Bildung der Seelenkräfte« –
stehen im Weißen Saal des neuen Stuttgarter Schlosses
Herzog Karl August rechts und Goethe links vom Herzog Karl Eugen. Schiller erhält drei Silbermedaillen und
Diplome als Prüfungspreise für praktische Medizin, Arzneimittellehre und Chirurgie, ein vierter Preis in deutscher Sprache fällt durchs Los Elwert zu.

Dezember 15. Entlassung W. Petersens (als Unterbibliothe-
kar an der Herzogl. Bibliothek) aus der Militärakademie.

Dezember 18.–28. Kopfweh, Übelkeit und Fieber.

Lektüre vermutlich dieses Jahres: Abwendung von Klopstock als Lyriker, statt dessen Maler Müllers Gedichte (in Schwans »Schreibtafel«), Wieland (»Abderiten«? »Agathon«? »Idris«? »Komische Erzählungen«?), Plutarch (im Anschluß an Prof. Drücks Vorlesung), Rousseau, Montesquieu, Winckelmanns »Geschichte der Kunst des Altertums«, Lessings »Laokoon«, Herders »Auch eine Philosophie der Geschichte zur Bildung der Menschheit«, Schlözers »Vorstellung einer Universalhistorie«, Searchs »Licht der Natur«, H. P. Sturz, J. G. Zimmermann.

Werke des Jahres: Vermutliche Entstehungszeit der lyrischen Operette *Semele* unter dem Eindruck höfischer, besonders der Ludwigsburger Aufführungen und der nur bruchstückhaft erhaltenen Gedichtentwürfe *Die Gruft der Könige* (1. Fassung von *Die schlimmen Monarchen*?) und *Triumphgesang der Hölle* unter dem Einfluß von Schubarts »Fürstengruft« (die Schiller schon 1779 handschriftlich kennenlernte) und von A. F. Cranz' »Galerie der Teufel«.

Poetischer Wettstreit zwischen Schiller, Haug, Petersen und Hoven um das beste Gedicht über »Rosalinde im Bade« im Stil Wielands.

Schiller soll ein Streitgedicht verfassen, das die Akademie gegenüber der Universität Tübingen höher lobt; es wird ihm vom Intendanten von Seeger jedoch mehrmals zurückgegeben, da es dem Wunsch des Herzogs von Mal zu Mal weniger entspricht.

1780

Im letzten Jahr auf der Militärakademie nur einem Lehrgang in italienischer Sprache zugewiesen, daneben Wiederholung von Prof. Abels psychologischem Kurs, wohl als Hospitant, Homervorlesung bei Prof. Nast und Vergilvorlesung bei Prof. Drück und häufige Verwendung als Krankenwärter in der Krankenstube der Akademie – als eine Art praktisches Ausbildungsjahr. Nach der enttäuschten Hoffnung auf Entlassung erneute leidenschaftliche Beschäftigung mit der Dichtung und politisches Erwachen.

Januar 10. Zum Geburtstag Franziskas von Hohenheim Festrede Schillers: *Die Tugend in ihren Folgen betrachtet*; vermutlich auch anwesend bei der Festaufführung der Oper »Demofoonte« von Jomelli durch die Zöglinge im Opernhaus oder bei der Aufführung von Heinrich Ferdinand Möllers Schauspiel »Sophie oder der gerechte Fürst« durch die Zöglinge im Kleinen Haus.

Februar 11. Zum Geburtstag des (abwesenden) Herzogs Aufstellung seines Denkmals im inneren Hof der Militärakademie durch den Intendanten Seeger und Aufführung von Goethes »Clavigo« durch die Zöglinge. Schiller hat mit Billigung des Herzogs die Wahl des Stückes (veranlaßt durch Goethes Besuch), Rollenverteilung und andere Anordnungen übernommen. Er spielt selbst die Hauptrolle abscheulich, kreischend, brüllend und ungebärdig und gibt damit sich und seinen Freunden reichen Stoff zum Lachen.

März 6.–7. Krankheit: geschwollene Drüsen.

März 21.–26. Mit Verrenkung am Knie in der Krankenstube.

April 19. bis Mai 7. Mit geschwollenem Knie in der Krankenstube.

Frühjahr bis Sommer. Ernstliche Beschäftigung mit den *Räubern*, besonders während der Nachtwachen im Krankenzimmer oder selbst krank gemeldet, da nur im Krankensaal nachts Licht brennen darf und Schillers Phantasie in der Nachtstille besonders lebhaft ist. Bei Visiten des Herzogs wird das Manuskript unter medizinischen Büchern versteckt.

Juni 11. Schiller erfährt von den Selbstmordabsichten des Mitschülers Joseph Friedrich Grammont, der von ihm einen Schlaftrunk verlangt, verweist ihn ins Krankenzimmer und gibt dem Intendanten einen Wink.

Juni 13. Tod des Freundes August von Hoven, bei dem Schiller als Mediziner am Krankenbett stand und mit dessen Bruder und Mutter er eine Nacht Totenwache hält. »Mit Freuden wär ich für ihn gestorben.« – Anlaß zur Abfassung des Gedichts *Eine Leichenphantasie*, die Zumsteeg komponiert.

Juni 15. Merkwürdiger Trostbrief Schillers an den Hauptmann von Hoven zum Tod seines Sohnes: »Ich würde mein Leben mit eben der Ruhe statt seiner hingegeben haben, mit welcher ich schlafen gehe ... die Welt hat keinen Reiz für mich mehr.« Daneben z. T. konventionelle Tröstungen aus einer gedruckten Totenrede.

Juni Mitte. Schiller wird vom Oberst von Seeger als ständiger Gesellschafter und Beobachter des erkrankten Zöglings Grammont abgeordnet und soll gelegentlich Krankenberichte vorlegen – Zeugnisse seiner Menschenkenntnis.

Juni 19. Merkwürdiger Brief an die Schwester Christophine, der er das »Gebetbuch aus dem Herzen« von Georg Friedrich Gaus sendet: »Ich freue mich nicht mehr auf der Welt, und ich gewinne alles, wenn ich sie vor der Zeit verlassen darf.«

Juni 26. Erster Bericht über Grammont: Körperliche und seelische Zerrüttung, Melancholie durch den Einbruch aufgeklärter Philosophie in einen pietistischen Religionskult.

Juli 1. Zweiter Bericht über Grammont, der aufgeheitert ist und die ärztlichen Anordnungen befolgt.

Juli 3.–10. Schiller mit Grammont auf Befehl des Herzogs zu einem Erholungsaufenthalt in Hohenheim.

Juli 11. Zurück in Stuttgart; dritter Bericht über Grammont, dem Schiller aus Plutarch vorliest und abends mit ihm Wein trinkt.

Juli 16. Vierter Bericht über Grammont, dessen Abneigung gegen die Militärakademie trotz Schillers lebhafter Vorstellungen wachse. Schillers Verkehr mit Grammont wird auf Befehl des Intendanten beaufsichtigt.

Juli 17. Der Intendant von Seeger untergräbt das Vertrauen Grammonts zu Schiller.

Juli 21. Fünfter Bericht über Grammont, der vollkommene Besserung zeige und auf Schillers Anraten seinen Wunsch nach Entlassung aus der Akademie aufgegeben habe.

Juli 23. Rechtfertigungsschreiben an den Intendanten von Seeger wegen der Verdächtigungen und Maßregelungen seines Verkehrs mit Grammont.

Juli 26. Sechster Bericht über Grammont: heiter.

Juli 30. Siebenter Bericht über Grammont, der an diesem Tage auf Anordnung des Herzogs nach Bad Teinach zur Erholung reist, wo er später völlige Genesung findet.

Sommer. Erster, vorläufiger Abschluß der *Räuber*, auf den noch mehrfache Einschübe und Änderungen folgen.

Sommer (oder Ende 1781?). Das Gedicht *Monument Moors des Räubers* nach Abschluß der *Räuber* (oder der Bühnenbearbeitung?) entstanden.

Sommer. Für die zweite Dissertation schlägt Schiller zwei Themen vor: »Über den Zusammenhang der tierischen Natur des Menschen mit seiner geistigen« und »Über die Freiheit und Moralität des Menschen«. Die Entscheidung fällt auf das erste Thema; wegen seines allzu philosophischen Charakters verlangt man jedoch – vermutlich erst viel später – eine zweite Arbeit aus der praktischen Heilkunde: »De discrimine febrium inflammatoriarum et putridarum« (Über den Unterschied der entzündlichen und faulen Fieber).

August 3. Stammbucheintragung für Johann Christian Weckherlin.

August 30.–31. Mit Rheumatismus in der Krankenstube.

Herbst – November. Neue Zusätze zu den *Räubern* entstanden, vermutlich die Szene an der Donau (III,2), der

Monolog vor dem väterlichen Schloß (IV,5), der Monolog
Franz Moors (II,1.2), die Pater-Moser-Szene (V,1) sowie
die Szenen IV,1 und IV,3.

November 1. Einreichung der lateinisch geschriebenen
Dissertation *De discrimine febrium inflammatoriarum et
putridarum tractatio (Über den Unterschied der entzündlichen und faulen Fieber)*.

November Anfang. Abschluß und Einreichung der neuen
Dissertation *Über den Zusammenhang der tierischen Natur des Menschen mit seiner geistigen*. Sie enthält in § 15
ein Zitat aus einer frühen Fassung der noch ungedruckten
Räuber (V,1) mit der Quellenangabe »Life of Moor. Tra-
gedy by Krake«. – Erscheinen von Schillers Übersetzung
aus Vergils »Aeneis« I,34–156, *Der Sturm auf dem Tyr-
rhener Meer* anonym in Haugs »Schwäbischem Magazin«, 11. Stück.

November 13. Gemeinsames Gutachten der Professoren
Reuß, Consbruch und Klein über die Fieber-Dissertation, das den Druck nur mit großen Änderungen empfiehlt.

November 15. Der Herzog überläßt den Professoren die
Entscheidung über die Drucklegung der Fieber-Dissertation.

November 16. Gemeinsames Gutachten der Professoren
Reuß, Consbruch und Klein über Schillers *Versuch über
den Zusammenhang der tierischen Natur des Menschen
mit seiner geistigen*: positiv und Druckerlaubnis.

November 17. Prof. Abels Gutachten über den *Versuch ...*
erklärt sich – mit Vorbehalten – mit dem Druck einver-
standen. – Die Mediziner raten in einem 2. Gutachten
vom Druck der Fieber-Dissertation wegen Kürze der zur
Verfügung stehenden Zeit und der unnötigen Umarbeitung ab.

November Ende. Schiller benutzt die Gutachten der Lehrer zu nur sehr bedingten Änderungen im *Versuch ...* vor
der Drucklegung.

November 29. Der Herzog eröffnet die Schlußprüfungen
mit einer Ansprache an die Zöglinge.

November 30. Datum der Widmung an den Herzog und
vermutlich kurz darauf Erscheinen von:
»Versuch über den Zusammenhang der thierischen Natur
des Menschen mit seiner geistigen. Eine Abhandlung
welche in höchster Gegenwart Sr. Herzoglichen Durchlaucht, während den öffentlichen akademischen Prüfungen vertheidigen wird Johann Christoph Friderich Schiller, Kandidat der Medizin in der Herzoglichen Militair-
Akademie, Stuttgard, gedrukt bei Christoph Friedrich
Cotta, Hof- und Canzlei-Buchdruker.« 4 Bl. 44 S. 4°.
Schiller hat vermutlich selbst Korrekturen gelesen und
sich bei dieser Gelegenheit eine Umfangsberechnung seines *Räuber*-Manuskriptes machen lassen.

November Ende. In einem Brief an Petersen Erinnerung
an die früher schon durch Hoven vorgetragene Bitte,
einen Verleger für die Herausgabe der *Räuber* zu finden,
mit dem Angebot der Gewinnbeteiligung. Als Beweg-
gründe für die Veröffentlichung nennt Schiller Geldnot,
den Wunsch, das Urteil des Publikums über seine dramatische Begabung zu hören, die Hoffnung auf Verkürzung
der Prüfungszeit in der Akademie und das Bestreben, die
jugendlichen Dichtversuche abzuschließen, bevor er seinem Plan, Professor der Physiologie und Medizin zu
werden, näher trete. (Ob Petersen in Mannheim und seiner pfälzischen Heimat nach einem Verleger suchte, ist
nicht bekannt.)

Dezember 9. Prüfungen bei Leibmedikus Elwert in Anatomie und nachmittags bei Prof. Consbruch in Geschichte
der Arzneiwissenschaft.

Dezember 12. Nachmittags Prüfungen bei Prof. Consbruch in Physiologie; eine Verteidigung der Dissertation
findet nicht statt. – Gelegentlich der Medizin-Prüfungen
sieht Andreas Streicher seinen späteren Freund zum erstenmal. Vor dem Abendessen Abschluß der Prüfungen

durch eine Rede des Herzogs in Anwesenheit zahlreicher
Eltern.

Dezember 14. Stiftungsfest und Preisverteilung. Schiller
erhält keinen Preis.

Dezember 15. Entlassung aus der Militärakademie und Erhalt des Austrittszeugnisses. Anstellung als Regimentsmedikus (in Feldsuniform) des Grenadierregiments
Augé in Stuttgart, das als verwahrlost bekannt ist, mit einem Monatsgehalt von 18 Gulden, da die Mediziner vor
Ablegung der Doktorprüfung in Tübingen noch nicht
approbierte Ärzte sind. Große Enttäuschung und Erbit-
terung Schillers und der Familie über diese geringe Versorgung, gegen die kein Widerspruch erhoben werden
darf. Bei Dienstantritt Wiedersehen und Aussöhnung mit
Scharffenstein. Einmietung in Stuttgart (erste Wohnung
unbekannt, wohl in der Legionskaserne am Wilhelms-
bau?), von wo Schiller sich ohne Erlaubnis seines Gene-
rals nicht entfernen darf. Auch die häufigen Besuche mit
Freunden bei den Eltern und Geschwistern auf der Solitude bedürfen der Genehmigung.

Dezember 17. Dankschreiben des Vaters an den Herzog.
Das Gesuch des Vaters, dem Sohn in seiner Freizeit die
Ausübung der Privatpraxis in Zivilkleidern zu gestatten,
wird vom Herzog abgelehnt. Der verhaßte Uniformzwang hemmt die Berufsausübung und steigert die Ver-
bitterung.

Dezember 18. (?) Aufwartung mit dem Vater beim Herzog
zur Danksagung.

Die ärztliche Praxis wird anfangs mit Eifer betrieben, bleibt
aber unbedeutend. Schiller verordnet zu große Dosen,
um durch gewaltsamen Ruck die Krankheit zu brechen,
und entzieht sich der Aufsicht durch den Leibmedikus
Elwert, der sich jedoch durch Schillers Feldscher infor-
mieren läßt und die Rezepte mildert.

Dezember 27. Tod des Hauptmanns Josef Anton von
Wildmeister aus dem Grenadierregiment Augé, auf den

Schiller wohl im Auftrage des Offizierskorps seine
Trauer-Ode auf den Todt des Hauptmanns Wiltmaister
verfaßt (nur handschriftlich erhalten, vermutlich als Einzeldruck erschienen).

Weitere Werke des Jahres: In den letzten Akademiejahren
vermutlich Entstehung der *Theosophie des Julius* aus den
Philosophischen Briefen und der Gedichte *Hektors Abschied (Die Räuber* II,2), *Brutus und Caesar* (ebd. IV,5).

Um 1780 Entstehung des Jakob Friedrich Weckherlin zuge-
schriebenen Ölgemäldes von Schiller.

1781

Januar 16. Tod des ehemaligen Mitschülers und medizinischen Kollegen Johann Christian Weckherlin. Schiller
verfaßt ein Leichengedicht, das auf Kosten der medizinischen Kollegen bei Mäntler gedruckt und ins Trauerhaus
gesandt wird: »*Elegie auf den frühzeitigen Tod Johann
Christian Weckerlins, von seinen Freunden.* Stuttgart, den
16ten Januar 1781. Daselbst mit Mäntlerischen Schriften.« 4 S. 4°. (*Elegie auf den Tod eines Jünglings* in der
Anthologie.) »Das kleine hundsföttische Ding«, an dem
schon der Zensor Änderungen verlangt, macht Schiller
»berüchtigter als 20 Jahre Praxis«.

Februar 3. (1.?) Schiller bezieht zusammen mit dem ehemaligen Mitschüler auf der Militärakademie, Leutnant
Franz Josef Kapf, ein einfaches Parterrezimmer im Hause
von Prof. Haug am Langen Graben (heute Eberhard-
straße 63) als Untermieter bei der Hauptmannswitwe
Luise Dorothea Vischer mit ihren 3 Kindern. Einfache
Einrichtung: 1 Tisch, 2 Bänke, 2 Feldbetten, 1 Ofen.

Burschikoses Leben und kraftgenialischer Genuß der lang-
entbehrten Freiheit im fröhlichen Kreis mit den alten
Akademiefreunden: den Bibliothekaren Petersen und
Karl Ludwig Reichenbach, dem Medikus von Hoven,

dem Hofbildhauer Johann Heinrich Dannecker, dem
Hofmusiker Johann Rudolf Zumsteeg und dem Leutnant
Scharffenstein, meist im Wirtshaus »Zum Goldenen Ochsen« (Hauptstätter Straße 30), bei Geldmangel auf der
eigenen Stube. Bescheidene Gelage bringen Schiller dennoch in den Ruf eines wilden Menschen.

Schiller stilisiert die – ahnungslose – 30jährige »Vischerin«,
zu der als der ersten Frau, die er näher kennenlernt, ihn
vielleicht eine leichte Neigung zieht, zur Laura seiner Gedichte (Laura-Oden der *Anthologie*).

Evtl. unerwiderte Neigung zu deren Nichte Wilhelmine
Andreae, auf die das Gedicht *An Minna* bezogen werden
könnte.

Februar 11. Von einem Bankett, das der General Augé seinen Offizieren am Geburtstag des Herzogs gibt, muß
Schiller, der zuviel getrunken hat, in einer Sänfte heimgetragen werden. Seither gilt er in Stuttgart als Trinker.

März Anfang. Vermutlicher Druckbeginn der *Räuber*;
dazu Aufnahme eines Druckkosten-Darlehens von nicht
ganz 150 Gulden durch Vermittlung der Korporalsfrau
Fricke, wohl in der Hoffnung, die fertiggedruckte Auflage an einen Verleger verkaufen zu können. Grundlage
der späteren großen Schuldenlast.

März 6. In Mäntlers »Nachrichten zum Nuzen und Vergnügen« Nr. 19 erscheint eine *Ode auf die glückliche
Wiederkunft unsers gnädigsten Fürsten* (von einer Reise
nach Norddeutschland und Holland), die von Petersen
Schiller zugeschrieben wird, der deswegen auch einen
scharfen Wortwechsel mit dem Zensor gehabt haben soll.

März Ende. Übersendung der ersten 7 fertigen Druckbogen der *Räuber* an den Mannheimer Buchhändler und
Hofkammerrat Christian Friedrich Schwan, um diesen
zur Verlagsübernahme zu bewegen.

(Schwan liest die Bogen sofort Dalberg vor, der darauf
mit Schiller anknüpft, lehnt aber trotz Interesses die Verlagsübernahme ab, da er das Stück seinem Publikum

nicht zumuten könne. Diese Begründung veranlaßt Schiller evtl. zu nochmaliger Überarbeitung.)

Mai. Schiller übernimmt anonym und um des Gelderwerbs willen bis Jahresende die Redaktion der »Nachrichten zum Nuzen und Vergnügen. Mit Herzogl. gnädigstem Privilegio. Stuttgart, gedruckt bei Christoph Gottfr. Mäntler«, einer kleinen, unbedeutenden politischen Zeitung mit 2 Nummern wöchentlich (dienstags und freitags). Er richtet ab 4. Mai eine neue Rubrik »Gelehrte Sachen« ein, die bald aufgegeben wird. Schillers Urheberschaft für einzelne Beiträge, besonders unter den »Vermischten Neuigkeiten«, ist nicht immer mit Sicherheit feststellbar; die meisten Artikel werden aus anderen Zeitungen übernommen oder bearbeitet. Die Arbeit bringt ihm einige Kämpfe mit dem Zensor, Regierungsrat Leypold.

Mai Anfang. Schiller ersetzt noch im letzten Augenblick die schon gedruckte Vorrede und die ersten beiden (oder nur den zweiten?) Textbogen der *Räuber* durch gemilderte Fassungen. Der zurückgezogene 2. Bogen und die ursprüngliche Vorrede sind erhalten; Änderung der Szene I,2 zwischen Karl Moor und Spiegelberg.

Mai 6. Datum der ersten (verworfenen) *Räuber*-Vorrede.

Mai 18. Erwerb eines Almanachs für Apotheker beim Stuttgarter Buchhändler J. B. Metzler – das einzige medizinische Buch, das Schiller sich als Regimentsmedikus anschafft!

Mai Ende / Juni Mitte. Im Selbstverlag erscheint anonym und mit fingiertem Druckort (die Druckerei ist nicht feststellbar):

»*Die Räuber. Ein Schauspiel.* Frankfurt und Leipzig, 1781« 8 Bl. 222 S. I Bl.; Verkaufspreis 12 Groschen oder 48 Kreuzer, Auflagehöhe 800 Expl. (Der nichtverkaufte Auflagenrest wird vermutlich noch in diesem Jahr an den Stuttgarter Antiquar Joh. Christoph Betulius verkauft, der die Ausgabe evtl. auch aufgebunden hat.)

Juni. Nach Erscheinen der *Räuber* Bekanntschaft mit An-

dreas Streicher, dem späteren Genossen der Flucht, durch
Vermittlung Zumsteegs, und mit Henriette von Wolzogen, der Mutter des früheren Mitzöglings Wilhelm von
Wolzogen. (In diesem Jahr auch Besuch von Leuchsenring bei Schiller in Stuttgart.) – Der Buchhändler Schwan
in Mannheim erhält wie erbeten ein Exemplar des fertigen Drucks, erkennt das bühnensichere Drama und teilt
es seinen Freunden und Mitarbeitern, Dalberg (vgl. Ende
März 1781), Otto Freiherrn von Gemmingen, den Schauspielern Böck und Iffland sowie – im Juli – bei einem Besuch in Regensburg dem Intendanten des dortigen Theaters, Reichshofrat F. L. von Berberich, mit.

Juni Ende oder Juli Anfang.   Schmeichelhafter Antrag
Dalbergs, Schiller möge die *Räuber* für die Mannheimer Bühne bearbeiten. Das (verlorene) Schreiben enthält
wohl auch den Wunsch Dalbergs, Schiller möge in ein
dauerndes Verhältnis zur Mannheimer Bühne treten und
auch künftige Arbeiten für Mannheim einrichten, und
den Vorschlag, den Text der Bühnenfassung anschließend
in der von Prof. Anton von Klein geplanten »Mannheimer Schaubühne« abzudrucken.

Juli.   Schiller antwortet Dalberg, daß ihm zur geforderten
Bühnenbearbeitung, die ihn sehr ehre, in Stuttgart bei
dem schlechten Zustand des Theaters Anschauung und
Erfahrung fehle. Gegenvorschlag, ihn die Mannheimer
Bühnenverhältnisse studieren zu lassen, wozu es ihm jedoch an Reisegeld fehle. – Vermutliche Zeit der Durchsicht und Veränderung der *Räuber*-Erstauflage für die
2. Buchausgabe.

Juli 20.   Besuch von Friedrich Nicolai, der für 3 Tage in
Stuttgart weilt, bei Schiller. Dessen Stammbucheintragung für Nicolai: »Ein edles Herz und die Musen verbrü-
dern die entlegensten Geister.«

Juli 24.   Die erste Rezension der *Räuber*, von Christian
Friedrich Timme, erscheint in der »Erfurtischen Gelehrten Zeitung«, 35. Stück: »Haben wir je einen deutschen

Shakespeare zu erwarten, so ist es dieser.« Schiller benutzt die Kritik (Beachtung der Regeln und Kürzung des
Überflüssigen) z. T. bei der Bühnenbearbeitung.

August Anfang.   Von Schwan ein durchgesehenes Ex-
emplar der *Räuber* mit Hinweisen und Bemerkungen
Schwans, Ifflands, Böcks und Gemmingens als präzisere
Anleitung zur Bühnenbearbeitung erhalten.

August 11.   Schwan verrät eigenes Interesse an einer revidierten Neuausgabe der *Räuber* und rät zur Vorsicht bei
einem Vertrag für die »Mannheimer Schaubühne«, den er
nur mit Dalberg selbst schließen solle.

August 17.   Beginn der Bühnenbearbeitung der *Räuber*, die
er in 14 Tagen abzuschließen hofft, nach nochmaliger ein-
gehender Besprechung mit Prof. Abel und Petersen.

September.   Eine Ruhrepidemie in Schillers Regiment hindert ihn beruflich an der Bühnenbearbeitung. – Vermutlich auf Dalbergs Vorschlag vorgesehene Titeländerung
der *Räuber* in »Der verlorene Sohn«. – Die erste Fassung
von Schillers Gedicht *Die Entzückung an Laura* erscheint
verkürzt in Gotthold Stäudlins »Schwäbischem Musenalmanach auf das Jahr 1782«. Stäudlins Ablehnung der vermutlich ebenfalls eingereichten anderen Laura-Gedichte
sowie sein selbstherrlicher Anspruch, als »Heerführer der
schwäbischen Musen« aufzutreten, geben den Anlaß zu
einem Zwist mit Stäudlin und zur Sammlung der eigenen
Gedichte für die *Anthologie auf das Jahr 1782*.

September 25. bis Oktober 4.   Besuch des einstigen Ju-
gendgespielen und derzeitigen Tübinger Stiftlers K. Ph.
Conz in den Herbstferien in Stuttgart, zusammen mit
seinem Kommilitonen Karl Friedrich Reinhard, der
Schiller seine Übersetzungen arabischer Liebeslyrik und
Tibulls vorliest. Lateinische Stammbucheintragung (aus
Sallust, »Catilina«) für Conz.

September 28.   Schillers scharfe Kritik von G. F. Stäudlins
»Proben einer teutschen Äneis nebst lyrischen Gedichten« (1781) erscheint in Haugs »Zustand der Wissen-

schaften und Künste in Schwaben«, 2. Stück, anonym;
Schiller wird aber von Stäudlin als Verfasser erkannt.

Im gleichen Stück erscheint Schillers kurze Selbstanzeige
der *Räuber*, die den Druckort Frankfurt und Leipzig als
fingiert bezeichnet.

Oktober 1. Hoven besucht eine Festvorstellung General
Riegers auf dem Hohenasperg und wird aufgefordert,
Schiller nächstens mitzubringen.

Oktober 3. Reinhard ein Exemplar der *Räuber* geschenkt.

Oktober 6. Übersendung der *Räuber*-Bühnenbearbeitung
an Dalberg mit der Versicherung, er würde die Abfassung
eines neuen Stückes einer nochmaligen Bearbeitung vor-
ziehen. (Dalberg setzt trotzdem noch weitere Änderungen, insbesondere die Verlegung ins Mittelalter, durch).

Herbst. Lektüre oder Besuch einer Stuttgarter Aufführung
von Otto von Gemmingens »Der deutsche Hausvater« in
der 1781 erschienenen 2. Fassung, die Schiller als Vorlage
für *Kabale und Liebe* und die Charakteristiken im Personenverzeichnis des *Fiesko* dient.

Oktober bis Dezember. Arbeit an der Sammlung fremder
und eigener Beiträge für die *Anthologie auf das Jahr 1782*.

Oktober 22. Die »Erfurtische Gelehrte Zeitung« lüftet
erstmals öffentlich die Anonymität der *Räuber* und bezeichnet Schiller als Verfasser, Metzler in Stuttgart als
Verleger.

November 3. Schiller wendet sich gegen Dalbergs Vorschlag, die Handlung der *Räuber* ins Spätmittelalter zu
verlegen.

November Mitte. Dalberg schlägt vermutlich Beibehal-
tung des alten Titels »Die Räuber« vor, beharrt aber auf
Verlegung ins Spätmittelalter.

November oder Dezember. Durch Vermittlung von Hovens auf Bitten General Riegers Besuch bei Chr. D. Schubart auf dem Hohenasperg, dem er als Dr. Fischer, ein
Freund des *Räuber*-Dichters, vorgestellt wird. Schubart
muß seine selbstverfaßte Kritik der *Räuber* vorlesen, die

damit endet, daß er sich freuen würde, den Dichter persönlich kennenzulernen, worauf Rieger Schiller vorstellt. Evtl. folgen weitere Besuche.

Dezember Anfang. Freiherr Otto von Gemmingen stärkt durch Vorlesung der *Räuber* in größerer Mannheimer Gesellschaft das Interesse für das Stück.

Dezember 12. Erneute Auseinandersetzung mit Dalberg über die Verlegung der *Räuber*-Handlung in die Zeit Maximilians I. und über die Ermordung Amalias. Bitte um Gewährung einer unkostenfreien Reise nach Mannheim, um angesichts einer Bühnenprobe die erforderlichen Kürzungen vornehmen zu können.

Übersendung einer Ankündigung der *Räuber* für das Theater (»Der Verfasser an das Publikum«), die auf dem Theaterzettel abgedruckt wird.

Dezember 13. In den »Hamburg. Addreß-Comtoir-Nachrichten«, 98. Stück, erscheint ein Aufsatz »An den Verfasser des Schauspiels: die Räuber« von Christian Karl Wredow, der die Verunglimpfung Graubündens (II,3) rügt. Erste Quelle des »Graubündner Protests« (s. April 1782 und Ende August 1782).

Dezember. Drucklegung der *Anthologie auf das Jahr 1782*, verlegt bei Metzler in Stuttgart.

Dezember Mitte. Absprache über die Herausgabe der »Neuen für die Mannheimer Bühne verbesserten Auflage« der *Räuber*, bei Schwan in Mannheim, deren Vorbereitung gegen Jahresende begonnen wird (vgl. 2. Februar 1782).

Dezember 28. Die Mäntlerschen »Nachrichten zum Nuzen und Vergnügen«, die Schiller seit Anfang Mai redigiert hat, stellen ihr Erscheinen ein. Für ihre Fortsetzung ab Januar 1782, den »Stuttgarter Merkur«, ist Schillers Mitarbeit nicht gesichert.

Dezember 29. Die Nachricht von der Erhöhung der Militärakademie zur Universität durch ein Diplom Kaiser Josephs II. vom 22. Dezember trifft in Stuttgart ein. Abends

bei einem Konzert im Neuen Schloß Akademiefeier und
Verkündigung des Diploms durch Herzog Karl Eugen. –
Die Rangerhöhung hat zur Folge, daß der Herzog von
den schon vorher entlassenen Schülern und auch von
Schiller verlangt, sie sollten die nunmehr ermöglichte Er-
werbung der Doktorwürde nachholen.

Dezember 30.   Bitte an Schwan, dafür zu sorgen, daß
die Mannheimer Uraufführung der *Räuber* nicht am
10. 1. 1782, dem Geburtstag Franziskas von Hohenheim,
sondern etwas später stattfinde, da er sonst nicht ab-
kömmlich sei.

Dezember Ende.   Als Einzeldruck erscheint anonym das
Gedicht *Der Venuswagen*, o. O. u. J., 24 S. 8°, verlegt bei
Metzler in Stuttgart.

Weitere Werke des Jahres: Fast alle Gedichte der *Anthologie
auf das Jahr 1782* (vgl. Februar 1782), insbesondere die
Lauragedichte und die vermutlich in denselben Zyklus
gehörigen, aus Gründen der theologischen Zensur erst
später veröffentlichten beiden Gedichte *Freigeisterei der
Leidenschaft* (später verkürzt zu *Der Kampf*) und *Resignation*, ferner im Frühjahr Amalias Lied (*Amalia*) aus
den *Räubern* III,1. Vermutlich auch Beginn der Niederschrift der *Philosophischen Briefe*, auf die die *Anthologie*
bereits verweist.

In diesem Jahr Entstehen der Schiller-Gemälde von Christian Jakob Höflinger, von Philipp Friedrich Hetsch und
des Miniaturbildes von Scharffenstein (1782?). Auch der
Landgraf Friedrich II. von Hessen sendet seinen Kabi-
nettsmaler Tischbein nach Stuttgart, um ein (verlorenes)
Porträt Schillers zu malen.

1782

Januar 5. Datum der Vorrede zur 2. Auflage der *Räuber.*

Januar 12./13. Zusammen mit Petersen ohne Urlaub Reise über Schwetzingen nach Mannheim zur Uraufführung der *Räuber.* Unterwegs beschäftigt ein schmuckes Kellnermädchen in Schwetzingen die beiden so sehr, daß sie fast zu spät zur Aufführung kommen; in Mannheim bei Schwan abgestiegen.

Januar 13. Um 17 Uhr Uraufführung der *Räuber* in der von Schiller erstellten und von Dalberg ins Spätmittelalter verlegten Bühnenbearbeitung im Mannheimer Nationaltheater zur Eröffnung des Faschings. Anwesenheit Schillers unter strengem Inkognito in einer eigenen Loge. – Besetzung: Iffland als Franz Moor, Böck als Karl Moor, Beil als Schweizer, Beck als Kosinsky, Meyer als Hermann, Pöschel als Spiegelberg, Frau Toscani als Amalia, Kirchhöfer als der alte Moor, Toscani als Roller; Dekorationen von Quaglio und durchweg neue Bühnenkostüme. Ungeheurer Zustrom von Zuschauern aus der Umgebung, aus der Pfalz, Worms, Darmstadt, selbst Frankfurt, und außerordentlicher Erfolg der Aufführung. – Danach beim Nachtessen fröhliches Beisammensein mit den Schauspielern. – Schiller erhält aus der Theaterkasse 44 Carolin Reiseunkosten vergütet, die Schwan ihm vorschießt. – Gelegentlich des Mannheimer Aufenthalts weist Dalberg Schiller auf den Fiesko-Stoff hin und schlägt ihm vor, Goethes »Götz von Berlichingen« für die Mannheimer Bühne zu bearbeiten.

Januar 15./16. (?) Rückkehr nach Stuttgart in die subalterne Stellung nur ungern; mißvergnügte Wiederaufnahme der Amtsgeschäfte.

Januar 17. An Dalberg: »Ich glaube, wenn Deutschland einst einen dramatischen Dichter in mir findet, so muß ich die Epoche von der vorigen Woche zählen.«

Die

Räuber.

Ein Schauspiel

von fünf Akten,

herausgegeben

von

Friderich Schiller.

in tirannos

Zwote verbesserte Auflage.

Frankfurt und Leipzig.
bei Tobias Löffler. *in Mannheim.*
1782.

Die Räuber. Ein Schauspiel, von 5 Akten.
Zwote verbesserte Auflage.
Frankfurt und Leipzig. Tobias Löffler 1782

Die »Gothaischen gelehrten Zeitungen« decken in einer Voranzeige der *Anthologie auf das Jahr 1782* deren Anonymität auf.

Januar um Mitte. Erscheinen der *Räuber*-Vertonungen Rudolf Zumsteegs: »Die Gesaenge aus dem Schauspiel die Räuber von Friderich Schiller. Mannheim In der Kuhrfürstlich Privilegirten Noten fabrique Von Johann Michael Götz.« 27 S. 4°.

Januar 21. Erscheinen der zweiten, verbesserten Auflage der *Räuber* im Buchhandel:
»*Die Räuber. Ein Schauspiel von fünf Akten*, herausgegeben von Friderich Schiller. Zwote verbesserte Auflage. Frankfurt und Leipzig. bei Tobias Löffler. 1782.« 8 Bl. 208 S. 8°; Preis 36 Kreuzer, gebunden 38 Kreuzer. Als Titelvignette ein nach links gewendeter Löwe mit erhobener Pranke und der – wohl nicht von Schiller genehmigten – Unterschrift »in Tirannos«. (Eine zweite Ausgabe mit dem Löwen nach rechts und ebenfalls der Jahreszahl 1782 erscheint als späterer, auf alt zurechtgemachter Neudruck in den Jahren 1786–93, um neuen Honorarzahlungen zu entgehen.)

Januar Ende bis Februar Anfang. Schwanken zwischen den Dramenplänen *Konradin* (nach Eindrücken aus Lorch) und *Fiesko* zugunsten des letzteren entschieden. Eifriges Quellenstudium in der Bibliothek (Kardinal de Retz, »La Conjuration du Comte Jean Louis de Fiesque«, Duport du Tertre, »Histoire générale des Conjurations«, de Mailly, »Histoire de la République de Gênes«, Häberlin, »Gründliche Historisch-Politische Nachricht von der Republik Genua«), Entwurf eines trockenen Szenars der Akte und Auftritte, sodann Ausführung einzelner Auftritte und Monologe.

Februar 2. Übersendung der durchgesehenen und druckfertig gemachten Bühnenfassung der *Räuber* an Schwan nach Mannheim zum Druck der Theaterausgabe. – Gleichzeitig Erwähnung der geforderten Nach-Promotion (vgl. 29. Dezember 1781) und des Wunsches, mit Wieland bekannt zu werden.

Februar 11.–17. Festwoche anläßlich der Erhöhung der Militärakademie zur Universität mit zahlreichen akademischen Feiern und Festen in Stuttgart und Umgebung.

Februar Mitte. Erscheinen von:

»*Anthologie auf das Jahr 1782*. Gedrukt in der Buchdrukerei zu Tobolsko«, verlegt bei Metzler in Stuttgart, 8 Bl. 281 S. 8°, mit einer Apollo-Vignette von E. Verhelst auf dem Titelblatt und der Widmung »Meinem Prinzipal dem Tod zugeschrieben«. Diese als Protest gegen Stäudlins süßlichen »Schwäbischen Musenalmanach auf das Jahr 1782« verspätet herausgegebene, anonyme Sammlung enthält eine Vorrede und 83 Gedichte, zumeist von Schiller selbst im Jahr 1781 oder früher verfaßt, daneben solche von Hoven, Haug, Petersen, Abel, Ludwig Schubart u. a. Durch eine Vielzahl von Chiffren wird ein großer Mitarbeiterkreis vorgetäuscht, davon sind nur die Gedichte mit den Chiffren Y, W. D, W, M, O, v. R, A, Rr, * und † mit Sicherheit Schiller zuzuschreiben:

Die Journalisten und Minos – Phantasie an Laura – Bacchus im Triller – An die Sonne – Laura am Klavier – Die Herrlichkeit der Schöpfung – Elegie auf den Tod eines Jünglings (vgl. 16. Januar 1781) – *Rousseau – Die seligen Augenblicke* (*Die Entzückung an Laura*, vgl. September 1781) – *Spinoza – Die Kindsmörderin – In einer Bataille* (später u. d. T. *Die Schlacht*) – *An die Parzen – Der Triumph der Liebe – Klopstock und Wieland – Gespräch – Vergleichung – Die Rache der Musen – Das Glück und die Weisheit – An einen Moralisten – Grabschrift eines gewissen Physiognomen – Eine Leichenphantasie* (vgl. 13. Juni 1780) – *Aktäon – Zuversicht der Unsterblichkeit – Vorwurf an Laura – Ein Vater an seinen Sohn – Die Messiade – Kastraten und Männer* (später u. d. T. *Männerwürde*) – *An den Frühling – Hymne an den Unendlichen – Die Größe der Welt – Meine Blumen* (später

u. d. T. *Die Blumen*) – *Das Geheimnis der Reminiszenz* – *Gruppe aus dem Tartarus* – *Die Freundschaft* (aus den Briefen Julius an Raphael) – *Der Wirtemberger* – *Melancholie an Laura* – *Die Pest* – *Das Muttermal* – *Monument Moors des Räubers* – *Morgenphantasie* – *An Minna* – *Elysium* – *Quirl* – *Semele, eine lyrische Operette* – *Die schlimmen Monarchen* – *Graf Eberhard der Greiner von Wirtemberg* – *Baurenständchen* – *Die Winternacht.*
Schiller nimmt diese frühen Gedichte nur z. T. und oft völlig umgewandelt in spätere Sammlungen auf.

Februar. Übersendung eines Exemplars der *Räuber* an Wieland mit einem verbindlichen Brief. Wielands (verlorenes) Antwortschreiben verdeckt sein Unbehagen in verbindlichen Wendungen und wird von Schiller und seinen Freunden mit großem Jubel begrüßt.

Februar 28. Eine in B. Haugs »Zustand der Wissenschaften und Künste in Schwaben«, 3. Stück, anonym erscheinende, vermutlich von Schiller verfaßte Kritik warnt vor der durch neue Druckfehler entstellten 2. Auflage der *Räuber* bei Löffler und findet die »heillose Edition« durch ein »höchst elendes Kupfer verunstaltet«.

März 4. Erhalt von 114 Gulden von J. B. Metzler für die *Anthologie.*

März 31. Erscheinen von:
»Wirtembergisches Repertorium der Litteratur. Eine Vierteljahr-Schrift. Erstes Stück. Auf Kosten der Herausgeber. 1782« 4 Bl. 216 S. 8°, von Schiller gemeinsam mit Abel und Petersen gegründete und herausgegebene Zeitschrift, die Haugs einst verdienstliches, jetzt altersschwaches »Schwäbisches Magazin« ersetzen und Schwaben durch eine vornehme Zeitschrift in die deutsche Literaturbewegung einführen soll; nach Schillers Flucht mit dem 3. Heft von Petersen in gelehrte Bahnen geleitet. Das erste Stück enthält von Schiller neben der Mitverfasserschaft am Vorbericht folgende chiffrierte Beiträge: *Über das gegenwärtige deutsche Theater* (Aufsatz) – *Der*

Spaziergang unter den Linden (Philosophischer Dialog)
– *Die Räuber. Ein Schauspiel*, von Friedrich Schiller
(ausführliche Selbstanzeige und Besprechung der bei
Schwan erscheinenden Theaterausgabe, nebst einem) *Anhang über die Vorstellung der Räuber*. (Die Anonymität
Schillers wird im Frühjahr 1783 im 3. Stück des »Wirtembergischen Repertoriums« gelüftet, als ein Frankfurter Rezensent den Verfasser wegen allzuscharfer Kritik
angriff) – *Schwäbischer Musenalmanach auf das Jahr
1782. Herausgegeben von G. F. Stäudlin* (Rezension) –
Nanine oder Das besiegte Vorurteil. Aus dem Französischen des Herrn von Voltaire von Pffr. (Schillers
Schulkamerad Pfeiffer, Rezension) – *Kasualgedichte
eines Wirtembergers* (Johann Ulrich Schwindrazheims,
Rezension) – *Vermischte deutsche und französische
Poesien, von* * (Prof. J. Chr. Schwab, Schillers Lehrer;
Rezension) – *Zustand der Wissenschaften und Künste
in Schwaben. Drittes Stück* (von B. Haug herausgegeben,
Rezension) – *Vermischte poetische Stücke, von G. F.
Stäudlin* (Rezension) – *Anthologie auf das Jahr 1782*
(Selbstrezension).

April 1. Neben der Arbeit am *Fiesko*, von dem schon ein
großer Teil ausgearbeitet ist, Suche nach einem deutschen
Thema für ein Nationalschauspiel. Die von Dalberg erbetene »Götz«-Bühnenbearbeitung wird von Goethes Einverständnis abhängig gemacht.

April Mitte. Erscheinen der ersten Ausgabe der *Räuber*-Bühnenbearbeitung:
»*Die Räuber, ein Trauerspiel* von Friedrich Schiller. Neue
für die Mannheimer Bühne verbesserte Auflage. Mannheim, in der Schwanischen Buchhandlung 1782.« 1 Bl.
166 S. 8°, Preis 32 Kreuzer, gedruckt bei Bernhard Friedrich Gegel in Frankenthal. (Um 1785/86 erscheint ein
Neudruck dieser Ausgabe mit der falschen Jahreszahl
1782, um neue Honorare zu vermeiden, kenntlich an der
Angabe Mlle. Baumann statt Elisabeth Toscani als Amalia

im Personenverzeichnis.) Der Text enthält nicht alle von Dalberg selbst noch vor den Aufführungen vorgenommenen Änderungen und weicht von dem ebenfalls erhaltenen Theatermanuskript stellenweise erheblich ab.

April Ende. Erscheinen des Aufsatzes des Graubündner Arztes Dr. Amstein »Apologie für Bünden gegen die Beschuldigung eines auswärtigen Komödienschreibers« in der Churer Zeitschrift »Der Sammler«, 16. und 17. Stück, mit Abdruck des Artikels von Wredow (vgl. 13. Dezember 1781). Der Artikel wird mit einem privaten Anschreiben und der Aufforderung zum Widerruf an Schiller übersandt, der jedoch schweigt; dadurch sehen sich die Verfasser des »Graubündner Protests« zu weiteren Schritten gezwungen (vgl. August 1782).

Mai 15. Tod General Riegers auf dem Hohenasperg. Schiller verfaßt auf Bestellung der württembergischen Generalität ein übertrieben lobendes Trauergedicht auf seinen Paten, das als Einzeldruck erscheint:

»*Todenfeyer am Grabe des Hochwohlgebohrnen Herrn, Herrn Philipp Friderich von Rieger,* Generalmajors und Chefs eines Infanterie-Bataillons, Kommandanten der Vestung Hohenasperg, und des Herzoglich militairischen St. Karls Ordens Ritters, Welcher im sechzigsten Jahr Seines Alters am 15ten May 1782 zu Hohenasperg an einem Schlagflusse seelig verschied und den 18ten des Monats feierlichst zur Erde bestattet wurde, Ihm zum Ehrendenkmal geweyht von sämmtlicher Herzoglich-Wirtembergischen Generalität. Stuttgard gedruckt mit Erhardischen Schriften.« 4 S. 2°.

Mai 20. Erwerb der Plutarchübersetzung von Schirach und der Shakespeareübersetzung von Eschenburg.

Mai 20.–30. Reise des Herzogs Karl Eugen nach Wien, um sich beim Kaiser persönlich für die Erhebung der Militärakademie zur Universität zu bedanken. Seine Abwesenheit nutzt Schiller aus:

Mai 24. Bitte an Dalberg um eine Aufführung der *Räuber* am 27. oder 28. Mai gelegentlich seiner geplanten Anwesenheit in Mannheim.

Mai 25. Zweite Reise nach Mannheim ohne Urlaub, doch mit Wissen seines Vorgesetzten Oberst von Rau; Abreise 13 Uhr nachmittags mit Frau von Wolzogen und Frau Vischer, da Hoven abgesagt hat.

Mai Ende. Die erwartete Aufführung der *Räuber* in Mannheim kann wegen Personalschwierigkeiten durch den Urlaub einiger Schauspieler nicht stattfinden. Statt dessen sieht Schiller (am 26.) nur die üblichen Lustspiele wie Goldonis »Der Weltbürger« und »Die junge Indianerin« von S. R. Chamfort, am 28. Mai evtl. auch Goethes »Clavigo«. Vermutlich auch Besuch des Mannheimer Antikensaals. – Unterredung mit Dalberg, der ihm mit Handschlag verspricht, alles zu versuchen, um ihn nach Mannheim zu ziehen, die Schwierigkeiten aber weniger in einer Anstellung als in der Loslösung von Stuttgart sieht. Dalberg gibt ihm eine »Macbeth«-Übersetzung und Wagners »Die Kindsmörderin« mit (für *Kabale und Liebe* benutzt), lenkt wohl auch seine Gedanken auf den *Don Carlos* oder St. Réals Novelle.

Mai 28. Nachts Antritt der Rückreise nach Stuttgart.

Mai 29. Zurück in Stuttgart mit einer Grippe, so daß er den ihn besuchenden Streicher gleich ansteckt. Der Widerwillen gegen Stuttgart ist durch den ungeheuren Kontrast zwischen der glänzenden Aufnahme in Mannheim und der untergeordneten Stellung in Stuttgart verstärkt. Nach der Rückkehr Weiterarbeit am *Fiesko*.

Juni 4. Schiller bezeichnet Dalberg die Wege, um seine Anstellung und die Freilassung aus württembergischen Diensten vom Herzog zu bewirken, und legt sein Schicksal in Dalbergs Hände. »In diesem Norden des Geschmacks werd ich ewig niemals gedeihen.« Der liebenswürdige, aber wankelmütige und vor Schwierigkeiten zurückscheuende Dalberg unternimmt nichts.

Juni. Lektüre: Wagners »Kindsmörderin«.

Juni 28. Schillers Mannheimer Reise wird in Stuttgart bekannt, wohl weil eine der mitgenommenen Damen ge-
plaudert hat oder weil Schiller bei der Ankunft in Mannheim unvorsichtigerweise seinen Namen am Tor gesagt
hatte. Der Herzog erfährt davon, befiehlt Schiller zu sich
nach H o h e n h e i m, bestraft ihn, der die Mitwisserschaft
des Oberst von Rau nicht verrät, mit 14 Tagen Arrest und
verbietet künftighin jeden weiteren Verkehr mit dem
Ausland – wohl, weil Schiller die *Räuber* nicht in Stuttgart hatte aufführen lassen. Zurück nach S t u t t g a r t.

Juni 28. bis Juli 11. In Haft auf der Hauptwache; währenddessen Arbeit am *Fiesko*, erster Plan zu *Luise Millerin* als
Auseinandersetzung mit dem Herzog und erster Entschluß zur Flucht.

Juli 15. Erneuter dringender Appell an Dalberg, dem er of-
fen seine Lage schildert, die bevorstehende Fertigstellung
des *Fiesko* und den Entschluß zum *Don Carlos* mitteilt.
Andeutung des Fluchtplanes. Der Brief bleibt unbeantwortet.

Sommer. Das Gedicht *Teufel Amor* entstanden. – Frau
Henriette von Wolzogen bietet Schiller für den Notfall
Zuflucht auf ihrem Gut Bauerbach bei Meiningen an.

August Anfang. Tiefe Verzweiflung, da Dalberg keine
Versuche unternimmt und nichts von sich hören läßt.

August Ende. Auslösung des »Graubündner Protests«:
Der Ludwigsburger Garteninspektor Johann Jakob Wal-
ter, korrespondierendes Mitglied der Bündnerischen öko-
nomischen Gesellschaft, spielt auf Anstiftung Dr. Am-
steins dem Herzog Karl Eugen dessen »Apologie für
Bünden« (vgl. April 1782) in die Hände, in dem eine
Stelle der *Räuber* (II,3) zurückgewiesen wird, die Grau-
bünden als Athen der heutigen Gauner bezeichnet und
eigentlich als Stichelei gegen den unbeliebten Graubünde-
ner Aufseher Kuplie in der Karlsschule gerichtet war. Der
Herzog läßt Schiller nach H o h e n h e i m laden, kanzelt
ihn derb ab und verbietet ihm bei Strafe der Kassation

oder der Festungshaft jede weitere nicht-medizinische
Schriftstellerei. Damit wird des Dichters Verbleiben in
Stuttgart unmöglich.

August 30. Mit Frau Vischer als Gevatter bei der Taufe einer Tochter seines Grenadiers Christian Cronenbitter.

September 1. Nochmaliger schriftlicher Versuch, den Herzog als »Vater« zur Zurücknahme des Schreibverbots zu
bewegen, mit dem Versprechen, alle künftigen Veröffent-
lichungen einer scharfen Zensur zu unterwerfen. Die
Schriftstellerei habe ihm eine jährliche Mehreinnahme
von 550 Gulden (stark übertrieben!) und damit die finanzielle Grundlage zur Fortsetzung der medizinischen Studien gegeben. – Annahme des Briefes wird verweigert,
weitere Bittschriften bei Strafe des Arrests untersagt.

September Anfang. Endgültiger Entschluß zur Flucht
nach dem soeben erreichten vorläufigen Abschluß des
Fiesko und Wahl eines geeigneten Termins: Besuch des
russischen Großfürsten, späteren Kaisers Paul I., und seiner Gemahlin Feodorowna, der Nichte Herzog Karl Eugens, am württembergischen Hof, wo allerlei Festlichkeiten für diese Zeit (17.–25. September) geplant waren. Die
Flucht erfolgt entweder in der Hoffnung einer endgülti-
gen Loslösung von Schwaben oder in der Absicht, den
Herzog vom Ausland her zur Rücknahme des Schreibverbots zu bewegen. In den Plan eingeweiht werden nur
die Mutter, die stillschweigend zustimmt, und die Schwester Christophine, die das Vorhaben unterstützt, da der
Herzog sein Versorgungsversprechen nicht eingelöst habe. Dem Vater wird nichts gesagt, damit er als Offizier
sein Ehrenwort geben könne, nichts davon gewußt zu
haben. – Erleichterung der Flucht durch die aufopfernde
Teilnahme des Musikers Andreas Streicher, der seine für
das Frühjahr 1783 geplante Reise nach Hamburg, wo er
bei K. Ph. E. Bach Musik studieren will, Schiller zuliebe
vorverlegt. Allmähliche Entfernung von Schillers Wäsche
und Büchern in Streichers Wohnung.

September. Erscheinen von Franz Wilhelm Jungs Ode »An Schiller« im »Deutschen Museum«, 2. Band, 9. Stück. (Schiller erfährt erst im Februar 1783 davon und erbittet die Zeitschrift von Reinwald.)

September 15. (?) Eintreffen Dalbergs zu den Festlichkeiten in Stuttgart. Kurzer, förmlicher Besuch Schillers bei ihm, ohne Bitte um Fürsprache oder Hilfe und ohne Erwähnung des Fluchtplans.

September 17. Eintreffen des Fürstenbesuchs in Stuttgart mit einem Gefolge von 101 Personen, einige Tage zuvor schon der benachbarten Fürsten und Freunde.

September 20. (?) Letzter Besuch bei den Eltern auf der Solitude mit Streicher und der ebenfalls in Stuttgart weilenden Frau Meyer. Auf dem Hinweg (zu Fuß) vorsichtige Erkundigungen bei letzterer über die Zustände am Mannheimer Theater und seine evtl. Aussichten. Während der nichtsahnende Vater die Freunde unterhält, Festsetzung des Fluchttags und heimlicher Abschied von Mutter und Schwester.

Zur gleichen Zeit erste weitere Aufführung der *Räuber* in anderen Städten Deutschlands: Leipzig 20. und 22. September (erstmals in modernem Kostüm), Hamburg 21., 25. und 27. September (mit Fleck und Unzelmann).

September 21. Die letzte Nacht in Stuttgart auf der Wache bei Leutnant Scharffenstein zugebracht, dem er auch einen Teil seiner Bücher vermacht.

September 22. Festgesetzter Fluchttag, da an diesem Abend alle Gäste und ganz Stuttgart zu einer Festbeleuchtung auf die Solitude ziehen.

Frühmorgens letzter Lazarettbesuch; anschließend beim Einpacken wird Schiller durch eine Ode Klopstocks zu einem (verlorenen) Gegenstück angeregt, die der um 10 Uhr zur Abholung der letzten Sachen eintreffende Streicher begutachten muß. Abends 21 Uhr mit zwei (untauglichen) Pistolen zu Streichers Wohnung, wo die zwei Koffer und Streichers kleines Klavier aufgeladen werden;

Streicher besitzt 28, Schiller 23 Gulden; um 22 Uhr Abfahrt durch das entgegengesetzt liegende Eßlinger Tor, wo Scharffenstein Wache hat, als Dr. Ritter (Schiller) und Dr. Wolf (Streicher) mit dem Reiseziel Eßlingen ausgegeben, keine Paßkontrolle, dann die Stadt Stuttgart in Richtung Bretten umfahren. Beim Überqueren der schnurgeraden Verbindungsstraße von Ludwigsburg zur Solitude gegen 24 Uhr erkennt Schiller in der Illumination die Umrisse seines Elternhauses und seufzt »Meine Mutter!«.

September 23. Morgens gegen 1 oder 2 Uhr einstündige Kaffeerast in Enzweihingen, während derer Schiller Schubarts »Fürstengruft« und andere Gedichte vorliest. – 8 Uhr Erreichung der kurpfälzischen Grenze und heiliger Vorsatz, den zurückgelassenen Zwang nie mehr auf sich zu nehmen. – 10 Uhr Ankunft in Bretten; Wagen und Kutscher nach Stuttgart zurückgeschickt und beim Postmeister Pallavicini gegessen. Nachmittags Weiterfahrt mit der Postkutsche über Waghäusel nach Schwetzingen. – Nach 21 Uhr abends Ankunft in Schwetzingen, wo übernachtet wird, da die Mannheimer Tore bei Einbruch der Dunkelheit geschlossen werden. – Am gleichen Tag wird Schillers Flucht Stadtgespräch in Stuttgart.

September 24. Morgens Anlegen der besten Garderobe, »um durch scheinbaren Wohlstand sich eine Achtung zu sichern« (Streicher) und nach zweistündiger Fahrt in der Postkutsche vormittags Ankunft in Mannheim beim Regisseur Meyer, der höchst erstaunt ist und ein billiges Quartier in der Nähe besorgt. Dalberg ist noch in Stuttgart. – Mittagessen bei Meyer; anschließend schreibt Schiller unter Zureden Meyers, der die Aussichtslosigkeit der Lage erkennt, zwei Briefe an den Herzog (über General Augé und Oberst von Seeger): Entschuldigung der Flucht mit der Unmöglichkeit seines Schriftstellerdaseins und Bitte um 1. Aufhebung des Schreibverbots, 2. Erlaubnis, mit dem Ertrag der Schriftstellerei Studienreisen zu unternehmen, und 3. Erlaubnis des Ziviltragens zur

Erweiterung seiner Arztpraxis. Abends erregt Streicher Meyers Interesse für den *Fiesko*.

September 25. Rückkehr von Frau Meyer aus Stuttgart: Man vermute dort, der Herzog würde dem Flüchtling nachsetzen lassen oder seine Auslieferung verlangen. – Schiller rechnet mit der Großmut des Herzogs.

September 27. Eintreffen der unbestimmt gehaltenen Antwort General Augés im Auftrag des Herzogs vom 26. September: »daß er sich hierher begeben möchte; er werde von der Gnade Sr. Herzoglichen Durchlaucht dadurch profitieren«. Schiller schreibt postwendend zurück und erbittet festere Zusicherungen. – Nachmittags 16 Uhr Vorlesung des *Fiesko* bei Meyer vor Iffland, Beil und mehreren Schauspielern durch Schiller selbst, der sich durch seine schwäbische Aussprache und gleichbleibend pathetischen Tonfall um alle Wirkung bringt und nicht über den II. Akt hinauskommt, da die Gesellschaft sich verläuft. Meyer fragt Streicher, ob Schiller wirklich der Dichter der *Räuber* sei, und erklärt den *Fiesko* für das Allerschlechteste, was er je gehört habe, behält aber das Manuskript zur Nacht da. Plan Schillers, wenn nicht als Theaterdichter, dann als Schauspieler anzukommen.

September 28. Meyer erkennt nach der eigenen Lektüre den Wert des *Fiesko* und die Ursache des gestrigen Mißerfolges durch Schillers Deklamation, kann jedoch ohne Dalberg keine Entscheidung über eine Aufführung fällen.

Oktober 2. Eintreffen von Augés zweitem, gleichlautendem Brief ohne festere Zusicherungen vom 1. Oktober. Meyer rät aus Sicherheitsgründen zur Fortsetzung der Flucht bis Frankfurt; Streicher bittet seine Mutter in Stuttgart um weitere Geldsendung nach Frankfurt.

Oktober 3. Wegen Abwesenheit Dalbergs und Gefahr einer Verfolgung Abschied von Meyer und nachmittags Aufbruch zu Fuß über Sandhofen in Richtung Frankfurt. Unterwegs brütet Schiller schweigsam über *Luise Millerin*. Übernachtung in einem Dorf (Lampertheim?).

Oktober 4. Fortsetzung der Fußwanderung und Beschäftigung mit dem *Luise Millerin*-Plan; nach zwölfstündigem
Marsch um 18 Uhr Ankunft in Darmstadt. Abendessen
und Übernachtung in einem Gasthof; nachts durch die
Reveille geweckt.

Oktober 5. Fortsetzung der Fußreise, da Schiller schon
morgens unpäßlich, mit häufigen Rasten: nach einer
Stunde Kirschwasser getrunken (in Arheilgen?), mittags (in Langen?) beim Gasthauslärm ohne Erholung,
nachmittags völlige Erschöpfung Schillers und Ruhe-
pause von zwei Stunden im Wald, während derer sich ihnen ein preußischer Werber nähert. Nach sechsstündigem
Marsch Ankunft in Frankfurt und Quartiernahme aus
Sparsamkeit und Sicherheit im Gasthof »Zum Storchen«
in Sachsenhausen gegenüber der Mainbrücke gegen vereinbarten Pensionspreis.

Oktober 6. Brief an Dalberg, Unterrichtung von seiner
Flucht und Bedrängnis und Bitte um 300 Gulden Vorschuß für den *Fiesko*, davon 200 zur Tilgung der Stuttgarter Schulden: »Sobald ich Ihnen sage, ich bin auf der
Flucht, sobald habe ich mein ganzes Schicksal geschil-
dert.« – Nachmittags Spaziergang über die Mainbrücke
und durch Frankfurt zur Post; Interesse für das Groß-
stadttreiben und Wiederkehr der vergangenen Eßlust.
Abends Unterhaltung mit Streicher über dichterische
Pläne.

Oktober 7. Vormittags sorgfältige Besichtigung Frankfurts
und Besuch von sechs Buchläden, wo sie nach dem Ab-
satz der *Räuber* fragen und erfahren, daß alle Exemplare
verkauft sind. Das gute Urteil erheitert Schiller und veranlaßt ihn, sich einmal sogar als Verfasser zu erkennen zu
geben. – Nachmittags Entwürfe zu *Luise Millerin*, wovon
in Frankfurt eine Anzahl Auftritte entsteht und Schiller
abends Streicher seinen Plan enthüllt.

Oktober 8. Zweimal vergeblich nach Post gegangen; nachmittags Spaziergang.

Oktober 9. Morgens Erhalt eines Pakets aus Mannheim, z. T. mit Briefen aus Stuttgart: Dalberg lehnt über Meyer jeden Vorschuß auf den *Fiesko* ab, da er in vorliegender Gestalt nicht aufführbar sei, sondern umgearbeitet werden müsse. Schiller empfängt die Nachricht ohne Klage. Beschluß, nach Erhalt weiteren Geldes zur Umarbeitung in die Gegend von Mannheim zu gehen. Gleichzeitig Erhalt eines 3. Briefes von Augé, vom 6. Oktober, der ihn sofort zurückruft, Gewährung der Bitten unverbindlich als möglich in Aussicht stellt und eine Ordre des Herzogs abschriftlich beifügt, Schiller möge seine Gnade nicht länger mißbrauchen. Selbstmordgedanken auf der Sachsenhauser Brücke (?).
Der Versuch, für das größere Gedicht *Teufel Amor* in Frankfurt einen Verleger (Joh. Georg Fleischer in der Buchgasse?) zu finden, scheitert, da dieser nur 18 statt der verlangten 25 Gulden bietet und Schiller das Gedicht trotz größter Notlage nicht unter Wert verkaufen will. (Das Gedicht geht in Oggersheim verloren.)

Oktober 10. Streicher erhält 30 Gulden neues Reisegeld, verzichtet jedoch um Schillers willen auf die Hamburger Pläne, um ihn nach Mannheim zu begleiten. Briefliche Bitte an Meyer, in der Nähe von Mannheim ein billiges Unterkommen zu suchen und in Worms Nachricht zu hinterlegen.

Oktober 11. Vormittags Aufbruch in Richtung Mannheim, zunächst mit dem Marktschiff von Frankfurt nach Mainz. Nachmittags Besichtigung von Stadt und Dom; Übernachtung im Gasthof, wo sie im Nebenzimmer von dem Wunsch junger Frauen hören, den Dichter der *Räuber* kennenzulernen.

Oktober 12. Sehr früh Aufbruch zu Fuß nach Worms. Vormittags in Nierstein Einkehr in einem Gasthof am Rhein, wo ein Schoppen des besten, ältesten Weins für 1 Taler genehmigt wird, der anfangs enttäuscht, bis die belebende Wirkung eintritt. Am späten Nachmittag wegen

Friedrich Schiller.
Porträt in Öl, Jakob Friedrich Weckherlin zugeschrieben,
um 1780

Müdigkeit Schillers eine Station weit gefahren, abends um 21 Uhr Eintreffen in Worms.

Oktober 13. In Worms früh auf der Post Nachricht von Meyer, daß er sie nachmittags im »Viehhof« in Oggersheim erwarte. Reise dorthin und Einquartierung im »Viehhof« in Oggersheim beim Wirt Joseph Heinrich Schick nach abgesprochenem Pensionspreis, Schiller als Dr. Schmidt, Streicher als Dr. Wolf. Dort von dem Ehepaar Meyer und zwei Freunden, dem Musiker Cranz und dem Baßsänger Georg Gern, erwartet. – Recht zurückgezogenes Leben in Oggersheim; Verkehr nur mit dem gebildeten Kaufmann Jakob Derain, in Mannheim bei häufigen abendlichen Besuchen mit Meyer, dessen Freunden Cranz und Gern, Schwan und dem Kaufmann Stein nebst Tochter. Einmal Besuch in Frankenthal (?) – Gleich am ersten Abend Beginn der schriftlichen Ausarbeitung des *Luise Millerin*-Planes unter Einfluß von Streichers Klavierspiel; den Mannheimer Schauspielern auf den Leib geschrieben. Während dieser Arbeit über acht Tage das Haus nur auf Minuten verlassen.

Oktober 17. Erhalt eines vierten Briefes von General Augé, er möge sofort zurückkommen, er habe nichts zu befürchten, dem die herzogliche Ordre im Original und ein Brief des Vaters beiliegen.

Oktober 18. Schiller antwortet Augé wohl weiterhin mißtrauisch und verlangt eindeutige Bewilligung seiner Forderungen. Optimistischer Täuschungsbrief an die Schwester Christophine über sein Wohlergehen.

Oktober Ende. Erscheinen von: »Wirtembergisches Repertorium der Litteratur«, 2. Stück; enthält in dem Aufsatz J. J. Atzels »Schreiben über einen Versuch in Grabmälern nebst Proben« Schillers lateinische Grabinschriften für Luther, Kepler, Haller und Klopstock, ferner von Schiller: *Eine großmütige Handlung aus der neusten Geschichte* und *Der Jüngling und der Greis* (nach Entwurf Scharffensteins bearbeitet). – Nach der ersten Klärung

des Aufbaus von *Luise Millerin* Beginn mit der *Fiesko*-
Bearbeitung.

Oktober 27. Herzog Karl Eugen verbietet dem General
Augé im Hinblick auf Schillers letztes Schreiben vom
18. Oktober die weitere Korrespondenz mit ihm.

Oktober 31. Schiller wird in der Stuttgarter Regimentsliste
als »ausgewichen« gestrichen und damit zum Deserteur
erklärt.

November 6. Täuschungsbriefe an die Schwester Christophine und an den ehemaligen Akademiegenossen Christian Friedrich Jacobi mit der Mitteilung, daß er nach
Berlin und evtl. weiter nach Petersburg gehen werde.

November 8. (?) Umarbeitung des *Fiesko* beendet und
durch Meyer an Dalberg übersandt.

November Mitte. Zur Tilgung eines Teils seiner Schulden
versetzt Schiller seine Uhr.

November 16. Briefliche Bitte an Dalberg um Entscheidung wegen des *Fiesko*.

November um 18. (?) Vermutlich jetzt schon Mitteilung
Dalbergs über Meyer, daß der *Fiesko* auch in der vorge-
legten Bearbeitung nicht brauchbar sei, daher nicht angenommen und nicht vergütet werden könne. Schiller empfängt die Antwort klaglos.

November 18./19. (?) Der Verkauf des *Fiesko* an den Buchhändler Schwan in Mannheim zu einem Honorar von 1
Louisdor je Druckbogen, wovon 10 Louisdor sofort bezahlt werden, ergibt die Mittel zur Begleichung der drin-
gendsten Schulden im Gasthof, zur Reiseausstattung und
für die Fahrtkosten nach Meiningen. Den Rest von 1½
Louisdor benutzt Streicher später zur Schuldentilgung.

November 19. Briefliche Einladung an Mutter und Schwester zu einem Treffen in Bretten mit dem Versprechen,
ihnen 1 Carolin Reisegeld zu ersetzen. – Frankfurter
Erstaufführung der *Räuber* durch die Böhmsche Truppe.

November um 20. Umzug Streichers von Oggersheim nach
Mannheim als Klavierlehrer und konzertierender Künstler.

November 22. Schiller reitet nach Bretten zum Wiedersehen und letzter Abschiedsunterredung mit der Mutter und der Schwester Christophine. Ankunft um Mitternacht im Posthaus Bretten; Aufenthalt dort für 3 Tage.

November 26. Zurück in Mannheim.

November 27. (?) Sitzung des Mannheimer Theaterausschusses und BerichtIfflands über den *Fiesko*, dessen Bedenken Schiller zu Änderungen in der Buchausgabe benutzt (Streichung eines Spiels im Spiel im IV. Akt und der Plünderung von Gianettinos Leichnam durch Leonore V,5). Ifflands Vorschlag, die Bühnenbearbeitung trotz Ablehnung mit 8 Louisdor zu vergüten, wird abgelehnt. – Der unerwartete Besuch eines württembergischen Leutnants – wie sich erst viel später herausstellt, Schillers Freund Koseritz – der in Mannheim bei Meyer und anderen sehr lebhaft nach Schiller fragt, bringt neue Angst vor Verhaftung und Auslieferung. Schiller und Streicher werden von der Schauspielerin Madame Curioni eine Nacht im leerstehenden Haus des Freiherrn von Baden verborgen.

November 28. Meyer erfährt in aller Frühe vom ersten Sekretär des Ministers Grafen von Oberndorf, daß der Offizier keine amtlichen Aufträge gehabt habe und schon wieder abgereist sei. – Das Ereignis fördert das Gefühl der Unsicherheit und Gefahr und den Beschluß zur umgehenden Abreise nach Sachsen.

November 29. (?) Erhalt der definitiven Ablehnung des *Fiesko* von Dalberg und dem Theaterausschuß und der Ablehnung einer Vergütung für die Bearbeitung.

November 30. Abreise von Oggersheim. Die Freunde, Meyer, Streicher u. a., begleiten Schiller, der sich auf der Mannheimer Post nicht sehen lassen will, bei Kälte und tiefem Schnee bis Worms, sind dort bei der Schmierenvorstellung von Joh. Christian Brandes »Ariadne auf Naxos« (durch die Böhmsche Truppe?) im Posthaus zugegen und kehren nach dem Nachtessen nach Mannheim zu-

rück. Schmerzlicher Abschied vom Freund Streicher und
Übernachtung im Posthaus Worms.

Dezember 1.   Abreise von Worms in Richtung Sachsen
über Frankfurt und Gelnhausen, bei der außeror-
dentlich strengen Kälte ohne schützende Kleidung, nur
im leichten Überrock. Insgesamt 65 Wegstunden.

Dezember 7. Nach siebentägiger Fahrt im Postwagen morgens Ankunft in Meiningen, Gasthof zum Hirsch.
Dort erstes Zusammentreffen mit dem Bibliothekar
Wilhelm Friedrich Hermann Reinwald, seinem späteren
Schwager, an den ihn Frau von Wolzogen empfohlen hat
und den er zum Mittagessen einlädt. – Abends Ankunft
in Bauerbach auf dem Gut der Frau von Wolzogen.
Freundliche Aufnahme; trotz ihrer Abwesenheit alles
vorbereitet: Wohnung geputzt und eingeheizt. Schaffenslust. – Schiller lebt in Bauerbach als Dr. Ritter; sein
Pseudonym findet jedoch wenig Glauben. Verkehr zunächst nur mit Reinwald, durch den er nach und nach
auch die Pfarrer der Umgebung kennenlernt: Hofprediger Pfranger in Meiningen, der im »Mönch vom Liba-
non« 1782 ein Gegenstück zu Lessings »Nathan« verfaßt
hatte und mit Schiller über den »Nathan« debattiert; Vater und Sohn Freißlich in Bibra u. a. m.

Dezember 9. Bitte an Reinwald um Vermittlung wichtiger
Bücher: Lessings kritische Schriften, Mendelssohns, Sul-
zers und Garves philosophische Schriften, H. Home
»Elements of Criticism«, dt., Ramler »Einleitung in die
Schönen Wissenschaften« nach Batteux; W. Robertson
»History of Scotland«, dt. (Quelle für *Maria Stuart*),
Shakespeares »Othello« und »Romeo und Julia« (zur
evtl. Verwendung bei *Luise Millerin*), A. Smith »Theory
of Moral Sentiments«, D. Hume »History of Great Brit-
ain«, dt. (später Quelle für *Maria Stuart* und *Die Jungfrau von Orleans*), J. G. Zimmermann »Von der Erfahrung in der Arzneikunst«, A. Gerard »On Taste« und
»Essay on Genius« dt., St. Réal »Histoire de Dom Car-

los« (Hauptquelle), Wielands »Agathon« und Reisebeschreibungen (J. R. Forster). – Beginn der schriftstellerischen Arbeit, zunächst Vorrede und Widmung zum *Fiesko*, sodann *Luise Millerin*, die er im gleichen Jahr abzuschließen hofft.

1783

Januar 1. oder kurz vor Jahresende. Besuch von Frau Henriette von Wolzogen mit ihrer 17jährigen Tochter Charlotte, deren Anmut Schiller entzückt, in Bauerbach.

Januar 3. Schiller begleitet Frau von Wolzogen nach Walldorf nördlich von Meiningen zu ihrem Bruder, Oberforstmeister Dietrich Christian Ernst Marschalk von Ostheim, und kehrt abends nach Bauerbach zurück.

Januar 4. Gefühl der Einsamkeit in Abwesenheit der Wolzogens; Brief an Henriette von Wolzogen und Abfassung eines (verlorenen) Gesuchs an die Herzogin von Gotha für diese, sowie des *Hochzeitgedichts auf die Verbindung Henrietten N. mit N. N.* (auf Henriette Sturm, Pflegetochter der Frau von Wolzogen, die in Walldorf den Verwalter Schmidt heiratet).

Januar 5.–9. Erneuter Aufenthalt in Walldorf bei Frau von Wolzogen, der er das Gesuch und Hochzeitsgedicht mitbringt. Dort Bekanntschaft und Freundschaft mit ihrem Neffen, Freiherrn Ludwig von Wurmb, dem Helden der früheren Erzählung *Eine großmütige Handlung aus der neusten Geschichte*. – Besuch beim Pfarrer C. F. Sauerteig.

Januar 8. Schiller schreibt auf Wunsch der Frau von Wolzogen einen an diese nach Stuttgart gerichteten Brief, angeblich aus Hannover, der über seinen Aufenthaltsort und wahre Pläne durch den vorgegebenen Plan einer Englandreise hinwegtäuschen soll.

Januar 9. Rückkehr nach Bauerbach.

Januar Mitte (?). Schiller erhält von vier jungen Damen, u. a. von Charlotte Marschalk von Ostheim, spätere Kalb, einen Lorbeerkranz zugeschickt. Versuch einer Danksagung in Versen (»Den Lorbeer übersandten dir ...«).

Januar 13. Zusammenkunft mit Frau von Wolzogen in Maßfeld; Sorge um seine und ihre Sicherheit. Zurück nach Bauerbach.

Januar 14. Angeblich aus Hannover geschriebener Brief an Streicher, der Frau von Wolzogen von jedem Verdacht reinwaschen soll, spiegelt ein Zerwürfnis mit ihr und seinen Abzug nach Thüringen vor und meldet voreilig den Abschluß der *Luise Millerin* – es kann sich nur um einen vorläufigen Abschluß handeln; Überarbeitungen bis Juli.

Januar 24. Abreise von Frau von Wolzogen mit ihrer Tochter nach Stuttgart.

Januar 29. Übersendung der in der gleichen Nacht entstandenen *Wunderseltsamen Historia* an Reinwald zur Drucklegung.

Februar 1. In den »Meiningischen wöchentlichen Nachrichten«, 5. Stück, erscheint auf Anregung des Meininger Herzogs und Vermittlung Reinwalds Schillers:
»*Wunderseltsame Historia* des berühmten Feldzuges als welchen Hugo Sanherib König von Aßyrien ins Land Juda unternehmen wollte aber unverrichteter Ding wieder einstellen mußte. Aus einer alten Chronika gezogen und in schnakische Reimlein bracht von Simeon Krebsauge Bakkalaur« mit einigen Abänderungen Reinwalds. Satirisches Spottgedicht auf die vom Coburger Hof wegen der schweren Krankheit des Meininger Herzogs Georg I. für seinen Todesfall geplante militärische Besitzergreifung Meiningens, um Erbansprüche geltend zu machen.

Februar 14. *Luise Millerin* bis zur Reinschrift gediehen. Bitte an Reinwald um Schreibpapier für die Abschrift.

Februar Mitte. Verhandlungen mit dem Leipziger Verleger

Weygand wegen der *Luise Millerin*. Dieser will Schillers Schriften gern verlegen, aber die *Luise Millerin* nicht vor Ostern und nur in Verbindung mit einer Prosaerzählung drucken. – Schwanken zwischen den neuen Dramenplänen *Imhof* (später wohl im *Geisterseher* aufgegangen) und *Maria Stuart*. Quellenstudien zu letzterer: Robertsons »History of Scotland« (vgl. 9. Dez. 1782) und William Camden, »Annales rerum anglicarum et hibernicarum regnante Elisabetha«.

Februar 22. Vergebliche Verabredung mit Reinwald im Wirtshaus von Maßfeld, wo Schiller 3 Stunden im Wirtshauslärm wartet und dann nach Bauerbach zurückkehrt.

Februar 24. Erste Erwähnung des *Maria Stuart*-Planes im Brief an Reinwald.

März Anfang. Besuch Reinwalds in Bauerbach, dem Schiller sein Herz aufschließt. – Erste Erwähnung des *Imhof*-Planes im Brief an Reinwald. Bitte um Bücher über Jesuiten, Religionsveränderungen (für den *Imhof*), Inquisition und Geschichte der Bastille (später für *Don Carlos* verwendet). Daraufhin Lektüre von Constantin de Renneville »L'Inquisition française ou L'histoire de la Bastille«, dt. »Historie von der Bastille«.

März Mitte. Einige Szenen zur *Maria Stuart* ausgearbeitet. – Zusammentreffen mit Reinwald in Maßfeld; nach der Rückkehr nach Bauerbach Fieberanfall, der jedoch ohne Nachfolge bleibt.

März 2. Hälfte. Nach mehreren Briefen der Mannheimer Schauspieler, und da Verfolgungen anscheinend nicht mehr zu befürchten sind, knüpft Dalberg wieder die Verhandlungen an und fragt nach der *Luise Millerin*, nachdem er »auf eine verbindliche Art über seine Untreue Entschuldigung getan«.

Die Verhandlungen mit dem Leipziger Verleger Weygand wegen des Drucks der *Luise Millerin* scheitern, wohl an der Honorarfrage. – Frau von Wolzogen kündet ihre An-

kunft zusammen mit Franz Karl Philipp von Winckelmann an.

März 27. Mitteilung an Frau von Wolzogen, daß er, falls sie
auf die Begleitung des Herrn von Winckelmann nicht
verzichte, von Bauerbach weggehen werde; wohl weniger
aus der vorgegebenen Furcht, seine Pseudonymität werde
von Winckelmann aufgedeckt werden, als aus Eifersucht
wegen einer geplanten Verbindung Winckelmanns mit
Charlotte von Wolzogen.

Schwanken zwischen den Plänen *Imhof* und *Maria Stuart*
zugunsten des *Don Carlos* beigelegt. Bitte an Reinwald
um Schriften über Spanien und Brantomes Geschichte
Philipps II. in dessen Memoiren.

März 27. bis April Mitte. Arbeit am *Don Carlos*, zunächst
als tragisches Familiengemälde: Liebe des Carlos zur Königin, Eifersucht des Königs, Intrige der Eboli, Haß der
Granden, Todesurteil für den Prinzen, dessen Unschuld
sich erst im Tode herausstellt, und Gericht über die Be-
trüger. Zuerst offenbar in Prosa begonnen.

April 3. Antwort auf Dalbergs Anerbieten verhalten und
abwartend. Vorsichtige Klärung seiner Erwartungen. Da-
zwischen Wiederaufleben des Gedankens an ein *Konradin*-Drama.

April 12. Reinwald, der ihm in finanzieller Notlage hilft, in
8–10 Tagen den I. Akt des *Don Carlos* versprochen.

April 14. Berühmter Brief an Reinwald über das Wesen des
Dichters und das Verhältnis zu seinen Gestalten, bezeichnet eine neue Epoche in Schillers Gedankengeschichte.
»Ich bin nicht, was ich gewiß hätte werden können. Ich
hätte vielleicht groß werden können, aber das Schicksal
stritt zu früh wider mich.«

April Mitte. Dalberg bittet um Übersendung der *Luise
Millerin*, bis zu deren endgültiger Vollendung der *Don
Carlos* nunmehr liegenbleibt. Jetzt erst Einfügung oder
Herausarbeitung der Lady Milford-Gestalt.

April um 16./17. (?) Übersendung des soeben vollendeten

Gelegenheitsgedichts *Prolog* (zu einem Kinderstück?; genaue Bestimmung ungeklärt) an Reinwald.

April 23. Druckabschluß des *Fiesko*.

April Ende. Erscheinen der Erstausgabe:
»*Die Verschwörung des Fiesko zu Genua.* Ein republikanisches Trauerspiel von Friederich Schiller. Mannheim in der Schwanischen Hofbuchhandlung 1783.« 4 Bl. 184 S. 8°, mit dem Motto »Nam id facinus inprimis ego memorabile existimo, sceleris atque periculi novitate. Sallust vom Katilina« auf der Titelseite.

Mai 5. Während Schillers Aufenthalt in Bauerbach besuchen Lengefelds (Schillers spätere Gattin, Schwiegermutter und Schwägerin) ihre Tante Henriette von Wolzogen in Stuttgart, ihre Vettern Wolzogen in der Karlsschule und auch Schillers Eltern auf der Solitude; Charlotte lernt so Schillers frühe Umwelt kennen.

Mai 9. Besuch Reinwalds, des Hofprediger Pfranger und seiner Frau bei Schiller in Bauerbach, der sie mit einer Wolzogenschen Henne bewirtet.

Mai 10. Zu Besuch bei Reinwald in Meiningen.

Mai 11. Frühmorgens, während Reinwald in Walldorf ist, Rückkehr nach Bauerbach ohne nochmaligen Abschied von ihm, da Schiller nicht für den Sonntag in der Stadt angezogen ist. Bei dieser Gelegenheit vergißt Schiller einige Sachen bei Reinwald, u. a. auch einige Briefe Christophines, die den Anknüpfungspunkt für den Briefwechsel Reinwalds mit Schillers Schwester geben.

Mai 12.–19. Herrichtung von Haus und Garten für den Empfang von Frau von Wolzogen; Gestaltung einer neuen Gartenanlage. Die *Luise Millerin* wird darüber liegengelassen.

Mai 20. Rückkehr von Henriette und Charlotte von Wolzogen nach Bauerbach, für die Schiller einen großartigen Empfang bereitet: Maien-Allee vom Ortseingang bis zum Haus, Ehrenpforte am Hofeingang, Ehrensalut beim

Gang in die mit Maien geschmückte Kirche, in der Pfarrer Freißlich eine Einzugsrede hält, u. a. m.

Starke Neigung zu Charlotte von Wolzogen und Eifersucht gegenüber Herrn von Winckelmann.

Mai 27. oder 28. Abreise Frau von Wolzogens und ihrer
Tochter zur Herzogin von Gotha, um Fortsetzung der
Pension für Charlotte zu erbitten.

Mai 28. Vergebliche Verabredung mit Frau von Wolzogen
bei der Pächterin in Maßfeld abends 19 Uhr, um vom
Ergebnis der Audienz zu hören. Zurück nach Bauerbach.

Mai 30. Verblümter Werbungsbrief um die Hand Charlottes von Wolzogen an ihre Mutter. Ihr zuliebe will er
auf den Dichterlorbeer verzichten und in Bauerbach leben und sterben, oder, da die Herzogin von Gotha die
Pension entzogen hat, jährlich eine Tragödie mehr für
Charlotte schreiben. (Charlotte kommt zur Amtmanns-
frau nach Maßfeld zur Erlernung der Wirtschaft.)

Juni 1. abends oder Juni 2. Rückkehr von Henriette und
Charlotte von Wolzogen nach Bauerbach für 14 Tage, zusammen mit Wilhelmine, der älteren Schwester der Frau
von Wolzogen. Durch die zwei fröhlichen Wochen wird
die Arbeit an *Luise Millerin* weiter verzögert.

Juni 10. Pfingstdienstag; Tanz der Bauerbacher Bauern auf
dem Hof der Wolzogens.

Juni 14. Bekanntschaft mit dem Meininger Oberhofmei-
ster Freiherrn Ludwig Karl von Bibra, der Schiller zu sich
einlädt. – Erster Plan eines Theaterjournals.

Juni Mitte. Reinwald unternimmt eine Erholungsreise
nach Römhild, Hildburghausen, Gotha und Weimar.
Schiller lehnt seine Aufforderung, ihn zu begleiten und
die dortige gelehrte Welt kennenzulernen, mit Rücksicht
auf die Mannheimer Aussichten ab.

Juni 19. Erneuter Täuschungsbrief an einen Stuttgarter
Akademiefreund (Wolzogen oder Lempp) mit dem Plan,
nach Amerika zu gehen. (Echtheit fraglich.)

Juli 10. Entschluß, nach Mannheim zu gehen, an Reinwald mitgeteilt. – Der genauere Abreisetermin wird durch den Abschluß der Überarbeitung von *Luise Millerin* bestimmt und liegt noch nicht endgültig fest.

Juli 20. Uraufführung des *Fiesko* am Bonner Kurfürstlichen Theater durch die Truppe des Theaterleiters Großmann.

Juli Ende. Der Bauerbacher Jude Israel leiht Schiller das Reisegeld in Höhe einiger hundert (600?) Gulden gegen Bürgschaft der Frau von Wolzogen.

Juli 23. Am Vorabend der Abreise soll Schiller bei den Freunden in Bibra gewesen sein und sich nach einem Gespräch über die *Räuber* dem jungen Pfarrer Freißlich, der ihn eine Strecke nach Bauerbach begleitet, beim Abschied zu erkennen gegeben haben.

Juli 24. Wegen des seelisch gespannten Verhältnisses zu den Wolzogens durch die Werbung um Charlotte und der fühlbaren Enge der Bauerbacher Welt gegenüber den Mannheimer Aussichten morgens Aufbruch aus Bauerbach, vielleicht nach kurzem Abschied von Charlotte, die aus Maßfeld herübergekommen sein mag, doch ohne Abschied von Reinwald und mit der festen Absicht einer baldigen Rückkehr. Abends nach rd. 15stündiger Fahrt Übernachtung in Wernarz bei Brückenau/Unterschwaben.

Juli 25. Weiterfahrt vermutlich bis Gelnhausen und Übernachtung dort.

Juli 26. Abends 20 Uhr Ankunft in Frankfurt und Übernachtung dort. Zusammentreffen mit Großmann (?).

Juli 27. Morgens Abreise aus Frankfurt und abends Ankunft in Mannheim; Wiedersehen mit dem Ehepaar Meyer und dem überraschten Streicher, dem die Verhandlungen zur Rückkehr verheimlicht worden waren. Quartiernahme durch Vermittlung Meyers bei Madame Hammelmann im Hubertushaus neben dem Schloßplatz. – Die ersten Wochen in Mannheim eintönig und öde:

Dalberg ist in Holland, Iffland in Hannover; im Theater wegen Anwesenheit der Kurfürstin und des Zweibrückener Hofes nur Alltagskomödien.

Auftreten als Vergnügungsreisender ohne feste Absicht, in Mannheim zu bleiben; Besuche in Oggersheim und dem dortigen Schloß, im »Viehhof« herzlich begrüßt, eindringlicheres Studium der Mannheimer Antikensammlung anhand von Winckelmanns Kunstgeschichte. Verkehr bei Schwan, dem er als erstem *Luise Millerin* vorliest.

August 7. Besuch bei Schwan.

August 10. Rückkehr Dalbergs. Schiller trifft ihn im Theater (»Der Gläubiger« von J. Richter und »Die Maler« von J. M. Babo) und wird mit großer Zuvorkommenheit behandelt. Von einer Abreise will Dalberg nichts wissen.

August 11. Langer Besuch bei Dalberg, der wünscht, daß Schiller noch länger in Mannheim bliebe, und eine *Fiesko*-Aufführung verspricht.

August 13. Leseprobe der *Luise Millerin* in großer Gesellschaft bei Dalberg; Zusammentreffen mit dem französischen Gesandten Baron von Groschlag, dem Hofmaler Ferdinand Kobell und Otto von Gemmingen.

August 18. Im Theater bei Merciers »Der Deserteur«.

August Ende. Aufsetzung des Vertrags mit Dalberg: Ab 1. September auf ein Jahr als Theaterdichter angestellt mit der Verpflichtung, bis zum Ablauf eines Jahres 3 Stücke, den *Fiesko*, die *Luise Millerin* und ein drittes Stück zu liefern, gegen ein Jahresgehalt von 300 Gulden zuzüglich des Ertrags von je einem Theaterabend (wovon 2 Abende später durch eine Pauschale von 200 Gulden abgelöst werden). Freies Recht des Bühnen- und Buchvertriebs der Stücke für Schiller. – Textrevision der Bühnenfassung der *Räuber*.

August 31. Auf Schillers Wunsch Aufführung der *Räuber* unter großem Zulauf.

September 1. Antritt der neuen Stellung als Theaterdichter. – Am gleichen Tag Erkrankung am »kalten Fieber« (Malaria), das fast einen Monat anhält und mit Nachwirkungen bis in den Januar hinein wiederkehrt. Durch Überdosis an Chinarinde gegen das Fieber und strenge Diät wird der Magen in langanhaltende Mitleidenschaft gezogen. An der gleichen Seuche erkranken 6000 von 20 000 Menschen in Mannheim.

September 2. Regisseur Meyer an der in Mannheim wütenden Malaria gestorben. Sein Nachfolger als Regisseur des Nationaltheaters wird der Schauspieler Georg Rennschüb (eigtl. Büchner).

September 7. 200 Gulden, ⅓ des Gehalts, von Dalberg ausbezahlt und für standesgemäße Einkleidung verwendet.

September um 20. Langsame Besserung und Nachlassen des Fiebers, doch noch Mattigkeit und Schwäche. – Plan, seine Schwester zur Haushaltsführung herüberzurufen.

September 21. Mannheimer Erstaufführung von Christian Heinrich Spieß' »Der General Schlenzheim und seine Familie« in Schillers Anwesenheit; das Stück findet seinen Tadel.

September 29. Nach Besserung des Befindens brieflicher Vorschlag an Dalberg, zuerst die *Luise Millerin* und dann den *Fiesko* zu vollenden. Plan einer Kritik des Schauspiels »Franz von Sickingen« (von Anton von Klein?) aufgeschoben.

Oktober um 2. Ausflug nach Speyer zu einem Besuch bei Sophie von La Roche, die den Dichter kennen lernen will, zusammen mit Schwan, dessen Tochter Margaretha und deren Freundin Johanna Lamey; dort in großer Gesellschaft zu Mittag; Bekanntschaft mit Baron Christoph Philipp Willibald von Hohenfeld, Domdechant in Speyer, bei dem Frau von La Roche wohnt. Zurück nach Mannheim.

Oktober 8. Aufführung des *Fiesko* durch Großmann in Frankfurt, wohl ohne Schillers Anwesenheit.

Oktober um 10. Zweiter Besuch in Speyer bei Sophie von La Roche in Begleitung des Ludwigsburger Magisters Johann Friedrich Christmann, dem er ein Geschenk und eine Silhouette für Luise Vischer nach Stuttgart mitgibt.

Oktober Mitte (?). Wohnungswechsel: Quartiernahme zusammen mit Streicher beim Baumeister Hölzel in Mannheim. – Seine unerwiderte Neigung zur Schauspielerin Katharina Baumann, Darstellerin der Luise Miller, wird Stadtgespräch auch in Stuttgart, wo man von einer Heirat zu erzählen weiß. – Besuch beim Freiherrn von Knigge in Heidelberg(?) – Rückfall des Fiebers, das ihm jedoch Zeit zur Erledigung der nötigsten Geschäfte läßt.

Oktober 12. Auf die öffentliche Ankündigung des Berliner *Räuber*-Bearbeiters Plümicke, er werde den *Fiesko* für die Bühne bearbeiten, verfaßt Schiller eine Anzeige seiner eigenen Bühnenbearbeitung des *Fiesko*, die in wenigen Monaten zu haben sein werde (vgl. 12. November 1783).

Oktober 15. Erstmalige Teilnahme Schillers an dem von Dalberg gegründeten Theaterausschuß, der in seinen Sitzungen äußere Theaterfragen bespricht und dichterische Werke für das Theater beurteilt, auch über grundsätzliche Fragen der Schauspielkunst referiert. Bei dieser Sitzung scharfe Kritik Ifflands an Plümickes *Räuber*-Umarbeitung und Verhandlung über Spieß' »Maria Stuart«. Schiller erhält F. L. Schröders Bearbeitung des Dramas »Kronau und Albertine« (nach Monvels »Clémentine et Désormes«) zur Begutachtung (vgl. 14. Januar 1784). Schiller nimmt an insgesamt 7 Sitzungen des Theaterausschusses bis zum 28. Mai 1784 teil.

Oktober 27. Reinwald übersendet auf Wunsch Schillers aus Bauerbach seine »Materialien zum Don Carlos« im Manuskript.

November Anfang. Nachlassen des Fiebers, aber weiterhin wegen schlechter Ernährung (Wassersuppen als Diät) noch sehr entkräftet. Beginn der Umarbeitung des *Fiesko* nach Dalbergs Wünschen. Bekanntschaft mit dem verfolgten katholischen Geistlichen Peter Trunk.

November 10. Zum Geburtstag von einem Freunde 4 Flaschen Burgunder erhalten. Der Vater rät brieflich zur Rückkehr zur Medizin oder zu einem Unterkommen am Theater in Wien oder Berlin.

November 12. Erscheinen der »Anzeige« vom 12. Oktober 1783 in den »Gothaischen gelehrten Zeitungen« Nr. 91.

November 13. Unerwarteter Besuch von Professor Abel aus Stuttgart und dem ehemaligen Akademiegenossen Staatsrat August Friedrich Batz, die ihn fiebernd an der *Fiesko*-Bearbeitung antreffen. Schiller bewirtet sie voll Stolz mittags und abends in seiner Wohnung mit dem Geburtstagswein und zeigt ihnen Mannheim, befragt wohl auch Abel genauer über den – später im *Verbrecher aus verlorener Ehre* gestalteten – Fall des Räubers Friedrich Schwan, den Abels Vater seinerzeit als Amtmann gefangengenommen hatte.

November 14. Für den Namenstag der Kurfürstin am 19. November verfaßt Schiller im Auftrag eine »öffentliche poetische Rede« für das Theater (verloren) und übersendet sie Dalberg, der sie wegen ihrer satirischen Haltung nicht brauchen kann und daher »das ganze Lumpenfête« einstellt.

November Mitte. Weitere Besserung der Krankheit; seit 10./11. keine Fieberanfälle mehr, doch weiterhin Diät, die ihm Frau Meyer kocht: weder Fleisch noch Fleischbrühe, nur Wassersuppen, gelbe Rüben oder saure Kartoffeln und Fieberrinde als Brot.

November 2. Hälfte. Erneute Bühnenbearbeitung des *Fiesko* beendet, mit zahlreichen Milderungen und glücklichem Ausgang: Fiesko entsagt dem Herzogstitel, versöhnt sich mit Verrina, Leonore bleibt am Leben. Milderung der Berta- und Julia-Szenen.

Abschrift des Manuskripts anfangs durch einen Regimentsfurier, dann wegen dessen Ungeschicklichkeit durch Schiller selbst. Gewöhnung an Nachtarbeit, häufig noch

nach vergnügten Abenden mit den Schauspielern Iffland,
Beck, Beil und Böck.

November Ende. Still aufkeimende Leidenschaft zur
Schauspielerin Karoline Ziegler (ab 8. Januar 1784 Becks
Frau) und Freundschaft mit Peter Trunk.

Dezember Mitte. Reinschrift der *Fiesko*-Bühnenbearbei-
tung beendet und an Dalberg übergeben.

Dezember 17. Anwesenheit bei einer Sitzung des Theaterausschusses.

Dezember 19. Schiller hebt den Rest seiner Jahresgage, 100
Gulden, ab – 200 Gulden schon am 7. September erhalten.

1784

Januar 1. Mitteilung an die Schwester Christophine wegen
eines geplanten, aber durch Krankheit der Mutter aufge-
schobenen Wiedersehens mit den Eltern: ohne Verbindung mit einem anderen Fürsten, ohne Titel und dauernde Versorgung werde er auch zum Besuch nicht nach
Württemberg zurückkehren.

Januar 8. Wahl Schillers in den Vorstand der Kurfürstlichen Deutschen Gesellschaft in Mannheim auf Vorschlag Anton von Kleins. – Heirat des Schauspielers Beck
mit Karoline Ziegler.

Januar Anfang. Viel Ärger, aber auch Aufheiterung, bei
den wegen Unlenksamkeit der Statisten allzu häufigen
Proben des *Fiesko*.

Januar 10. Die Aufnahme in die Kurfürstliche Deutsche
Gesellschaft wird der allgemeinen Versammlung vorge-
schlagen und Schiller als ordentliches Mitglied gewählt.
Damit Aufnahme in den Honoratiorenkreis.

Januar 11. Erste Mannheimer Aufführung des *Fiesko*, zur
Eröffnung des Karnevals »mit allem Pomp«, aber weit
geringerem Erfolg als die *Räuber*, da das Stück »viel zu
gelehrt« für das Mannheimer Publikum ist, das ähnliche

Erschütterungen wie bei den *Räubern* erwartet; daher nach 2 Wiederholungen vom Spielplan abgesetzt. – Besetzung: Iffland als Verrina, Böck als Fiesko, Karoline Beck als Leonore, Beil als Mohr, Beck als Bourgognino, Rennschüb als Calcagno, Frau Rennschüb als Julia, Frl. Baumann als Berta u. a. m. Für die Aufführung verfaßt Schiller wiederum eine Ankündigung *Zur Erinnerung an das Publikum,* die, wie in Mannheim üblich, neben dem Theaterzettel öffentlich angeschlagen wird.

Januar 12. Dalberg und Anton von Klein ersuchen den Kurfürsten um Bestätigung von Schillers Wahl in die Deutsche Gesellschaft.

Januar 14. Anwesenheit bei einer Sitzung des Theaterausschusses, wo Dalberg Bühnenbearbeitung und Darstellung des *Fiesko,* insbesondere die Pathetik, die Häufung und die Längen des Stückes, kritisiert und Schiller sein eigenes Referat über »Kronau und Albertine« von F. L. Schröder hält; das Drama wird abgelehnt.

Januar Mitte. Vermutlicher Druckbeginn von *Luise Millerin.*

Januar 25. Zweite Aufführung des *Fiesko* in Mannheim; gleichzeitig erste Aufführung in Wien, Kärntnertor-Theater.

Februar. Beginn der Bühnenbearbeitung von *Luise Millerin*: viele Weglassungen, Milderungen, Herabstimmung der hohen Sprache in den Konversationston. Einfügung einer (in der Buchausgabe nicht enthaltenen) Szene zu Beginn des V. Aktes.

Februar 8. Aufführung der *Räuber* in Mannheim, erstmals mit Katharina Baumann als Amalia. – Übersendung der *Fiesko*-Bühnenbearbeitung in Abschrift an Großmann.

Februar 10. Kurfürstliche Bestätigung von Schillers Aufnahme in die Deutsche Gesellschaft in Mannheim eingetroffen. – Eine Schuld in Höhe von 50 Gulden beim Hauptmann Schade in Stuttgart zurückgezahlt.

Februar 11. Frau von Wolzogen, die auf Bezahlung der

Bauerbacher Schulden drängt, wird auf Ende April vertröstet; wegen schlechten Theaterbesuchs will er das Risiko einer Benefizvorstellung jetzt nicht eingehen.

Februar 13. Brief des Vaters, er habe nie verlangt, Schiller
solle vom Herzog seine Rückkehr ins Vaterland, sondern
nur Vergebung der Flucht und Erlaß des Reverses erbitten.

Februar 15. Dritte und letzte Aufführung des *Fiesko*.

Februar 21. Dalberg stellt Schiller das Diplom seiner Aufnahme in die Deutsche Gesellschaft aus.

Februar 22.–26. und 29. Das Mannheimer Theater bleibt
wegen Wassergefahr infolge verheerender Überschwem-
mungen um die Stadt geschlossen.

Februar Ende (?). Umbenennung von *Luise Millerin* auf
Vorschlag Ifflands in *Kabale und Liebe*.

März 3. Aufführung von Gemmingens »Deutschem Hausvater« zugunsten der Wassergeschädigten in Mannheim.

März 7. Empfang von 6½ Carolin als Teilhonorar (⅔) für
Kabale und Liebe von Schwan.

März Anfang. Besuch von Großmann in Mannheim.

März 9. Mannheimer Uraufführung von Ifflands »Verbrechen aus Ehrsucht«, dessen Titel – im Austausch gegen
den von *Kabale und Liebe* – von Schiller stammt.

März Mitte. In Stuttgart verbreitet sich das Gerücht, Schiller habe in Mannheim Frl. Margaretha Schwan geheiratet.

März um 15. Erscheinen von:
»*Kabale und Liebe ein bürgerliches Trauerspiel* in fünf
Aufzügen von Friedrich Schiller. Mannheim, in der
Schwanischen Hofbuchhandlung, 1784.« 3 Bl. 167 S. 8°,
mit der Widmung an Dalberg. Preis 40 Kreuzer. – Gleichzeitig erscheint ein aus »Frankfurt und Leipzig« dekla-
rierter Paralleldruck vom gleichen Drucksatz, von dem
einige Exemplare auch vor dem öffentlichen Ausliefe-
rungstermin, z. B. nach Frankfurt, gesandt werden und
dort wohl die schnelle Inszenierung ermöglichen (eigent-
licher Erstdruck).

März 18. Der Vater mahnt brieflich erneut an Bezahlung der Stuttgarter Schulden und rät, in Heidelberg zu promovieren.

März 21. Bei der Mannheimer Erstaufführung von Leisewitz' »Julius von Tarent« zugegen.

April 2. Anwesenheit bei der Sitzung des Theaterausschusses, bei der Dalberg Leisewitz' »Julius von Tarent« kritisiert und Schiller zwei Dramen (»Der englische Spion« und »Jugend ist nicht immer Tugend«) zur Beurteilung zuteilt.

April 12.–14. Bei den Proben zu *Kabale und Liebe* kleine Meinungsverschiedenheit mit dem Schauspieler Beil wegen dessen derber Darstellung des Musikus Miller.

April 13. Uraufführung von *Kabale und Liebe* in Frankfurt a. M. durch Großmann am ersten Messetag, mit Sophie Albrecht als Luise; um politischen Unannehmlichkeiten zu entgehen, ohne die Rolle des Kammerdieners.

April 15. Mannheimer Erstaufführung von *Kabale und Liebe* mit starkem Erfolg. Nach dem Schluß des I. Akts sagt Schiller zu Streicher, den er zu sich in die Loge geladen hat: »Es geht gut.« Am Schluß des II. Aktes und des ganzen Stückes stürmischer Beifall der aufgestandenen Zuschauer, für den Schiller von der Loge aus dankt. Auch Freiherrn von Knigge aus Heidelberg eingeladen. – Besetzung: Beck als Ferdinand, Frau Beck als Luise, Beil als Miller, Böck als Präsident, Iffland als Wurm, Rennschüb als Kalb, Frau Rennschüb als Lady Milford, Frau Wallenstein als Millerin u. a. m.

April 18. Mannheimer Erstaufführung von Mozarts »Entführung aus dem Serail«; Schiller wohl anwesend.

April 27. Aufführung von Lessings »Emilia Galotti« in Mannheim, Schiller wohl anwesend.

April Ende. Reise nach Frankfurt a. M. mit Iffland und Beil; Wohnung im »Schwarzen Bock« am Paradeplatz; viel in Gesellschaft.

April 30. In Frankfurt Aufführung von Ifflands »Verbre-

chen aus Ehrsucht« durch die Großmannsche Truppe mit
Iffland und Beil als Gästen.

Mai 1. Erregter Bericht an Dalberg über den Erfolg der
Mannheimer Schauspieler in Ifflands »Verbrechen aus
Ehrsucht«. Abends »Die väterliche Rache«, Lustspiel von
Meyer und Schröder nach William Congreve, gesehen.

Mai 3. Frankfurter Aufführung von *Kabale und Liebe* in
Schillers Beisein mit Iffland (in der wiedereingeführten
Rolle des Kammerdieners) und Beil als Gästen der Groß-
mannschen Truppe, »unter lautem Beifall und den heftig-
sten Bewegungen der Zuschauer«, anschließend Gotters
Lustspiel »Zwei Onkel für einen«, Bekanntschaft mit
Freunden Reinwalds: Dr. Albrecht und dessen Frau Sophie (= Luise Millerin), die Schiller vergeblich vom Theater abbringen will.

Mai 4. Zurück nach Mannheim.

Mai Anfang. Schiller verzichtet zugunsten einer Abfin-
dung von 200 Gulden in 4 Monatsraten (Mai–August) auf
die Einnahmen aus 2 Benefizvorstellungen.

Mai 5. Stuttgarter Erstaufführung der *Räuber* gelegentlich
eines Gastspiels von Iffland durch die Exakademisten im
Kleinen Schauspielhaus in Anwesenheit des Herzogs. Erste Erwähnung des Planes zu einem periodischen drama-
turgischen Werk zur Aufnahme des Mannheimer Theaters (vgl. 14. Juni 1783).

Mai 8. Abends Eintreffen von Herrn und Frau von Kalb in
Mannheim auf der Durchreise in die Garnison Landau,
mit Briefen an Schiller von Reinwald und Frau von Wolzogen.

Mai 9. Erste Bekanntschaft mit Herrn und Frau von Kalb
bei einem mehrstündigen Besuch bei diesen. Anschließend allein ins Theater zur 2. Mannheimer Aufführung
von *Kabale und Liebe*, wo er den Namen des Hofmei-
sters von Kalb unterdrücken läßt, und nachher wieder bei
von Kalbs.

Mai 10. Mit von Kalbs Besichtigung der Mannheimer Antikensammlung (später im Aufsatz *Der Antikensaal zu Mannheim* verwendet), der Jesuitenkirche und gemeinsamer Ausflug nach Waldheim in die Villa Friedrich Karl Freiherr von Mosers; am letzten Tag (11. ?) im Schauspielhaus und abends im geselligen Verkehr mit Iffland.

Mai 14. Sitzung des Theaterausschusses; Schiller wird um die Beurteilung von Ayrenhoffs »Antonius und Kleopatra« gebeten.

Mai 26. Ausflug nach Heidelberg; dort Besuch beim Kirchenrat Mieg und zurück nach Mannheim.

Mai 28. Außerordentliche Sitzung des Theaterausschusses vor Dalbergs Abreise nach Hernsheim; letzte Sitzung, an der Schiller teilnimmt.

Mai Ende bis Oktober Mitte. Dalberg reist für den ganzen Sommer auf sein Stammgut Schloß Hernsheim bei Worms. Er kehrt während dieser Zeit nur zweimal ganz kurz nach Mannheim zurück: am 26. Juni zur Sitzung der Deutschen Gesellschaft und am 25. September zur Schlichtung des Schauspielerstreits zwischen Frau Rennschüb und Frau Wallenstein.

Juni 1. Im Theater bei der Aufführung von Leonhardis Lustspiel »Der verdächtige Freund«.

Juni 3. Im Theater bei der zweiten Mannheimer Aufführung von Leisewitz' »Julius von Tarent«.

Juni Anfang. An Dalberg über den Plan eines Theater-Ausschusses der Deutschen Gesellschaft von etwa 6 Mitgliedern zur Begutachtung der Stücke und ihrer Aufführung auf der Bühne in schriftlicher Stellungnahme.

Juni 5. Sitzung der Deutschen Gesellschaft in Mannheim.

Juni um 5. Empfang einer anonymen Sendung aus Leipzig, die Schwans Buchhalter G. C. Götz von der Leipziger Messe mitbringt: Porträts der vier unbekannten Freunde von Dora Stock (Tochter des Leipziger Kupferstechers Johann Michael Stock, bei dem Goethe dessen Kunst gelernt hatte), auf deren Initiative die Sendung zurückgeht, eine gestickte Brieftasche von deren Schwester

Minna Stock, die Komposition des Liedes *Amalia* aus
den *Räubern* von Minnas Verlobten, Christian Gottfried Körner, Rat des Oberkonsistoriums in Dresden,
sowie Briefe von Körner und dem gemeinsamen Freund
Ludwig Ferdinand Huber, die die Verehrung für Schillers Dichtung bekunden. – »Ein solches Geschenk ist
mir größere Belohnung als der laute Zusammenruf der
Welt.«

Juni 6. Besuch von Frau von Lengefeld, einer Verwandten
der Frau von Wolzogen, mit ihren Töchtern Charlotte
und Karoline sowie deren Verlobtem, Herrn von Beulwitz, in Mannheim auf der Rückreise von der Schweiz.
Schiller kehrt erst im letzten Augenblick, als man schon
abreisen will, von einem Ausflug zurück, so daß sich ein
Gespräch nicht mehr entwickeln kann, und sieht hier
erstmals ganz flüchtig seine spätere Gattin und seine
Schwägerin. Abends in der Oper »Die Zerstörung von
Carthago« von Holzbauer nach Metastasio.

Juni 7. Werbungsbrief an Henriette von Wolzogen um die
Hand ihrer Tochter Charlotte: »Mein Herz sehnt sich
nach Mitteilung und inniger Teilnahme« – in der Nach-
schrift vom 15. Juni sogleich als törichte Hoffnung und
närrischen Einfall bezeichnet.
An Dalberg über den Plan einer periodischen Dramaturgie außerhalb der Jahrbücher der Deutschen Gesellschaft.
Vergebliche Bitte um Anstellung als »wechselseitiger Sekretär« zwischen der Deutschen Gesellschaft und dem zu
gründenden Theaterausschuß aus literarisch versierten
Mitgliedern der Deutschen Gesellschaft, der das Nationaltheater in Repertoirefragen beraten und die Qualität
der Aufführungen beurteilen solle. Der Plan scheitert an
dem damaligen Geschäftsverweser der Deutschen Gesellschaft, Anton von Klein.

Juni. Wieder Zeit für die Weiterarbeit am *Don Carlos*; Entschluß zur Versgestaltung gleichzeitig mit einer Prosafas-
sung für die Bühne, die der Versform z. T. vorangeht. Die

während Streichers Klavierspiel entstandenen Stücke diesem abends vorgelesen.

Juni 20. Neunte Mannheimer Aufführung der *Räuber*.

Juni 26. Sitzung der Deutschen Gesellschaft in Anwesenheit Dalbergs; Antrittsrede Schillers unter dem Titel *Vom Wirken der Schaubühne auf das Volk* (später u. d. T. *Was kann eine gute stehende Schaubühne eigentlich wirken?* in der »Rheinischen Thalia« und überarbeitet u. d. T. *Die Schaubühne als eine moralische Anstalt betrachtet* in den *Kleineren prosaischen Schriften I* abgedruckt); der Aufsatz wird nicht in die Schriften der Deutschen Gesellschaft aufgenommen.

Juni Ende. Tätigkeit als Preisrichter der Deutschen Gesellschaft für die Abhandlungen über die Preisfrage »Welches sind die Veränderungen und Epochen der deutschen Hauptsprache seit Karl dem Großen und welches hat sie in jeder derselben an Stärke und Ausdruck gewonnen oder verloren?«, zu der auch Petersen eine Abhandlung eingereicht hat, der durch Einsatz Schillers einen zusätzlichen zweiten Preis erhält.

Juli 1. Entschluß, auf Michaelis in Heidelberg den Doktor zu machen und sich dann in Mannheim als Arzt zu etablieren.

Juli 2. Auf Wunsch Dalbergs unterbreitet Schiller diesem seinen Entwurf zu einer Monatsschrift »Mannheimer Dramaturgie« über Geschichte und laufendes Repertoire des Mannheimer Theaters und der dramatischen Kunst im allgemeinen, erbietet sich gegen eine Jahresgratifikation von 50 Dukaten zum Herausgeber und will das 1. Heft zum August liefern. Dalberg lehnt eine Herausgabe des Blattes im Auftrag des Nationaltheaters ab.

Juli Mitte. Zum Sommeraufenthalt nach Schwetzingen (Gasthof zu den drei Königen) abgereist, doch häufiger in Mannheim.

Juli 20. In Mannheim zur Aufführung von Knud Lyne Rahbeks Nachspiel »Der Vertraute« (nach dem Lustspiel

»Die Eifersüchtigen oder Alle irren sich« von Murphy).
Nach dem Theater mit Rahbek, der 14 Tage und wieder
im September in Mannheim weilt, bei einem Glase Wein
im Pfälzerhof, wobei Rahbek Schiller nach dem in der
Dissertation zitierten »Life of Moor« als vermuteter
Quelle der *Räuber* fragt.

Juli 21. (?) Besuch der Schwester Christophine zusammen
mit ihrem Verlobten Reinwald, den Schiller ungern als
künftigen Schwager sieht, da er seine Schwächen erkannt
hat. Zusammen mit ihnen in den Mannheimer Kunst-
sammlungen, bei Lamey und Schwan und nach Schwetzingen; auch ein Ausflug nach Heidelberg, wo mit
Knigge gemeinsam das Große Faß besichtigt wird. Reinwald soll im Auftrag des Vaters beratend in Schillers
Finanzverhältnisse eingreifen.

Erscheinen von Karl Philipp Moritz' abfälliger Kritik
von *Kabale und Liebe* in der »Königlich privilegirten
Berlinischen Staats- und gelehrten Zeitung« (fortgesetzt
ebenda am 6. September 1784).

Juli 22. Besuch Rahbeks in Schwetzingen, der sein
Stammbuch vor der Weiterreise nach Straßburg abholt.
Stammbucheintragung für Rahbek (»Das Liebesbünd-
nis ...«, aus Wielands »Idris«).

Juli 24. Tod von Frau Beck nach der Geburt eines toten
Kindes. Schiller verfaßt ein (verlorenes) Trost- und Trauergedicht.

Juli Ende. In neuer Schuldennot: die Stuttgarter Schuld
von 200 Gulden ist fällig, die Bürgin, Korporalin Fricke,
ist nach Mannheim geflohen und von der Polizei in
Schuldhaft gesetzt. Ausweg in letzter Minute durch
Schillers Mannheimer Wirt, Baumeister Hölzel, der
durch Streicher von der Notlage erfährt und ihm 100
Gulden leiht, von denen Schiller Frau Fricke 80 Gulden
schickt.

August 3. Während Dalbergs und Schillers Abwesenheit
in Mannheim Aufführung von Gotters Posse »Der

schwarze Mann«, in der Iffland einen aufgeblasenen, prahlerischen und über die Ausgänge seiner Dramen unentschiedenen Bühnendichter spielt, hinter dem die Spottlust des Publikums Schiller sieht. (»Wir hätten dieses Stück niemals geben sollen, aus Achtung für Schiller nicht.« Iffland.) Dadurch schwere Schädigung von Schillers Ansehen.

August Anfang. Rückkehr nach Mannheim. Auch Frau von Kalb verlegt ihren Wohnsitz von Landau nach Mannheim, wo sie ihr Gatte mehrmals wöchentlich besucht. Schiller ist ständiger Gast bei diesen Tischgesellschaften mit Freunden; im weiteren Verkehr werden auch Streicher und Beck herangezogen.

August 7. Christophine auf der Solitude zurück.

Nationaltheater Mannheim.
Kupferstich der Brüder Klauber nach einer Zeichnung
von Johann Franz von der Schlichten, 1782

August Mitte. Lektüre von Horaz' Episteln in der Übersetzung von Wieland, und von französischen Dramati-
kern: Corneille, Racine, Crébillon, Voltaire.

August 19. Aufführung von Shakespeares »König Lear«,
erstmals mit Iffland in der Titelrolle. Schiller mit von
Kalbs und Major Hugo in der Loge (vgl. 23. August).

August 23. Übersendung zweier Aufsätze an den Herausgeber des »Journals von und für Deutschland«, Leopold
Friedrich Günther von Goeckingk: *Über die Mannheimer Preismedaille* (von Goeckingk nur als Notiz aufgenommen) und *Über Ifflands Spiel als König Lear.*

August 24. Verblümte briefliche Bitte an Dalberg, ihn noch
ein Jahr lang für das Theater zu halten, mit Darlegung
weitausgreifender Schaffenspläne: Vollendung des *Don
Carlos,* zweiter Teil der *Räuber* als »völlige Apologie des
Verfassers« (späterer Entwurf *Die Braut in Trauer*), Büh-
nenbearbeitungen französischer Klassiker (Racine, Corneille, Crébillon, Voltaire) und Shakespeares (»Macbeth«,
»Timon«). Andeutung der medizinischen Pläne – Der
Brief bleibt von Dalberg unbeantwortet; der Ärger über
den Mißerfolg des *Fiesko,* den nachlassenden Publikums-
erfolg von *Kabale und Liebe* und das nicht gelieferte
dritte Schauspiel sowie das gespannte Verhältnis zu einigen Schauspielern und Intrigen Ifflands und anderer
Bühnendichter veranlassen Dalberg, den Vertrag nicht zu
erneuern.

August Ende. Vermutlich erster fester Plan einer unabhän-
gigen Theaterzeitschrift, zuerst »Rheinisches Museum«,
dann »Rheinische Thalia«.

August 29. Wiederum »König Lear« im Theater gesehen.

August 31. Ablauf des Vertrages, der von Dalberg nicht erneuert wird, und damit Entlassung als Theaterdichter
und aus dem Verband des Mannheimer Nationaltheaters
(vgl. 24. August). Trotzdem weiterer Aufenthalt in Mannheim und Arbeit an der »Rheinischen Thalia«, von Anton
von Klein in seinem Dichterberuf bestärkt.

September Anfang. Dalberg läßt Schiller durch den Theaterarzt Hofrat Mai nahelegen, zur Medizin zurückzukehren. Schiller greift den Vorschlag freudig auf und erbittet von Dalberg eine finanzielle Unterstützung für ein Jahr Studium, die er anschließend durch neue Dramen einbringen wolle, praktisch also einen Vorschuß von 300 Gulden.

September 8. Charlotte von Kalbs erster Sohn Fritz geboren.

September 10. Charlotte von Kalb gerät durch eine Halluzination in eine gefährliche Ohnmacht; Schiller, der zufällig vorbeispricht, läuft nach dem Arzt.

September 23. Auf einen finanziellen Hilferuf an den Vater bekennt dieser seine Unfähigkeit, ihn weiter zu unterstützen, und sendet nur 2 Louisdor als letzte Unterstützung für den Notfall.

Herbst. Den I. Akt des *Don Carlos* in Jamben umgeschrieben. Auf Wunsch der Frau von Kalb ihr den Anfang des *Don Carlos* vorgelesen. Ihr schlechtes Urteil infolge von Schillers Deklamation ändert sich nach der eigenen Lektüre. Bekanntschaft mit Georg Jacobi, der sich auf der Reise nach Freiburg einige Tage in Mannheim aufhält. Besprechung mit ihm über den »Thalia«-Plan.

Oktober 8. Große Besorgnis, da er Frau von Wolzogen die Schulden nicht zurückzahlen kann. Fester Entschluß zur »Rheinischen Thalia« nach dem Muster von Engels »Der Philosoph für die Welt«; die fixe Einnahme auf 1000 Gulden geschätzt.

Oktober. Der Aufsatz über Ifflands Spiel als König Lear erscheint im »Journal von und für Deutschland«, 10. Stück.

Oktober 29. Übersendung der ersten frühen Abzüge der »Thalia«-Ankündigung an Scharffenstein zur Abonnentenwerbung.

November 12. Versendung der vom 11. November datierten Ankündigung der »Rheinischen Thalia« an bedeutende Schriftsteller und Zeitschriftenherausgeber mit der Bitte um Verbreitung, Veröffentlichung und Subskribentenwerbung: an Prof. L. Meister in Zürich, F. J. Bertuch, Legationsrat in Weimar, am 16. November an Goeckingk, Prof. J. G. Jacobi in Freiburg, Lavater, am 18. November an J. A. Ebert in Braunschweig, am 26. November an Gleim und an H. Boie, der im Dezemberheft des von ihm herausgegebenen »Deutschen Museums« einen ungekürzten Abdruck veröffentlicht. Erste Anknüpfung weitgreifender literarischer Verbindungen.

November bis März. Sophie von La Roche wohnt in Mannheim. An ihrem geselligen Verkehr mit Charlotte von Kalb, Dalberg, Groschlag, Schwan, Beck, Bonstetten, Jung-Stilling, Matthisson, Falconet, Meyer von Bramstedt und Pfeffel nimmt auch Schiller teil.

Dezember 7. Nach 7 Monaten Beantwortung der Sendung aus Leipzig (vgl. 5. Juni) in einem Schreiben an Huber mit Abbitte für die Verzögerung, Ankündigung der »Rheinischen Thalia« und dem ersten flüchtigen Gedanken eines gelegentlichen Besuchs. Der Brief trifft erst am 4. Januar 1785 in Leipzig ein.

Dezember 23.–29. In Darmstadt (Gasthof zur Sonne), mit Empfehlungen an den Darmstädter Hof durch ein Schreiben Charlotte von Kalbs an ein dort lebendes Frl. von Wolzogen, Hofdame der Prinzessin Luise von Mecklenburg (später Königin Luise von Preußen).

Dezember 26. Vorlesung des I. Aktes von *Don Carlos* vor dem Darmstädter Hof und dem dort weilenden Herzog Karl August von Weimar.
Am gleichen Tag 10. Aufführung der *Räuber* in Mannheim, erstmals mit Katharina Baumann als Amalia.

Dezember 27. Morgens Unterredung mit dem Herzog Karl August von Weimar über seine Angelegenheiten; der Herzog erteilt Schiller auf seine Bitte hin »mit vielem Vergnügen« den Titel eines Weimarischen Rats. Dadurch starke Hebung des Selbstbewußtseins.

Dezember 29. Rückkehr nach Mannheim.

Weitere Werke des Jahres: Eventuell die Gedichte *Freigeisterei der Leidenschaft* (*Der Kampf*) und *Resignation*, doch ist die Beziehung auf Charlotte von Kalb fragwürdig (vgl. zum Jahre 1781, S. 45).

Ferner die Erzählung *Merkwürdiges Beispiel einer weiblichen Rache*, Übersetzung und Bearbeitung nach Diderot, gegen Jahresende.

Einige Szenen zu einem Dramenplan *Der Menschenfeind* und erste Entwürfe zu einem Tragödienplan, in dem die Erscheinung eines Gespenstes die Wendung herbeiführen soll (*Die Braut in Trauer?*); später als untragisch aufgegeben.

Entstehung des Kupferstichs von Friedrich Kirschner.

1785

Januar 2. In der Mannheimer Premiere von J. M. Babos Trauerspiel »Oda, die Frau von zween Männern«.

Januar 6. In der Mannheimer Premiere von Anton von Kleins Oper »Günther von Schwarzburg« (Musik von Ignaz Holzbauer).

Januar 7. Durch Vermittlung Anton von Kleins, der treu zu Schiller hält, Aufnahme eines Darlehens von 132 Gulden von der Deutschen Gesellschaft.

Januar 11. Im Theater bei »Juliane von Lindorak« von Gotter nach Gozzi und beim Lustspiel »Er ist schwer zu befriedigen« von Jünger.

Januar 13. Im Theater beim Lustspiel »Jeanette« von Gotter nach Voltaire und beim Monodrama »Pygmalion« von Gemmingen nach Rousseau, Musik von Benda.

Januar 14. Ausstellung des Dekrets als Weimarischer Rat.

Januar 18. Im Theater zur 3. Mannheimer Aufführung von *Kabale und Liebe*, die durch schlechtes Einstudieren und leichtfertiges Extemporieren der Schauspieler mißlingt.

Schiller begleitet Katharina Baumann, die Darstellerin der Luise, abends nach Hause und überreicht ihr sein Miniaturbild von Scharffenstein.

Januar 19. Scharfe Beschwerde bei Dalberg über das gestrige nachlässige Spiel der Schauspieler und Ifflands Erwiderung gleichen Datums; später im »Repertorium« gemildert dargestellt.

Januar 23. In der Mannheimer Premiere des Lustspiels »Schonung bessert oder Die Spieler« vom Mannheimer Schauspieler Johann David Beil.

Januar 25. Im Theater zu »Der Adjutant« von W. H. Brömel und zur Oper »Der Dorfjahrmarkt oder Lucas und Bärbchen« von Gotter, Musik von Benda.

Februar 2. Im Theater bei »Graf von Essex« von Banks.

Februar 4. Im Theater beim Lustspiel »Der argwöhnische Ehemann« von Gotter.

Februar 10. Beginn eines Briefes an Körner, der am 22. fortgesetzt wird.

Februar 13. Im Theater bei der Tragödie »Lanassa« von Plümicke nach La Mierre.

Februar 15. Bei der Mannheimer Premiere der Lustspiele »Das Präferenzrecht« und »Wer wird sie kriegen«, letzteres von Fr. von Eckardt.

Februar 20. Im Theater beim Lustspiel »Der Westindier« von R. Cumberland.

Februar 22. Im Theater bei der »Lästerschule« von Sheridan. – Der Brief vom 10. Februar an Körner, der mit dem Ausdruck schwärmerisch vertrauender Freundschaft begonnen hatte, wird jetzt fortgesetzt: »Diese zwölf Tage ist eine Revolution mit mir und in mir vorgegangen ... Ich kann nicht mehr in Mannheim bleiben ... Menschen, Verhältnisse, Erdreich und Himmel sind mir zuwider.« Ankündigung seiner Abreise nach Leipzig in 3–4 Wochen.

Februar 27. Mit von Kalbs und ihrem Freundeskreis im Theater zu Shakespeares »König Lear«.

Februar 28. Bitte an Huber um Vermittlung eines Vorschusses von 300 Talern auf die »Rheinische Thalia«, um sich aus den Mannheimer und Stuttgarter Verbindlichkeiten zu lösen. – Entschluß, mit Hilfe des Herzogs von Weimar den Dr. med. zu machen.

März 1. In der Mannheimer Premiere der Operette »Die Eifersucht auf der Probe« von Pasquale Anfossi.

März 3. Im Theater bei Lessings »Emilia Galotti«.

März Mitte. Eintreffen einer Einladung nach Leipzig und (Ende März) Regelung der Finanzfrage durch Körner, der Göschen, bei dem er einen Teil seines Geldes angelegt hat, zum Ankauf der »Rheinischen Thalia« bewegt und Schiller 300 Taler Vorschuß auf die Fortsetzung sendet. – Erscheinen von:

»Rheinische Thalia, herausgegeben von Schiller. Erstes Heft. Lenzmonat 1785. Mannheim, auf dasigem kaiserl. freiem R. Postamt, und in der Schwanischen Hofbuchhandlung zu haben.« 4 Bl. 199 S. 1 Bl. 8°, einziges Heft der »Rheinischen Thalia«, später als 1. Heft der »Thalia« gezählt; enthält:

1. (Widmung an den Herzog Karl August von Weimar, datiert vom 14. März 1785);
2. *Was kann eine gute stehende Schaubühne eigentlich wirken?* (vgl. 26. Juni 1784);
3. *Merkwürdiges Beispiel einer weiblichen Rache;*
4. *Don Carlos. Infant von Spanien.* I. Akt (Bruchstücke mit einem Vorwort und Zwischenbemerkungen, wo einzelne Szenen zum Schutz gegen Nachdrucker durch Inhaltsangaben ersetzt sind);
5. *Brief eines reisenden Dänen. Der Antikensaal zu Mannheim;*
6. *Repertorium des Mannheimer Nationaltheaters* (kurze Schauspielkritiken der Aufführungen vom 1. Januar – 3. März 1785, die Schiller viele Feinde unter den Schauspielern erwerben);
7. *Wallensteinischer Theaterkrieg;*

8. *Dramaturgische Preisfragen*;

9. *Entschuldigung.*

März 19. Die Kritiken über die Mannheimer Schauspieler in der »Rheinischen Thalia« rufen Bewegungen unter diesen hervor, und einige, besonders Böck, äußern öffentlich ihren Ärger. Schiller beschwert sich bei Dalberg brieflich über solches Betragen.

März 25./26. Letzter Brief vor der Abreise an Huber: Wünsche bezüglich der Unterbringung in Leipzig: möglichst im gleichen Haus oder derselben Wohnung wie die Freunde. Festlegung des Abreisetermins.

März 30. Nach Bezahlung der Schulden Freude und Aussöhnung der Eltern in einem Brief des Vaters.

März (?). Vermutlich erstes Vorfühlen beim Buchhändler Schwan über eine Heirat mit dessen Tochter Margaretha. Schwan wohl nicht abgeneigt, falls Schiller einen Brotberuf als Mediziner habe oder in seine Buchhandlung eintrete, die Dichtung aber nur als Nebenbeschäftigung betrachte. (Vgl. 24. April 1785.)

April Anfang. Abschied von den Freunden in Mannheim; von Margaretha Schwan als Abschiedsgeschenk eine gestickte Brieftasche erhalten, deren Vollendung sie oft hinausgeschoben hatte (vgl. *Kabale und Liebe* V,7).

April 8. Bis Mitternacht zusammen mit Streicher und letzter Abschied von diesem mit dem Versprechen, einander nicht zu schreiben, bis der eine Minister oder der andere Kapellmeister geworden wäre. Schillers Entschluß, in Leipzig Jura zu studieren, nach einem Jahr zu promovieren, und an einem der kleinen sächsischen Höfe unterzukommen.

April 9. Frühmorgens Abreise von Mannheim in Richtung Leipzig, zusammen mit dem Buchhändler Götz, späterem Teilhaber Schwans.

April 9.–17. Beschwerliche Reise durch »Morast, Schnee und Gewässer«, die durch zwei notwendigerweise genommene Vorspannpferde um 5 Carolin teurer kommt als berechnet.

April 17. Abends Ankunft in Leipzig zur Messezeit, Abstieg im »Blauen Engel«, dort bald von Huber begrüßt. Körner ist seit 1783 als Rat am Oberkonsistorium und seit 1784 außerdem als Assessor der Landesökonomie, Manufaktur- und Kommerziendeputation, in Dresden. – Huber besorgt ein Studentenzimmer in der Hainstraße im kleinen Joachimsthal; in dem Hause wohnt gleichzeitig Sophie Albrecht, die Schiller zu seiner Freude wiederfindet.

April 18. Vormittags führt Huber Schiller erstmals in den »Silbernen Bären« zu den Schwestern Stock, die sich den *Räuber*-Dichter auch äußerlich als einen Karl Moor vorstellten und daher sehr erstaunt sind, einen schüchternen jungen Mann kennenzulernen.

Häufiger Verkehr in Richters Kaffeehaus am Markt, wo er schon in der ersten Leipziger Woche den Dichter Christian Felix Weiße, den Kupferstecher und Maler Adam Friedrich Oeser, den Lehrer Goethes, den Komponisten Johann Adam Hiller, den reformierten Prediger Georg Joachim Zollikofer, den Prof. Michael Huber, den Vater Hubers, den Dichter Johann Friedrich Jünger und den Schauspieler Johann Friedrich Reinecke kennenlernt. Allgemeines Erstaunen, daß der Dichter der *Räuber*, ohne Kurierstiefel und Hetzpeitsche, ganz »wie andere Muttersöhne« aussehe.

April 23. Stammbucheintragung für Spangenberg (Sallust-Zitat).

April 24. Briefliche Bewerbung beim Verleger Christian Friedrich Schwan in Mannheim um die Hand seiner Tochter Margaretha, die er seit einem Jahr verehre. Schwans Antwort ist nicht erhalten; er hat Schiller entweder an die Tochter selbst verwiesen oder aber einen bürgerlichen Beruf verlangt und ohne Wissen der Tochter abgelehnt, da Schillers und seiner Tochter Charakter nicht zusammen paßten. – Plan, das Medizinstudium durch Promotion in Leipzig abzuschließen.

April Ende. Bekanntschaft mit dem Maler Johann Christian Reinhart (von dem mehrere Schiller-Porträts stammen), dem gebildeten Steinguthändler Friedrich Kunze und dem Verleger Georg Joachim Göschen.

Mai Anfang. Übersiedlung in das Dorf Gohlis, den gewöhnlichen Sommeraufenthalt der Leipziger, ½ Stunde zu Fuß von Leipzig durch das Rosenthal, zusammen mit Huber, Jünger, Reinecke, Göschen (der tagsüber in der Stadt arbeitet und mit Schiller das Zimmer teilt) und später im Hochsommer auch Reinhart sowie den Schwestern Stock und Sophie Albrecht mit ihrem Mann. Wohnung dort in einem kleinen Dachstübchen beim Gutsbesitzer Schneider. Ungezwungener freundschaftlicher Verkehr mit dem Kupferstecher Gustav Georg Endner, dem Ortsrichter Möbius und dem derzeitigen Schloßbesitzer Hofrat Hetzer, in dessen Salon Schiller gelegentlich dichtet. Abends oft bei Albrechts. Fleißige Arbeit am II. Akt des *Don Carlos* und an der »Thalia«, auch Wiederaufnahme des *Fiesko* in der Theaterbearbeitung. Der Plan einer Rückkehr zur Medizin wird bald aufgegeben.

Mai 14. Körner bietet Schiller brieflich das »Du« an.

Mai 25. Eventuell erstes flüchtiges Zusammentreffen mit Körner bei der Beerdigung von dessen am 22. Mai verstorbener Mutter in St. Johannis zu Leipzig (?).

Juli 1. Erstes sicheres Zusammentreffen mit Körner auf dem Gute Kahnsdorf bei Borna zwischen Leipzig und Dresden im Hause des mit Körner verwandten Philologen August Wilhelm Ernesti. Zusammentreffen des ganzen Kreises: Schiller ist mit Huber und Göschen von Gohlis aus herübergekommen, die Damen Stock wohl ebenfalls. Die Kürze der Zeit und die Anwesenheit der großen Gesellschaft verhindert eine gründliche Aussprache mit Körner. Beschluß, daß Schiller Körner nach der Vermählung ins eigene Heim folgen solle.

Juli 2. Rückreise von Kahnsdorf nach Gohlis zusammen mit Huber und Göschen. Unterwegs zum Frühstück in einem Gasthof eingekehrt und auf Körners Gesundheit getrunken; Festigung des Freundschaftsbundes mit dem Abwesenden. Unbewußte Feier von Körners Geburtstag, zu dem Schiller einige Tage später die Verse *Unserm theuren Körner. Am 2ten des Julius 1785*, die Göschen auf farbigem Papier abdrucken ließ, übersendet.

Juli 3. An Körner über seine Publikationspläne: Da Schwan ohne sein Wissen und ohne Honorarzahlungen den *Fiesko* neu aufgelegt und auch noch die von Schiller bestellten Exemplare berechnet hat, fühlt er sich nicht mehr an ihn gebunden. Vorschlag einer Neuauflage des *Fiesko* in der bisher ungedruckten Bühnenbearbeitung sowie der *Räuber* mit einem einaktigen Nachtrag »Räuber Moors letztes Schicksal« bei Göschen, an dessen Verlag Körner beteiligt ist. Enthüllung seiner Geldnot.

Juli 8. Körner stimmt dem Plan einer Neuausgabe der *Räuber* bei Göschen zu und bittet ihn, ihn wenigstens ein Jahr lang von der Notwendigkeit des Geldverdienens befreien zu dürfen, schlimmstenfalls gegen spätere Rückzahlung mit Zinsen. Geldsendung Körners.

Juli Anfang. Eines Abends Besuch von Karl Philipp Moritz mit seinem Begleiter K. F. Klischnig in Gohlis, der von Göschen dort eingeführt wird. Abends in Gesellschaft von Jünger und Schiller, der ihn wegen seiner scharfen Kritik von *Kabale und Liebe* höflich zur Rede stellt, ihn mit größter Zuvorkommenheit behandelt, seine Argumente anerkennt und mit ihm Freundschaft schließt. Am nächsten Morgen liest ihm Schiller Szenen aus dem *Don Carlos* vor.

Juli 11. Schiller nimmt Körners Anerbieten mit dankbarer »Freimütigkeit und Freude« an.

Juli 27. Aufnahme eines Kredits beim Leipziger Geldverleiher Beit gegen Bürgschaft Körners (der späterhin auch die Restschulden tilgt, als Beit nicht länger warten will).

August 7. Vermählung Körners mit Minna Stock. Schiller übersendet am Morgen zwei urnenförmige Vasen mit

einem Beischreiben, eine allegorische Prosadichtung um
den Rangstreit zwischen Liebe, Tugend und Freundschaft
(»Für Körner und Minna. Am 7. August 1785«) und ein
eigentliches Hochzeitsgedicht *An Körner* (»Heil Dir, edler deutscher Mann«) und nimmt nachmittags um 17 Uhr
an den Festlichkeiten im Garten an der Pleiße teil.

August 12. Abreise des jungen Paares Körner mit Dora
Stock nach Dresden, von Schiller und Huber zu Pferd bis
Hubertusburg begleitet. Auf dem Rückritt bei Stötte-
ritz Sturz vom Pferd und Quetschung der rechten Hand,
dadurch 1 Monat am Schreiben gehindert.

August Ende bis September Anfang. Nach Körners Abreise ist das Leben in Gohlis »einsiedlerisch, traurig und
leer«. Dem Schauspieler Reinecke zuliebe diktiert Schiller
einem Schreiber die Leipziger Bühnenbearbeitung des
Fiesko in die Feder, die den tragischen Schluß wieder auf-
nimmt (»Theater-Fiesko«, 3. Fassung).

September 6. Dringender Wunsch nach einem Wiedersehen
mit Körner, Anfrage, ob seine Ankunft genehm wäre.

September 10. Erhalt eines (verlorenen) Einladungsbriefes
nach Dresden von Körner. Dr. Albrecht zeigt Schiller
seine Abreise nach Dresden an, und dieser beschließt, sich
ihm anzuschließen.

September 11. Früh um 4 Uhr Abreise in Gesellschaft des
Dr. Albrecht mit Extrapost nach Dresden. Ankunft
dort gegen 24 Uhr über die Elbbrücke und Übernachtung
im »Goldenen Engel«.

September 12. Morgens Anmeldung seiner Ankunft durch
ein Billett an Körner, Antwort der Frauen. Wegen Regen
läßt Schiller sich in einer Portechaise zu Körner (Auf dem
Kohlenmarkt 14) tragen, der um 13 Uhr heimkommt.
Große Wiedersehensfreude. Mittagessen, dann am Nachmittag gegen 17 Uhr gemeinsame Ausfahrt nach Loschwitz a. d. Elbe auf Körners Weinberg, 1 Stunde von
Dresden, und Einzug in das Haus am Weinberg, wo
Schiller nun gemeinsam mit Körners wohnt.

September 13. Morgens beim gemeinsamen Frühstück stößt Schiller mit Minnas Glas so heftig an, daß es zerbricht. Die Freunde machen daraus ein Trankopfer für die Götter und trinken hinfort aus Silberbechern mit Monogramm.

September. Im »Weinberghäuschen« in Loschwitz fleißige Arbeit am *Don Carlos*, II. Akt, vermutlich den Eboliszenen, und stärkere Herausarbeitung der Posa-Gestalt zur herrschenden Erscheinung anstelle des Prinzen. Lektüre von Watsons »Geschichte der Regierung Philipps des Zweiten« (1778) als Quelle für den *Don Carlos*. – Daneben häufige Ausflüge in die Umgegend, besonders nach Blasewitz (Justine Segedin, die »Gustel von Blasewitz« in *Wallensteins Lager*).

September 28. Die Verlobung seiner Schwester Christophine mit Reinwald, der Schiller anfangs widerraten hatte, veranlaßt ihn zu der Bitte, Christophine möge Reinwald die früheren abratenden Briefe zeigen.

Oktober 5. Bereits ¾ der Eboliszenen des *Don Carlos* fertig. Versuche, den willenlosen Huber zu ernsthafter Arbeit anzuhalten, und Bekenntnis seiner – allerdings ungefährlichen – Neigung zu Dora Stock.

Oktober Mitte. Während Körners eine eintägige Landpartie nach Pillnitz machen, bleibt Schiller über der Arbeit am *Don Carlos* zurück, wird jedoch durch Bauhandwerker und das Geschwätz der Waschfrauen bei der großen Wäsche an jeder ernsthaften Arbeit verhindert und verfaßt daher ein *Unterthänigstes Pro Memoria an die Consistorialrath Körnerische weibliche Waschdeputation in Loschwitz eingereicht von einem niedergeschlagenen Trauerspieldichter* in humoristischen Versen.

Oktober 20. Ende des Aufenthaltes in Loschwitz und Rückkehr nach Dresden, wo auch Huber eingetroffen ist, mit dem Schiller eine gemeinsame Wohnung in Körners Nähe im Haus des Hofgärtners Fleischmann bezieht.

Oktober Ende / November Anfang. Entstehung des Liedes *An die Freude* als echtester Ausdruck des neuen
Freundschaftsgefühls.

November 29. Übersendung des ersten Manuskripts für
das 2. Heft der »Thalia« an Göschen: das Lied *An
die Freude* und die Erzählung *Verbrecher aus Infamie*
(Entstehungszeit unbestimmt); noch keinen *Don Carlos*-
Text.

Dezember um 6. Übersendung weiterer Manuskripts für
die »Thalia« an Göschen, darunter wohl die Szenen von
Don Carlos II,1–3 und die Gedichte *Freigeisterei der Leidenschaft* und *Resignation*.

Dezember Anfang. Friedrich Kunze in Leipzig verbreitet
das Lied *An die Freude* noch vor dem Druck unter seinen
Freunden.

Dezember vor 23. Erste Geldsendung von Göschen erhalten.

Dezember Ende / Januar Anfang. Übersendung weiteren
Manuskripts zum *Don Carlos* (für die »Thalia«) an Göschen, wohl II,4.

Weitere Werke des Jahres: Verswidmung *An Körner* (»Ihr
waret nur für wenige gesungen ...«) in dessen Exemplar
der *Anthologie auf das Jahr 1782*; erster Plan zum *Abfall
der Niederlande*.

Entstehung des ersten Ölgemäldes von Johann Christian
Reinhart.

1786

Januar Anfang. Weiterarbeit am *Don Carlos*, vermutlich
Entstehung der Szenen II,5–7.

Januar 21. Übersendung von weiterem Manuskript zum
Don Carlos II,5–7 an Göschen; Vorschlag an diesen, die
weiteren Hefte der »Thalia« wie für die folgenden vereinbart nur 7–8 Bogen stark, dafür aber öfter erscheinen zu
lassen.

Januar 26.   Empfehlung eines Stuttgarter Schauspielers über Kriegsrat Bertram in Berlin an Döbbelin – was zur Folge hat, daß zahlreiche Schauspieler sich bei Schiller Empfehlungen erbitten.

Januar.   Das Gedicht *Die unüberwindliche Flotte* nach einem französischen Prosastück Merciers entstanden.

Februar Anfang (?).   Eine Anzeige des 2. Heftes der »Thalia« in der Zeitschrift »Neue Literatur- und Völkerkunde« mit Proben und Inhaltsangaben durch Göschen nennt Schiller sehr gegen seinen Willen als Verfasser des *Verbrechers aus Infamie*.

Februar 13.   Weiteres *Don Carlos*-Manuskript, vermutlich die Eboli-Szene II,8, an Göschen gesandt.

Februar um 16.   Erscheinen von:
»Thalia. Herausgegeben von Schiller. Zweites Heft. Leipzig, bei G. J. Göschen, 1786.« 136 S. 8° mit Musikbeilage. Enthält von Schiller:
1. *An die Freude* (mit Körners Vertonung);
2. *Verbrecher aus Infamie, eine wahre Geschichte* (später u. d. T. *Der Verbrecher aus verlorener Ehre*);
3. *Freigeisterei der Leidenschaft* (später u. d. T. *Der Kampf*);
4. *Resignation*;
5. Philipp der Zweite, König von Spanien. Von Mercier (übersetzt von Schiller);
6. *Die unüberwindliche Flotte*;
7. *Don Carlos* (II,1–3).

Februar 23.   Von Göschen 30 Taler »Thalia«-Honorar erhalten.

Februar Ende.   Übersendung des 2. »Thalia«-Heftes an Herzog Karl August.

März.   Beschäftigung mit dem dramatischen Plan *Julian Apostata* (?). Überarbeitung der *Philosophischen Briefe* für die »Thalia« und Abschluß des II. Aktes des *Don Carlos*.

März Mitte.   Unerwarteter Besuch Kunzes in Dresden.

März Ende. Den Schluß des II. Aktes von *Don Carlos* (II,9–16) an Göschen gesandt.

April 7. Körners und Huber reisen über Ostern nach Leipzig, Schiller bleibt zurück, um zu arbeiten und vergeudete Zeit nachzuholen.

April Anfang. Der Leipziger Zensor F. A. Wenck verlangt die Streichung von zwei Versen aus dem *Don Carlos*. Schiller hätte lieber einen ganzen »Philosophischen Brief« geopfert.

Während der Abwesenheit der Freunde Lektüre von Th. Abbts Schrift »Vom Verdienste« und Bougeants »Historie des Dreißigjährigen Krieges« (von Einfluß auf die eigene Darstellung und den »Wallenstein«).

April 15. Zu Mittag mit Oeser bei Prof. Wilhelm Gottlieb Becker. Aufforderung an Reinwald, seine Gedichte, für die Schiller vergeblich einen Verleger gesucht hat, nach und nach in der »Thalia« zu veröffentlichen.

April Mitte. Intensive historische Studien. »Täglich wird mir die Geschichte teurer. ... Ich wollte, daß ich zehn Jahre hintereinander nichts als Geschichte studiert hätte.« Dagegen nur ganz geringe Fortschritte des *Don Carlos*.

April 22. Besuch des Historikers Johann Wilhelm von Archenholz.

April 25. Rückkehr von Körners aus Leipzig. Schiller reist ihnen bis Meißen entgegen, wo Stadt und Umgebung besichtigt werden. Huber bleibt noch mehrere Wochen in Leipzig.

April 30. Größere Gesellschaft bei Körners (Neumanns u. a. m.).

April Ende / Mai Anfang. Erscheinen von:
»Thalia. Herausgegeben von Schiller. Drittes Heft. Leipzig, bei G. J. Göschen, 1786.« 140 S. 8°, enthält von Schiller:
1. *Don Carlos, von Spanien* (II, 4–16);
2. *Philosophische Briefe*.

Mai 1. Innere Unzufriedenheit und Krise; erster Gedanke an eine Trennung von Körners.

Mai. Entstehung des Schillerporträts von Graff.

Mai 16. Abfassung zweier Arien (»Es ist so angenehm ...«
und »Es tönen die Hörner ...«) und eines Terzetts (vielleicht »Ein Wechselgesang« Leontes-Delia) zu einer
Operette für den Mannheimer Musikdirektor Fraenzl,
der sich zehn Tage in Dresden aufhält. – Ankunft
Schwans mit seinen Töchtern Margaretha und Luise in
Dresden.

Mai 17. Schiller regt Reinwald zur Abfassung von Abhandlungen in Briefform oder zu Übersetzungen für
die »Thalia« an. Mittags vermutlich erster Besuch von
Schwan mit seinen Töchtern bei Schiller. Dieser freut sich
sehr, führt sie in den kommenden Tagen bei Körners und
beim Kapellmeister Naumann ein und begleitet die Töchter bei einem Spaziergang auf der Brühlschen Terrasse,
während sich von Graff malen läßt.

Mai 24. Schwan reist nach Weimar weiter und nimmt ein
freundliches Erinnerungsschreiben Schillers an Wieland
mit. – Die ihm durch Körners aufgedrungene Unabhängigkeit wird Schiller lästig.

Mai Ende. Rückkehr Hubers aus Leipzig, doch wachsende
Entfremdung ihm gegenüber im Laufe des weiteren Zu-
sammenlebens.

Juni. Herzog Karl August das 1. Heft der »Thalia« übersandt. – Vermutlich in diesem Monat Wiederaufnahme
der Arbeit am *Menschenfeind* (jetzt *Der versöhnte Menschenfeind*) und Beginn der Arbeit am *Geisterseher*.

Juni 22. Vermählung der Schwester Christophine mit
Reinwald in Gerlingen bei Stuttgart.

Juli 2. Zu Körners Geburtstag malt Schiller komische
Spottbildchen, herzlich schlechte Zeichnungen, die auf
die Geschehnisse von Körners Alltag Bezug nehmen und
seine kleinen Schwächen bloßstellen. Huber verfaßt die
Unterschriften dazu: »Avanturen des neuen Telemachs
oder Leben und Exsertionen Körners des decenten, con-
sequenten, piquanten usw. von Hogarth in schönen illu-

minierten Kupfern abgefaßt und mit befriedigenden Er-
läuterungen versehen von Winckelmann. Rom 1786.«

Juli 24. Geburt von Körners erstem Sohn (der jedoch schon
im Dezember stirbt), bei dem Schiller Pate steht. Zu diesem Zweck Aufnahme eines Kredits von 50 Talern bei
Kunze.

August. Gemeinsam mit Huber erster Plan einer *Ge-
schichte der merkwürdigsten Rebellionen* und wohl auch
Beginn der Arbeit an der *Geschichte des Abfalls der
Niederlande*. Zugleich Arbeit an *Räuber Moors letztes
Schicksal*.

Oktober 9. Vollendung und Absendung des restlichen Ma-
nuskripts für das 4. Heft der »Thalia« an Göschen (*Don
Carlos* III,1–9 und Anfang des *Geistersehers*). *Räuber
Moors letztes Schicksal* wird aufgeschoben, dagegen der
Menschenfeind, von dem schon ein »ziemlicher Teil« fer-
tig ist, für Ostern angekündigt. Erste Andeutung dieses
Dramenplanes.

Oktober 12. Schiller erfährt durch Beck, daß der Hamburger Theaterdirektor Friedrich Ludwig Schröder mit ihm
in Verbindung zu treten wünsche, kündigt diesem den
Abschluß des *Don Carlos* bis Jahresende und des *Versöhnten Menschenfeindes* bis zum Frühjahr an und erbietet sich, alle seine Dramen für die Hamburger Bühne zu
schreiben.

Oktober 13. Zweifel an der Fortsetzung der »Thalia«.

Oktober 18. Antwort Schröders aus Hamburg, der Schiller
dorthin einlädt. – Kurze, von Schiller verfaßte Ankündigung der *Geschichte der merkwürdigsten Rebellionen
und Verschwörungen* in den »Gothaischen gelehrten Zeitungen«, für die Ostermesse 1787, in Leipzig beim Verleger Crusius.

Oktober 19. Bitte an Göschen um Robertsons »Geschichte
Karls V.« und um ein Exemplar des 1. Heftes der »Tha-
lia«, um mit der Streichung und Bühnenbearbeitung des
Don Carlos zu beginnen.

November 5. Göschen den *Versöhnten Menschenfeind* bis Ostern in Aussicht gestellt. Tilgung der 50 Taler Schulden bei Kunze aus dem Honorar für das 4. »Thalia«-Heft.

November 22. Sorgen um die Veröffentlichung des *Don Carlos* und die Fortsetzung der »Thalia«. Vorschlag an Göschen, seine Beiträge zur »Thalia« als »Vermischte Schriften« herauszugeben, und erneutes Angebot einer Neuauflage von *Räuber, Fiesko* und *Kabale und Liebe* bei Göschen.

November. Erste Bekanntschaft mit Karl Graß.

Dezember 5. Verhandlungen mit Göschen wegen der Buchausgabe des *Don Carlos*, Honorarvorschlag von 50 Louisdor insgesamt oder 12 Taler je Bogen.

Dezember 15. Abreise Körners mit den Damen nach Leipzig, Schiller und Huber bleiben in Dresden in Körners Haus zurück. Einsam und unglücklich. Aus Langeweile abends häufiger auf Besuch.

Dezember 18. Antwort an Schröder und Ablehnung seines Rufes an die Hamburger Bühne. Abends bei Albrechts zum Whistspiel.

Dezember 19. Im »Goldenen Engel« zu Mittag.

Dezember 21. Zu Besuch beim Journalisten Johann Leopold Neumann (Freund Körners); auch in den folgenden Tagen öfters dort.

Dezember 25. Am Weihnachtstag mit Huber bei einem Glase Punsch zu Hause. Von Körner aus Leipzig einen Weihnachtsstollen und die »Schauspiele mit Chören« der Brüder Stolberg erhalten.

Dezember 25./26. Lektüre von F. L. Stolbergs Drama »Der Säugling«.

Dezember 26. Besuch des Schriftstellers Friedrich Traugott Hase.

Dezember 29. Arbeit an der letzten Szene des Marquis Posa mit der Königin. Abends bei Neumanns.

1787

Januar Anfang. Über Neujahr acht Tage mit Katarrh auf dem Zimmer einsam bei der Arbeit geblieben. – Erscheinen von:

»Thalia. Herausgegeben von Schiller. Viertes Heft. Leipzig, bei G. J. Göschen, 1787.« 2 Bl. 129 S. 8°; enthält von Schiller:

1. *Don Carlos* (III,1–9);
2. *Der Geisterseher, aus den Papieren des Grafen von O.* (1. Stück).

Januar um 2./3. Bekanntschaft mit dem Bergrat Charpentier aus Freiberg, dem späteren Schwiegervater von Novalis, mit seiner Tochter auf einer Abendgesellschaft beim Finanzrat Wagner.

Januar 5. Gesundheitliche Besserung.

Januar um 9./10. Rückkehr Körners mit den Damen aus Leipzig nach Dresden.

Februar 14. Erste Begegnung mit der 19jährigen Henriette von Arnim bei Sophie Albrecht.

Februar Mitte. Übersendung der Akte I–II des *Don Carlos* für die Buchausgabe an Göschen. Das ganze Stück ist bis auf die nötige Straffung und Glättung vollendet. – Druckbeginn der Buchausgabe des *Don Carlos*.

Februar vor 20. Teilnahme des Körnerschen Kreises (Körners, Huber, Dora Stock, Schiller) an einem Maskenball, bei dem Schiller durch die Koketterie der Henriette von Arnim gefesselt wird und zeitweilig in ihren Bann gerät.

März Anfang. Von Göschen 15 Louisdor als Vorschuß für die Buchausgabe des *Don Carlos* erhalten.

März 3. Plan der Vollendung des *Menschenfeindes* bis Ende Juli, sowie einer Fortsetzung und Buchausgabe des *Geistersehers*.

März 4. Besuch beim Maler Seydelmann.

März 6. Bitte an Crusius, den *Abfall der vereinigten Nie-*

derlande bis nach der Messe aufzuschieben, da er ihm unter den Händen wächst.

März um 28. Weitere Manuskriptsendung für die Buchausgabe des *Don Carlos* (III. Akt) an Göschen.

März um 30. Besuch des Mannheimer Hofmalers Johann Josef Langenhöffel.

April Anfang. Beschäftigung mit den Theaterausgaben des *Don Carlos*, wohl zugleich eine in Jamben und eine in Prosa angefertigt. Versand der Theaterausgaben an die Bühnen.

April 17. Um Schiller von Arnims abzulösen, beredet ihn Körner zu einem Ausflug nach Tharandt, mietet ihn gleich für längere Zeit dort im »Gasthof zum Hirsch« ein, sendet Bücher und Wäsche nach und besorgt auch den Briefwechsel mit Henriette von Arnim, der fortgeführt wird. – Dort abschließende Arbeit an der Buchausgabe des *Don Carlos*, Ordnen der Bruchstücke und Versifizierung der Prosateile.

April 18./19. Bei Schnee- und Hagelwetter wenig Abwechslung; Sehnsucht nach Dresden; Arbeit und Lektüre von T. G. Smolletts »Humphry Clinker«.

April 21. Einladung der Frau von Kalb nach Weimar. – *Don Carlos* von Dalberg für das Mannheimer Theater angenommen.

April 22. Lektüre der »Liaisons dangereuses« von Choderlos de Laclos, die ihm Minna Körner als Anspielung auf die eigene Lage übersandt hat, mit großem Interesse.

April 24. Besuch von Arnims in Tharandt, durch die Anwesenheit des Grafen Waldstein etwas gestört.

April 28. Langer Brief der Henriette von Arnim, der ihre Liebe zu Schiller gesteht. – Lektüre von Voltaires »Charles XII.« und »Le siècle de Louis XIV.«.

Mai 2. Eintragung in das Stammbuch der Henriette von Arnim. Besuch des jüngeren Bruders Arnim in Tharandt.

Mai 4. Vermutlich neue Manuskriptsendung des *Don Carlos* an Göschen.

Mai Anfang. (Verlorener) vorwurfsvoller Brief Schillers an Henriette von Arnim, dessen empfindliche Sprache sie verletzt.

Mai 5. Henriette von Arnim wirft ihm brieflich vor, er versuche, sich von ihr zu lösen. Vergebliche Bemühung um Wiederherstellung des alten Verhältnisses.

Mai Ende. Restmanuskript des *Don Carlos* an Göschen gesandt. – Rückkehr nach Dresden, Überwindung der Leidenschaft und Entschluß zur zeitweiligen Entfernung aus Dresden.

Mai 31. Beim Geldverleiher Beit einen Wechsel für die Reisekosten unterzeichnet.

Juni Anfang. Versendung der Prosabearbeitungen des *Don Carlos* an die Theaterleiter Koch in Riga und F. L. Schröder in Hamburg, dem er für Ende des Sommers einen Besuch in Hamburg und den *Menschenfeind* in Aussicht stellt.

Juni um 8. Vermutlicher Beginn der Arbeit an *Körners Vormittag.*

Juni Ende. Erscheinen der ersten Buchausgabe: »*Dom Karlos Infant von Spanien* von Friedrich Schiller. Leipzig, bei Georg Joachim Göschen 1787.« 1 Bl. 505 S. 8°, mit Titelkupfer (Königin Elisabeth) von E. Verhelst in Mannheim, gedruckt von Christian Friedrich Solbrig in Leipzig. Längste Fassung mit 6282 Versen, obwohl gegenüber den »Thalia«-Bruchstücken (4140 Verse) bereits um 1093 Verse gekürzt. Weitere Streichungen geschehen 1801, 1802 und 1805 (5370 Verse). Gegenüber der »Thalia«-Fassung stärkeres Hervortreten Posas; Wandel vom Familiengemälde zum politischen Drama vollzogen.

Juni um 30. Bitte an Göschen um Goethes »Werther«, »Götz« und »Iphigenie«.

Juli 2. Zu Körners 31. Geburtstag Aufführung von Schillers kleinem dramatischem Scherz *Körners Vormittag* (»Ich habe mich rasieren lassen«) als Karikatur der stockenden Schriftstellerei Körners.

Juli 4. F. L. Schröder, der ihm 21 Louisdor für den *Don Carlos* übersandt hat, seinen Besuch in Hamburg für die Michaelismesse angekündigt.

Juli Mitte. Lektüre von Goethes »Iphigenie«.

Juli 19. Am letzten Tag in Dresden Spaziergang mit Körners und Kunzes in den Wald bei Loschwitz.

Juli 20. Abschied von Körners und von Dresden und Antritt der Reise, die keineswegs als endgültige Übersiedlung, sondern nur als längere Reise über Weimar und Kalbsrieth (Charlotte von Kalb) nach Hamburg geplant ist; zunächst mit der Frau des Buchhändlers Schneider bis nach Leipzig zu Göschen.

Juli 21. Weiterreise zunächst bis Naumburg, wo er beim Pferdewechsel erfährt, daß Herzog Karl August vor einer Stunde im gleichen Posthaus Pferde gewechselt habe, um nach Potsdam zu reisen; abends Ankunft in Weimar. Wiedersehen mit Charlotte von Kalb, die er als seinen einzigen vertrauten Umgang in Weimar von nun an täglich besucht. Goethe ist noch in Italien, der Herzog in Potsdam, Bode in Paris und auch Bertuch abwesend, Reinhold in Jena. Wohnung im »Erbprinzen«.

Juli 22. Bei Frau von Kalb, wo er den Grafen von Solms und Luise von Imhoff kennenlernt.

Juli 23. Erster Besuch bei Wieland; warmherzig aufgenommen; Wieland erwartet ein Verhältnis, das für die Zukunft dauern und reifen soll. Pläne zum gemeinsamen Wirken. Abends Spaziergang mit Frau von Kalb.

Juli 24. Origineller Besuch von Christian August Vulpius bei Schiller; anschließend erster Besuch bei Herder, der Schillers Schriften nicht kennt und mit ihm umgeht »wie mit einem Menschen, von dem er nichts weiter weiß, als daß er für etwas gehalten wird.« Lektüre von Herders »Gott«.

Juli 25. (?) Besuch beim Kammerherrn Friedrich Hildebrand von Einsiedel.

Juli 27. Zusammen mit Wieland von der Herzogin Anna

Amalia nach Tiefurt eingeladen, zweistündiger ungezwungener Besuch dort. Auf dem Hinweg spricht Wieland über sein Verhältnis zu Schillers Jugendwerken, in
denen er Delikatesse und Feinheit vermißt. – Wieland
den *Don Carlos* übersandt. (Wieland äußert sich jedoch
nicht, sondern verreist bald darauf.)

Juli 28. Zusammen mit Charlotte von Kalb zu Tee, Konzert und Souper bei der Herzoginmutter Anna Amalia in
Tiefurt, dort mit Wieland, Graf von Solms, J. K. Schlick
und Gattin. Frau von Kalb fährt nach dem Konzert wegen Unwohlseins heim, Schiller bleibt, obwohl der Verkehr mit der Herzogin ihm nicht zusagt (»ihr Geist ist
äußerst borniert«). Nach der Rückkehr aus Tiefurt in
Weimar noch eine Punschpartie mit Graf von Solms, Einsiedel und dem soeben aus Gotha eingetroffenen Gotter;
Unterhaltung mit diesem über den *Don Carlos*, für den
Gotter durch eine Vorlesung in Tiefurt die Stimmung verdorben hat.

Juli 28./29. Umzug in die ehemalige Wohnung der Frau
von Kalb und Anstellung eines Bediensteten.

Juli 30. Besuch bei Wieland, mit ihm im Klub, Spaziergang
im »Stern« und Abendessen wieder im Klub mit
G. M. Kraus.

August 1. Plan, wenigstens drei Monate in Weimar zu
bleiben und gelegentlich Frau von Wolzogen in Bauerbach zu besuchen. Spaziergang im Wald vor der Stadt, wo
er Herder trifft; abends bei ihm, Gespräch über die Schaf-
fensweise.

August 2. Einen Tag in Erfurt im Stift bei einer Tante der
Henriette von Arnim, die dort Superiorin ist. Zurück
nach Weimar.

August 5. Bei Herders Predigt. Ihm den *Don Carlos* gesandt.

August 8. Gedanken über die Umgestaltung des Verhältnisses zu Körner aus der Schwärmerei in ernsthafte
Freundschaft.

August um 9. Beim Kammerherrn von Einsiedel Bekanntschaft mit Corona Schröter.

August um 10. Besuch bei Knebel in Goethes Gartenhaus;
nähere Berührung mit Goethes nächster Umwelt. Vormittags mit Knebel in Tiefurt bei der Herzogin Anna
Amalia.

August 11. Besuch von Geheimrat Chr. G. Voigt, den er als
Freund gewinnen will.

August um 11. Spaziergang in adliger Gesellschaft und Bekanntschaft mit Frau von Stein.

August 12. Früh Besuch von Gotter; bei Frau von Kalb
Bekanntschaft mit Bertuch.

August 13. Besuch bei Geheimrat Voigt.

August Mitte. Entschluß, in einigen Wochen nach Meiningen zu reisen. – Besuche bei Bertuch und bei der Herzoginmutter Anna Amalia zu einem Konzert des Erfurter
Pianisten Wilhelm Häßler, dort Bekanntschaft mit Geheimrat Schmidt. – Wieland reist nach Eisenach, ohne
Schiller vorher zu sehen und sich über den *Don Carlos* zu
äußern. – Erkrankung Herders. – Fleißige Arbeit am *Abfall der Niederlande.*

August um 15. Bei Frau von Kalb Bekanntschaft mit Wielands Tochter, Frau Prof. Reinhold aus Jena.

August um 16./17. Besichtigung der Weimarer Zeichen-
akademie mit deren Direktor G. M. Kraus; Bekanntschaft
mit dem Hofbildhauer Martin Klauer. Besichtigung der
Weimarer Bibliothek.

August 18. Besuch des Erfurter Pianisten Häßler.

August 21. Sechstägiger Ausflug nach Jena mit Frau von
Kalb, die nach einem Tag zurückkehrt, und Frau Prof.
Reinhold. Wohnung bei Reinhold. Mit diesem Dispute
über Kant und Lektüre einiger kleinerer geschichtsphi-
losophischer Aufsätze Kants in der »Berliner Monatsschrift« (»Idee zu einer allgemeinen Geschichte in welt-
bürgerlicher Hinsicht« u. a. m.).

In Jena Bekanntschaft mit dem Philologen Chr. G. Schütz,

dem Theologen J. Chr. Döderlein, dem Juristen G. Hufe-
land und dem Theologen J. J. Griesbach. Besuch bei der
Dichterin Bohl in Lobeda sowie in der Redaktion der
Jenaer »Allgemeinen Literatur-Zeitung«. Reinhold stellt
Schiller einen Ruf nach Jena in Aussicht.

August 26. Abends mit Frau von Kalb, die Schiller aus
Jena abholt, beim Geh. Kirchenrat Griesbach. Rückkehr
nach Weimar, wo Bode angekommen ist.

August 27. Mit Bertuch im Klub.

August 28. Besuch bei Frau von Kalb; mit dieser als Gast
Knebels in Goethes Gartenhaus zur Feier von Goethes
Geburtstag. Unterwegs Begegnung mit der zurückge-
kehrten Herzogin Luise, der er sich nicht vorstellen läßt.

August 29. Uraufführung des *Don Carlos* (Jambenfassung)
in Hamburg mit F. L. Schröder in der Titelrolle. – Fester
Entschluß zum Kant-Studium. – (Verlorenes) Stammbuchblatt für Sophie Reinhold.

September 2. Erste Bekanntschaft mit Bode bei abend-
lichem Zusammensein.

September Anfang. Bode lädt Schiller ein, Freimaurer zu
werden.

September 9. Souper bei Bertuch.

September 10. Nach anfänglicher Ablehnung der Weimarer Gesellschaft, deren Zeit und Geld kostende Höflich-
keitsbesuche ihm lästig sind, da sie wenig Anregung bieten, nunmehr allmähliche Eingewöhnung bei zurückge-
zogenerem Leben.

September um 12. Besuch bei Corona Schröter.

September Mitte. Für zehn Tage unwohl, doch fleißige
Weiterarbeit an dem *Abfall der Niederlande*, täglich zehn
Stunden; daneben häufige Spaziergänge und Besuche bei
Frau von Kalb, sonst nur bei Bode, Bertuch, Herder,
Voigt, Knebel, Kammerrat C. J. R. Ridel und Hofmedikus
Hufeland sowie montags im Klub.

September Ende bis Oktober 5. Herzog Karl August für
einige Tage wieder in Weimar. Schiller meldet durch Kne-

bel seinen Besuch an, doch kann ihn der Herzog aus Zeitmangel nicht empfangen.

September Ende. Erneutes Zusammentreffen mit Wieland
beim Souper bei Voigt. – Wielands freundliche Besprechung des *Don Carlos* erscheint im »Teutschen Merkur«
und veranlaßt die baldige Aussöhnung beider.

Oktober 3. Erstes Treffen der neugegründeten Mittwochsgesellschaft für Nichtadelige. Whistpartie mit Corona
Schröter und Frl. Schmidt, Ridel und Hofmedikus Hufeland. Gespräch mit Wieland.

Oktober Anfang. Besuch bei Herder.

Oktober 6. Der *Abfall der Niederlande* bis auf wenige Bogen fertig. Beginn der Reinschrift.

Oktober 10. Whistspiel in der Mittwochsgesellschaft mit
Bode, Frl. Schmidt, Corona Schröter u. a., Aussöhnung
mit Wieland, bei dem sich Schiller für die *Don Carlos*-
Rezension bedankt und der Schillers dramatische Begabung betont.

Oktober 12./13. (?) Dreistündiger Besuch beim kranken
Wieland. Plan, als »präsumptiver Erbe« mit ihm zusam-
men den »Teutschen Merkur« herauszugeben und die
»Thalia« darin aufgehen zu lassen. – Spaziergang mit
Herder und Unterhaltung über den *Don Carlos*.

Oktober um 12./13. Formelle Ernennung zum Mitglied
der Jenaer »Allgemeinen Literatur-Zeitung«.

Oktober 13. Corona Schröter liest Schiller und Frau von
Kalb Goethes »Iphigenie« vor. Häufiger Verkehr mit ihr.

Oktober 14. Abends im Konzert des Musikers Valperti.

Oktober 16.–19. Besuch Reinholds in Weimar. Schiller ist
öfters bei Wieland, einmal mit Frau von Kalb, am folgenden Tag mit ihm bei Geheimrat Schmidt.

Oktober 24. Vorlesung aus dem *Abfall der Niederlande* bei
Frau von Kalb in Anwesenheit Wielands. Abends im Mitt-
wochsklub beim Whist mit Bode. Übernachtung im »Erbprinzen«, da er den Zimmerschlüssel eingeschlossen hat.

Oktober 25. Erhalt der ersten zu rezensierenden Bücher

für die Jenaer »Allgemeine Literatur-Zeitung«. Dadurch Nötigung zu mehr Lektüre. Vorläufige Ablehnung des Angebots von F. L. Schröder, als Dramaturg nach Hamburg zu kommen.

Oktober 26. Anregung Hubers zu eifrigem literarischem Schaffen. Dieser Tage Gründung des Freitagsklubs der Ledigen durch Schiller.

Oktober 28. Tod von Karl August Musäus in Weimar.

November 5. Bitte an den Verleger Crusius, den *Abfall der Niederlande* von der Reihe der merkwürdigsten Rebellionen zu trennen und als Einzelwerk gesondert herauszugeben.

November 8. Schillers *Prolog* (»Der Frühling kam ...«) zur Wiedereröffnung des Weimarischen Theaters von der 8jährigen Christiane Neumann (Euphrosyne) gesprochen.

November 11. Besuch mit Frau Wieland bei Reinhold in Jena, den er krank findet und pflegt.

November Mitte. Rückkehr nach Weimar. Eifriges Studium der Geschichtsquellen (Strada, Grotius, Reid u. a. m.).

November um 17./18. Abreise der Frau von Kalb nach Kalbsrieth zu einem Treffen mit ihrem Gatten. Schiller wird durch ihre Abwesenheit freier.

November 19. Flüchtiger Gedanke an eine Heirat mit Wielands zweiter Tochter Amalie und Gründung eigener Häuslichkeit; schnell wieder fallen gelassen, da Wielands für ihn zu unbefangen-naiv sind.

November 21. Abreise aus Weimar.

November um 23. Ankunft in Meiningen bei Reinwald und der Schwester Christophine.

November 25. Abends 21 Uhr mit Christophine und Reinwald bei Wolzogens in Bauerbach zu Wilhelm von Wolzogens Geburtstag eingetroffen. Wiedersehen mit Henriette und Charlotte von Wolzogen und deren Bräutigam, A. F. F. von Lilienstern.

November 26. Vorlesung des *Don Carlos* bei Wolzogens.

November 28. Mit Wilhelm von Wolzogen nach Meiningen zur Komödie geritten, abends zurück nach Bauerbach.

November Ende bis Dezember Anfang. Vermutlich abwechselnd in Meiningen und Bauerbach. Besuche beim Kammerherrn Wilhelm Freiherr von Stein (Onkel der Frau von Kalb) in Nordheim und dem Gutsbesitzer von Bibra in Höchheim. In Meiningen Bekanntschaft mit dem dortigen Herzog und Wiedersehen mit Reinhart, der mehrere Schiller-Porträts zeichnet. Schiller überträgt Reinwald die Bearbeitung der Verschwörung der Pazzi gegen die Medici in Florenz. Wilhelm von Wolzogen nimmt Schillers Einladung nach Weimar unter der Bedingung eines Umwegs über Rudolstadt an.

Dezember 5. Morgens 6.30 Uhr mit Wilhelm von Wolzogen aus Bauerbach abgeritten, über Suhl bis Ilmenau, dort übernachtet.

Dezember 6. Morgens 6.30 Uhr Weiterritt über Königssee nach Rudolstadt, Eintreffen dort um 16 Uhr bei Wilhelms Verwandten, der Familie Lengefeld. Starker Eindruck der beiden Töchter Karoline von Beulwitz, späterer Gattin W. von Wolzogens, und Charlotte, späterer Gattin Schillers. Erster Gedanke an eine Verbindung. Beim Abschied spricht Schiller den Wunsch aus, den nächsten Sommer in der schönen Gegend zuzubringen.

Dezember 7. Nach Weimar, wo er Frau von Kalb mit ihrem Gatten findet.

Dezember 10.–11. Wilhelm von Wolzogen auf zwei Tage in Weimar. Schiller führt ihn im Klub, bei Bode, Bertuch, Wieland, Corona Schröter und Kalbs ein.

Dezember Mitte. Fortgesetzte Arbeit am *Abfall der Niederlande*, zwölf Stunden täglich, abends Besuche, seltener bei Kalbs. – Lektüre von Wielands Lukian-Übersetzung und Plan, dessen »Oberon« als Oper zu bearbeiten.

Dezember 19. Abends mit Bode.

Dezember Ende.   Weiterhin fortgesetztes Geschichtsstu-
dium, täglich sieben Stunden Lektüre.
Weitere Werke des Jahres: *An Caroline Schmidt* (in ein Ex-
emplar des *Don Carlos*). Im Herbst erster Plan einer
Sammlung historischer Memoiren.
Entstehung einer Silberstiftzeichnung von Dora Stock.

1788

Januar 4.   Körner versucht, Schillers Interesse wieder von
der Geschichte auf die Dichtung zu lenken.
Januar 7.   Hoffnung, durch das Geschichtswerk Ansehen
zu erlangen, Sehnsucht nach einer »bürgerlichen und
häuslichen Existenz« und Entschluß zur Heirat.
Januar 24.   Übersendung von 12 Bogen Manuskript des
Geschichtswerks an Göschen und Festlegung des endgül-
tigen Titels *Geschichte des Abfalls der vereinigten Niederlande von der spanischen Regierung.*
Januar 25. oder Februar 1.   Wiedersehen mit Charlotte
von Lengefeld auf einem Maskenball. Sie bleibt bis April
in Weimar, um am gesellschaftlichen Leben teilzunehmen,
und wohnt bei Frau von Imhoff.
Januar 30.   Zum Geburtstag der Herzogin Luise verfaßt
Schiller das Festgedicht »*Die Priesterinnen der Sonne.*
Zum 30. Jänner 1788, von einer Gesellschaft Priesterinnen
überreicht.« Die Überreichung durch die Weimarer Damen unterblieb, da Musikgratulationen verboten wurden.
Januar Ende.   Die Einleitung zur *Geschichte des Abfalls
der Niederlande* erscheint als Vorabdruck im Januarheft
von Wielands »Teutschem Merkur«.
Februar 1.   Auf einem Maskenball Darstellung von Schil-
lers *Priesterinnen der Sonne.*
Februar Anfang.   Teilnahme an mehreren Gesellschaften
ohne Vernachlässigung der Arbeit. – Druckbeginn der
Geschichte des Abfalls der Niederlande.

Februar 5. Bei Frau von Imhoff und Charlotte von Lengefeld zur Fastnacht.

Februar um 9. Göschen kommt auf eine Woche nach Weimar. Mit ihm bei Wieland, Bode und Bertuch.

Februar 12. Lektüre: »Diderots Leben« (Manuskript), von seiner Tochter.

Februar 18. Erster Briefwechsel mit Charlotte von Lengefeld.

Februar 19. Mit Knebel bei Frau von Imhoff und Charlotte von Lengefeld.

Februar 24. Plan, zur Ostermesse die *Geschichte des Abfalls der Niederlande* und einen Band der merkwürdigsten Rebellionen zugleich erscheinen zu lassen. Bitte an Crusius um Montesquieus »Esprit des lois«, Pütters »Staatsverfassung des deutschen Reiches« und Schmidts »Geschichte der Deutschen«.

Februar Ende. Vorabdruck aus dem ersten Buch der *Geschichte des Abfalls der Niederlande* in Wielands »Teutschem Merkur«, Februarheft.

März Anfang bis Ende. Beschäftigung mit der »Thalia« und der Fortsetzung des *Geistersehers*, die ihm uninteressant ist. Heftiger Schnupfen.

März 6. Bei einem Diner mit Herder zusammengetroffen. – Körner gegenüber die Liebe zu Charlotte von Lengefeld geleugnet. – Genaue Regelung zur ratenweisen Abzahlung seiner Schulden bei Frau von Wolzogen durch Einlösung ausgefertigter Wechsel.

März 13. Abreise der Frau von Kalb nach Waltershausen. Verkehr nur noch mit Wieland, im Klub und bei Frau von Imhoff mit Charlotte von Lengefeld, seiner »liebsten Gesellschaft«.

März Mitte. Entstehung des Gedichts *Die Götter Griechenlands* auf eine Mahnung Wielands um Beiträge zum »Teutschen Merkur« (1793 stark gekürzte 2. Fassung).

März 23. Osterfeier bei Charlotte von Lengefeld. – Plan eines Sommeraufenthalts in Rudolstadt.

März 24. Treffen mit Charlotte von Lengefeld.

März 30. Bei Wieland zu Mittag.

März 31. Neues Manuskript des *Geistersehers* für die »Thalia«, 5. Heft, an Göschen.

März Ende. Erscheinen der *Götter Griechenlands* in Wielands »Teutschem Merkur«, Märzheft.

April 3. Stammbucheintragung für Charlotte von Lengefeld (später u. d. T. *Einer jungen Freundin ins Stammbuch*).

April 3./4. Nachmittags bei Charlotte von Lengefeld.

April 4. Körner sendet einen Brief des Raphael an Julius, den Schiller im 7. Heft der »Thalia« 1789 veröffentlicht, ohne ihn zum Anlaß weiterer philosophischer Briefe zu nehmen.

April 6. Abreise Charlotte von Lengefelds nach Rudolstadt. Schiller bittet sie, ihm für den Sommer ein Quartier bei Rudolstadt zu besorgen. – Durch Dalbergs Schuld erfolglose Mannheimer Erstaufführung des *Don Carlos* in der Jambenfassung.

April Anfang. Schiller wird eine Ratsherrenstelle in Schweinfurt angetragen unter der Bedingung, daß er ein wohlhabendes dortiges Mädchen heirate. Der Antrag bereitet ihm eine heitere Stunde.

April 9. Mittags Ankunft Hubers in Weimar auf der Durchreise nach Mainz zur Übernahme seiner Stellung als Legationssekretär der sächsischen Gesandtschaft.

April 10. Morgens mit Huber nach Erfurt zu dessen Gesandten, von dort vorausgeritten nach Gotha, um eine Begegnung Hubers mit Frau von Kalb zu arrangieren, was jedoch fehlschlägt. In Gotha Abschied von Huber und allein Rückkehr nach Weimar.

April 12. Rückkehr der Frau von Kalb mit ihrem Gatten nach Weimar.

April 19. Nochmalige vergebliche Bemühung, Göschen für eine verbesserte Neuauflage von *Fiesko* und *Kabale und Liebe* zu interessieren, um bei Schwan und Götz für deren Neuauflage 100 Taler Honorar zu verlangen.

April 22. Charlotte von Lengefeld mietet für Schiller eine Wohnung in Volkstädt beim Kantor Unbehaun.

April 29. Erscheinen von Schillers erster Rezension in der Jenaer »Allgemeinen Literatur-Zeitung« Nr. 103: »Dya-Na-Sore oder Die Wanderer, übersetzt von Meyern«.

April 30. Drei weitere Rezensionen in der Jenaer »Allgemeinen Literatur-Zeitung« Nr. 104: »Friedrich der Große. Versuch eines historischen Gemäldes« (von Friedrich Schulz), »Historisch-kritische Encyclopädie über verschiedene Gegenstände ...« (von Heinrich Georg Hoff), »Beyträge und Sammlungen zur Sittenlehre für alle Menschen« (von Eckartshausen).

Mai Anfang. Mehrtägiger Aufenthalt der Dresdner Sängerin Mad. Duschek in Weimar; Teilnahme Schillers an zahlreichen Konzerten, Soupers und Picknicks, einmal auch bei der Herzoginmutter Anna Amalia in Tiefurt. – Erscheinen von:
»Thalia. Herausgegeben von Schiller. Fünftes Heft. Leipzig, bei G. J. Göschen, 1788.« 136 S. 8°, enthält von Schiller außer der Anmerkung zu Hubers »Heimlichem Gericht« nur die Fortsetzung des *Geistersehers*.

Mai 7. Erhalt von 20 zu rezensierenden Büchern aus Jena, darunter Goethes »Egmont«. – Kalbs reisen nach Kalbsrieth ab.

Mai 8. In der Jenaer »Allgemeinen Literatur-Zeitung« Nr. 111 erscheint Schillers Rezension von Graf E. F. von Hertzbergs »Historischer Nachricht von dem letzten Lebensjahre Königs Friedrichs II. von Preußen.«

Mai um 10. Persönliche Bekanntschaft mit Gleim, der aus Halberstadt einige Tage zu Besuch nach Weimar gekommen ist, bei Herder wohnt und Schiller oft zur Gesellschaft mitladen läßt.

Mai 14. Gesellschaft bei Bertuch mit Herder, Voigt, Wieland, Bode, Schmidt, Knebel, Kraus und Gleim.

Mai 15. Dieselbe Gesellschaft bei Wieland.

Mai 18. Abreise von Weimar nach Rudolstadt.

Mai 19. Ankunft in Rudolstadt abends 21.30 Uhr im »Gasthof zur Gabel«.

Mai 20. Erster Besuch bei der Familie Lengefeld und Übersiedlung aus Rudolstadt nach Volkstädt, ½ Stunde entfernt, in die von Charlotte von Lengefeld gemietete Wohnung beim Kantor Unbehaun. – Ungezwungenes Leben dort. Tagsüber Arbeit am *Geisterseher*, der *Geschichte des Abfalls der Niederlande* und dem *Menschenfeind*, ferner an Aufsätzen (*Briefe über ›Don Carlos‹*) und Rezensionen. Abends oder nachmittags bald regelmäßiger täglicher Verkehr mit den Familien Lengefeld und Beulwitz und deren Kreis, Vorlesen eigener und fremder Werke; Bekanntschaft mit dem Freiherrn von Gleichen und Friederike von Holleben und Ausflüge in die Umgebung bis Paulinzella (Eintragung Schillers in das dortige Fremdenbuch: »Einsam stehn des öden Tempels Säulen ...«).

Mai 24.–27. Knebel, ebenfalls Verehrer Charlottes, zu Besuch in Rudolstadt.

Mai 25. Knebel bei Schiller in Volkstädt zu Mittag; nachher mit diesem zu Lengefelds und mit ihnen zum Souper in den Erbprinzengarten.

Mai 26. Plan einer Bearbeitung der *Malteser*.

Mai 27. Körners Vorschlag zu gemeinsamer Herausgeberschaft und öfterem Erscheinen der »Thalia«. Abends Spaziergang mit Lengefelds.

Mai 29. Ausflug mit Lengefelds nach Kumbach und abends im Beulwitzschen Garten Bekanntschaft mit dem jungen Erbprinzen Ludwig Friedrich von Schwarzburg-Rudolstadt.

Mai 30 bis Juni 4. Das Zimmer bei heftigem Schnupfen und Schüttelfrost nicht verlassen; von Lengefelds mit Lektüre versorgt: Joh. Christ. Harenbergs »Pragmatische Geschichte des Ordens der Jesuiten«, Quelle für die *Jesuitenregierung in Paraguay*.

Juni 4. Besuch von Herrn von Beulwitz bei Schiller.

Juni 5. Abends wieder bei Lengefelds, langsame Besserung.

Juni 6. Kleiner Rückfall der Erkältung.

Juni 12. Wieder genesen. – Erste Erwähnung des Gedichts *Die berühmte Frau*. Plan zur Erweiterung der »Thalia«.

Juni 14. Mit Lengefelds und dem Erbprinzen Ludwig Friedrich in vergnügter Gesellschaft im »Baumgarten«.

Juni 18. Rückkehr Goethes aus Italien nach Weimar.

Juni 19. Plan einer Buchausgabe des *Geistersehers*, der in der »Thalia« nicht vollständig abgedruckt werden soll, und einer Weiterarbeit am *Menschenfeind*.

Juli 1. Abends wegen schlechten Wetters in Rudolstadt übernachtet.

Juli 2. Abends mit Lengefelds nach Kumbach zur Kirmes und über Rudolstadt und Schaale zurück nach Volkstädt.

Juli 5. Weiterarbeit am Plan zum *Menschenfeind*. Rezension von »Goldonis Leben«.

Juli Anfang. Im Juniheft von Wielands »Teutschem Merkur« erscheint Schillers Rezension des 1. Teils von: »Goldoni über sich selbst und die Geschichte seines Theaters«, übersetzt von G. Schatz (vgl. 13. Januar 1789). – Lektüre von Goethes »Iphigenie«.

Juli 6. Auf der Ruine Greifenstein bei Blankenburg.

Juli 7. Schiller läßt Goethe durch Ridel Grüße bestellen und ihm sagen, wie ungeduldig er sei, ihn zu sehen. (Goethe bestellt einen Gegengruß und bedauert, bei seiner Rückkehr aus Italien nichts von Schillers Anwesenheit in Rudolstadt gewußt zu haben.) – Besuch Wilhelm von Wolzogens in Rudolstadt, um vor seiner Reise nach Paris Abschied zu nehmen. Mit ihm und den Töchtern Lengefeld Besichtigung des Rudolstädter Schlosses, das Erbprinz Ludwig Friedrich ihnen zeigt.

Juli 10. Abreise Wilhelm von Wolzogens.

Juli 11. Französische Theateraufführung von Voltaires »L'écossaise« durch Mitglieder der französischen Gesellschaft und Erbprinz Ludwig Friedrich im Gartenhaus bei Lengefelds.

Juli 17. oder 19. Handschrift des 1. (einzigen) Teils der *Ge-*

schichte des Abfalls der Niederlande beendet und an Crusius übersandt.

Juli 19. Bei Lengefelds Bekanntschaft mit dem Regierungsassessor Friedrich Wilhelm von Ketelhodt; abends gemeinsamer Spaziergang mit Prinz Ludwig Friedrich durch die Stadt.

Juli 24. Ausflug mit Lengefelds nach Kumbach. Lektüre von B. Nauberts Märchen »Amalgunde«.

Juli Ende. Erscheinen der ersten vier *Briefe über ›Don Carlos‹* im Juliheft von Wielands »Teutschem Merkur« (vgl. 1. Dezember 1788).

August 1. Französische Theateraufführung von R. Poissons »Le fou raisonnable« durch Mitglieder der französischen Gesellschaft unter Mitwirkung des Erbprinzen Ludwig Friedrich im Garten bei Beulwitz.

August 2. Frau von Lengefeld eine englische Bibel geschenkt mit poetischer Widmung »Die Holy Bible für Frau von Lengefeld« (veränderte Verse aus der Elegie auf Weckherlin). Abends im Baumgarten zum Empfang der Frau von Stein, die bis zum 4. August bei Lengefelds bleibt. – Einige Bogen Nachtrag zur *Geschichte des Abfalls der Niederlande* an Crusius gesandt (vielleicht den in diesem Sommer entstandene Aufsatz *Des Grafen Lamoral von Egmont Leben und Tod?*).

August Anfang. Wiederum Schnupfen, Fieber und Kopfweh.

August 5. Tod der Henriette von Wolzogen: »Sie war mir alles, was nur eine Mutter mir hätte sein können.«

August Mitte. Arbeit am Plan der *Malteser*; den *Menschenfeind* liegengelassen. – Lektüre: fast nur Homer, die »Odyssee« in Voß' Versübersetzung, die »Ilias« in Stolbergs Prosaübersetzung. – Von Wieland die Fortsetzung der Lukian-Übersetzung und 2 Bände »Théâtre des Grecs par le Père Brumoy« (französische Prosaübersetzung aus Sophokles und Euripides, Vorlage der eigenen Übertragung) erhalten.

August 18. (?) »Wegen des üblen Wetters« Umzug aus Volkstädt nach Rudolstadt; Wohnung vermutlich im »Gasthof zur Gabel« in der Nähe von Lengefelds. In dieser Zeit auch öftere Besuche in der Glockengießerei vor der Stadt, deren Anschauung später im *Lied von der Glocke* verwendet wird.

August 19. Beginn des »Vogelschießens« in Rudolstadt, das zuerst eine Woche dauert und mit Theater, Spielfreiheit usw. insgesamt 4 Wochen in Anspruch nimmt und an dem Schiller, auf Veranlassung des Fürsten Mitglied der Schützengilde geworden, sich beteiligt.

August 20. Lektüre: Plutarchs Biographie des Pompeius. – Entschluß zum fleißigen Studium der antiken Schriftsteller als Voraussetzung für die eigene Klassizität: »Die Alten geben mir jetzt wahre Genüsse.«

August 30. Nachmittags Besuch Knebels in Rudolstadt bei Lengefelds und Beulwitz.

August 31. Abreise von Charlotte von Lengefeld nach Kochberg zu Frau von Stein. Schiller abends mit Zacharias Becker und dem Prinzen Ludwig Friedrich bei Beulwitz, wo gemeinsam das Lied *An die Freude* gesungen wird.

August. Heftiger Angriff Friedrich Leopold von Stolbergs gegen die *Götter Griechenlands* im Augustheft des »Deutschen Museums«.

September Anfang. Eingehende Beschäftigung mit den Tragödien des Euripides, besonders »Iphigenia in Aulis« und den »Phönizierinnen«; Beginn der Übersetzung (?).

September 5. Goethe trifft mit Frau Herder, Frau von Schardt und Fritz von Stein in Kochberg ein und wird von Charlotte von Lengefeld empfangen.

September 5. oder 6. Rückkehr von Charlotte von Lengefeld nach Rudolstadt, wo sie sich von Schiller das Märzheft des »Teutschen Merkur« mit den *Göttern Griechenlands* ausbittet.

September 7. Erste erneute Begegnung mit Goethe (vgl.

12. und 14. Dezember 1779) in Rudolstadt. – Die Gesellschaft speist mit Frau Herder, Frau von Stein und Fritz von Stein bei Beulwitz und bleibt dann im Lengefeldschen Garten zusammen, so daß eine tiefere Aussprache beider Dichter unmöglich ist. Goethe, der in Schiller nur den Sturm-und-Drang-Dichter sieht und sich unliebsam an die eigene Vergangenheit erinnert fühlt, pflegt weltmännisch feine und interessante Unterhaltung ohne den Wunsch zu näherer Beziehung oder Eingehen auf Schillers Lage, bemerkt jedoch die *Götter Griechenlands* im Merkurheft und nimmt es mit. Abends Rückkehr Goethes nach Kochberg.

September 8. Abreise der Frau von Lengefeld mit Charlotte nach Kochberg.

September 10. Schiller und Karoline von Beulwitz holen Frau von Lengefeld, Charlotte und Frau von Stein aus Kochberg ab.

September 11.–13. Die drei Lengefeldschen Damen mit Frau von Stein besuchen Knebel in Jena.

September 14. Schiller geht den zurückkehrenden Damen mit Beulwitz bis Uhlstedt entgegen.

September Mitte bis Ende. Erneute Krankheit: rheumatisches Fieber und Zahnschmerzen.

September 20. Schillers »Egmont«-Rezension erscheint in der Jenaer »Allgemeinen Literatur-Zeitung« Nr. 227.

September zwischen 21. und 26. Charlotte von Lengefeld wieder in Kochberg.

September 27. Mit Lengefelds nach Schwarzburg und Königssee, wo Beulwitz als Amtshauptmann Geschäfte hat. (Eintragung in das Fremdenbuch der Schwarzburg: »Auf diesen Höhen ...«, Echtheit fraglich.)

September 30. Höhepunkt der Krankheit: schlaflose Nacht und dauernder heftiger Zahnschmerz.

Oktober 1. Nachlassen des rheumatischen Fiebers, das sich in ein Zahngeschwür auflöst. Beschäftigung mit der Fortsetzung des *Geistersehers* und Euripides' »Iphigenia in

Aulis«. – Goethe lobt die »Egmont«-Rezension (an Herzog Karl August).

Oktober 3.   Erstmals nach der Krankheit wieder außer Haus und bei Lengefelds; dort vermutlich Bekanntschaft mit Karl von La Roche, Sohn der Sophie von La Roche.

Oktober 5.   Eintägiger Ausflug nach Volkstädt zur Ordnung der dortigen Papiere und Manuskripte. Übernachtung in Volkstädt.

Oktober 6.   Wieder in Rudolstadt.

Oktober 7.–9.   Frau von Stein bei Lengefelds.

Oktober 9.   Charlotte von Lengefeld reist mit Frau von Stein nach Kochberg.

Oktober 12. (?)   Übersendung der Restmanuskripte (Titelei, Druckfehlerverzeichnis) zur *Geschichte des Abfalls der Niederlande* an Crusius.

Oktober 14.   Körner schlägt Schiller die epische Behandlung Friedrichs II. von Preußen (*Frideriziade*) vor.

Oktober 16.   Bitte an Crusius um lateinisch-griechische Texte und Steinbrüchels deutsche Übersetzung des Sophokles und Euripides (bei der Übersetzung benutzt).

Oktober 17.   Rückkehr Charlottes von Lengefeld aus Kochberg.

Oktober vor 20.   Erscheinen von Schillers Gedicht *Die berühmte Frau* in Göschens »Pandora oder Kalender des Luxus und der Moden für das Jahr 1789«.

Oktober 20.   Erste Erwähnung des Gedichts *Die Künstler*.

Oktober 26.   Erhalt der am 16. Oktober bestellten Bücher.

Oktober Ende.   Erscheinen der Aufsätze *Jesuitenregierung in Paraguay* und *Herzog von Alba bei einem Frühstück auf dem Schlosse zu Rudolstadt im Jahr 1547* in Wielands »Teutschem Merkur«, Oktoberheft.

Oktober 29.   Erhalt der ersten fertigen Exemplare von: »*Geschichte des Abfalls der vereinigten Niederlande von der Spanischen Regierung*. Herausgegeben von Friedrich Schiller. Erster Band. Leipzig, bey Siegfried Lebrecht Crusius. 1788.« Einziger Band, 5 Bl. 387 S. 8°. – Damit

erstes und erfolgreichstes Auftreten als historischer Schriftsteller. – Gleichzeitig erscheint:
»Geschichte der merkwürdigsten Rebellionen und Verschwörungen aus den mittlern und neuern Zeiten. Bearbeitet von verschiedenen Verfassern, gesammelt und herausgegeben von Friedrich Schiller. Erster Band. Leipzig, bey Siegfried Lebrecht Crusius, 1788.« 3 Bl. 274 S. 8°. Einziger von Schiller betreuter Band, enthält von ihm nur die Einleitung »Nachricht«. Die enthaltenen ersten beiden Verschwörungen stammen von Huber, die dritte von Reinwald.

November 3. Erhalt eines Vorschusses von 100 Talern von Wieland.

November 9. Lengefelds das Gedicht *Die Künstler* vorgelesen.

November 10. Feier von Schillers Geburtstag bei Lengefelds. Als Geschenk Charlottes eine Vase erhalten.

November 12. Rückkehr nach Weimar in die alte Wohnung schweren Herzens; Eintreffen dort abends 17 Uhr; Goethe ist z. Z. in Jena. – Am gleichen Tag Abreise der Schwestern Lengefeld nach Erfurt zu Karoline von Dacheröden.

November 13. Wiederaufnahme der Euripides-Übersetzung und des *Geistersehers*. Besuch bei Frau von Kalb und Verhandlung mit Wieland wegen der Mitredaktion und geplanten Neugestaltung des »Teutschen Merkur«: Plan, den »Teutschen Merkur« ab 1790 mit Wieland und einem dritten bedeutenden Schriftsteller zusammen herauszugeben. Schiller soll jährlich für 24 Bogen seiner besten Arbeiten 100 Louisdor erhalten.

November Mitte. Rezension des Goldoni für die Jenaer »Allgemeine Literatur-Zeitung« an Hufeland gesandt. – Plan der »Sammlung historischer Memoiren« für 1789.

November um 18./20. Besuch bei Frau von Stein.

November 20. Weiterarbeit am *Geisterseher*.

November 21. Rückkehr Goethes nach Weimar.

November 22. Stille Feier von Charlottes Geburtstag. – Berliner Erstaufführung des *Don Carlos* mit Fleck und Unzelmann.

November 27. Besuch bei Frau von Kalb; dort Zusammentreffen mit Knebel.

November 27. bis Dezember 12. Wochenlang kein Ausgang, sondern fortgesetzte Arbeit an der Übersetzung von Euripides' »Phönizierinnen« und am *Geisterseher*, Abschluß der *Briefe über ›Don Carlos‹*.

Dezember 1. Erscheinen der *Briefe über ›Don Carlos‹* 5–12 in Wielands »Teutschem Merkur«, Dezemberheft.

Dezember 4. Plan einer Übersetzung von Aischylos »Agamemnon«. – Eintreffen von Karl Philipp Moritz als Gast Goethes in Weimar, der ihn öfters besucht.

Dezember Anfang. Lektüre von Montesquieus »Considérations sur la grandeur et décadence des Romains«.

Dezember um 8./9. Besuch von K. Ph. Moritz. – Voigt erkundigt sich nach Schillers Bereitschaft, eine Jenaer Professur für Geschichte zu übernehmen, und findet Zustimmung, da Schiller über diese unbesoldete Professur bald einen Ruf mit Versorgung zu erhalten hofft.

Dezember 9. Goethe bringt in einem Promemoria an das Geheime Konsilium im Einverständnis mit dem Weimarer und Gothaer Herzog Schiller für die Professur in Vorschlag.

Dezember 10. Erste Andeutung der bevorstehenden Heirat.

Dezember um 10. Besuch von Ludwig Schubart, der ihn bei der Euripides-Übersetzung antrifft, und im Anschluß an gemeinsame Erinnerungen Entstehung der Erzählung *Spiel des Schicksals*.

Dezember 11. Der Weimarer Hof schlägt den anderen Erhaltern der Universität Jena die Berufung Schillers vor, die ihre Zustimmung geben: Coburg am 23. Dezember, Gotha am 12. Januar, Meiningen am 13. Januar.

Dezember 12. Wiedersehen mit K. Ph. Moritz. – Euripides'

»Iphigenia in Aulis« fast ganz, von den »Phönizierinnen« zwei Akte fertig; den *Geisterseher* nach 12–15 Bogen liegengelassen.

Dezember 15. Dank der gemeinsamen Bemühungen Frau von Steins, Goethes und Voigts vorläufiges Reskript, wonach er sich zur Übernahme der durch Eichhorns Abgang erledigten a. o. Professur (nominell der Philosophie, da die Geschichte bereits besetzt ist) für Ostern 1789 bereit halten solle. »Man hat mich übertölpelt.« Zweifel an seinen Fähigkeiten. – Dankesbesuch bei Goethe, der auf Schillers Zweifel an seiner genügenden Vorbildung im Sinne des »docendo discitur« antwortet.

Dezember Mitte. Abschluß der Euripides-Übersetzungen.

Dezember 20. Huber fordert Schiller zum Verkehr mit Karl von Dalberg auf.

Dezember 21. Manuskript zum 6. Heft der »Thalia« bis auf den letzten Bogen (*Geisterseher*) an Göschen.

Dezember 22. Abends auf einem Souper.

Dezember Ende. Die Erzählung *Spiel des Schicksals* erscheint anonym in Wielands »Teutschem Merkur«, Januarheft, und wird von Körner sofort als Schiller zugehörig erkannt.

Weitere Werke des Jahres: Besprechung von Goethes »Iphigenie« entworfen.

1789

Januar. Eifriges Studium der Geschichte: Schmidt »Geschichte der Deutschen« und Pütter »Grundriß der deutschen Staatsverfassung«. Lektüre: K. Ph. Moritz »Über die bildende Nachahmung des Schönen«.

Januar 1. Besuch von Bertuch, der ihm für die Sammlung historischer Memoiren zum Honorar von 1 Carolin je Bogen einen Verleger besorgen will.

Januar 8. Reinschrift der »Iphigenie«-Rezension. – An

Göschen die Anmerkungen zur »Iphigenie«-Überset-
zung für das 6. Heft der »Thalia« übersandt. Plan einer
Buchausgabe des *Geistersehers*, den die »Thalia« nicht
vollständig bringen soll (eine erste Nachdruck-Buchaus-
gabe erschien bereits 1788).

Januar 12. Übersendung des Gedichts *Die Künstler* in der
ersten, nicht erhaltenen Fassung an Körner zur Kritik.

Januar um 12.–26. Zwei Wochen nur im Zimmer an der
Arbeit.

Januar 13. Erscheinen der Rezension *Goldoni über sich
selbst und die Geschichte seines Theaters* (1.–3. Teil) in der
Jenaer »Allgemeinen Literatur-Zeitung« Nr. 13 (vgl. Anfang Juli 1788).

Januar Mitte. Bertuch vermittelt den Jenaer Verleger
Johann Michael Mauke für die Sammlung historischer
Memoiren.

Januar Mitte bis Ende. Lektüre: Friedrichs II. »Histoire
de mon temps« und J. G. Jacobis »Phaedon und Naide«.
– Heftiger Wunsch nach Rückkehr zur dramatischen
Dichtung (*Malteser?*).

Januar 17. Ärger über die Formalitäten der Berufung, da
Erwerb des Magisterdiploms und Expeditionsgebühren
60 Taler kosten. – Übersendung von weiterem *Geisterseher*-Manuskript für das 6. Heft der »Thalia« an Göschen.

Januar 21. Offizielles Reskript des Weimarer Hofes über
Schillers Ernennung zum Professor.

Januar 22. Die bisher unbefriedigende Arbeit am *Geisterseher* gewinnt durch die Einschaltung eines philosophischen Gesprächs sein Interesse.

Januar 26. Nach zwei Wochen Stubenarbeit erstmals wie-
der Spaziergang (zum Belvedere). – Restmanuskript des
Geistersehers für das 6. Heft der »Thalia« an Göschen.
Charlotte von Lengefeld schlägt für Mai ein Treffen mit
Körner in Lauchstädt vor. Schiller bittet die Schwestern
um ihre Vorstellungen von der »schönen Griechin« im
Geisterseher.

Januar 30. Auf der Redoute, nach einem »romantischen Ideal« für die »schöne Griechin« im *Geisterseher* gesucht.

Januar. Erscheinen von Schillers Rezension über Goethes »Iphigenie« in der »Kritischen Übersicht der neusten schönen Literatur der Deutschen« II,2 (Leipzig, Göschen; Bruchstück, da die Zeitschrift mit diesem Heft einging).

Februar 1. Erstmals seit einem ¾ Jahr wieder im Theater (zu einer Oper).

Februar 1.–3. Völlige Umarbeitung des Gedichts *Die Künstler* unter Berücksichtigung von Körners Kritik.

Februar 9. Besuch Wielands. Seine Kritik des Gedichts *Die Künstler* regt Schiller in den folgenden Tagen zu einer nochmaligen völligen Umarbeitung, Ersetzung der Anfangsstrophe und Hinzudichtung weiterer Strophen an.

Februar 10. Besuch von Knebel, der Schiller sein Manuskript »Über das Schöne« zur Beurteilung zurückläßt.

Februar 12. Aufführung des *Fiesko* in Weimar durch die Bellomosche Truppe ohne Schillers Anwesenheit.

Februar Mitte. Übersendung der *Künstler* an Wieland.

Februar 17. Vertrag mit dem Jenaer Verleger Mauke über die Sammlung historischer Memoiren geschlossen. – Körner übersendet seine Teilübersetzung aus dem Gibbon, »Mahomet«, für den »Merkur«. Lektüre derselben.

Februar 18. Dresdener Erstaufführung des *Don Carlos* in Anwesenheit von Körners.

Februar um 23. Besuch von Knebel.

Februar 25. Weiterhin starkes Interesse an dramatischem Schaffen.

März Anfang. Wenig geselliger Verkehr (Bertuch, Voigt, Wieland, Frau von Kalb), fleißige Arbeit. – Erscheinen von: »Thalia. Herausgegeben von Schiller. Sechstes Heft. Leipzig, bei G. J. Göschen, 1789« 164 S. 8°; enthält von Schiller:

1. *Iphigenie in Aulis*, übersetzt aus dem Euripides (I. bis III. Akt);
2. *Der Geisterseher* (Fortsetzung).

März 8.   Von Göschen 100. Taler erhalten.

März 9.   Anzeige seiner Vorlesung nach Jena gesandt. – Bestellung historischer Werke (Gibbon, »Geschichte vom Niedergang und Sturz des Römischen Reiches«; Spittler, »Grundriß der Geschichte der christlichen Kirche«; Beck, »Allgemeine Weltgeschichte«; Millot, »Histoire générale«; Herder, »Ideen«) von Crusius.

März 10.   Auf Körners Vorschlag vom 14. Oktober 1788 Plan einer *Frideriziade* in Ottaverimen auf die Taten Friedrichs II. von Preußen, der ihm »manch heitre Stunde« ausfüllt.

März Mitte.   Erscheinen des Gedichts *Die Künstler* im Märzheft von Wielands »Teutschem Merkur«. – Förmliche Berufung nach Jena.

März 13. (?)   Auf dem Wege nach Jena eintägiger Besuch zu Pferd in Rudolstadt bei Lengefelds.

März 14.–16. (?)   In Jena mit Hilfe des Ehepaars Prof. Schütz auf Wohnungssuche. Einmietung in der Jenergasse 26 bei den Frl. Schramm (»Schrammei«), dort auch Mittagstisch. – Bekanntschaft mit Prof. K. F. von Seyffer.

März 16.   Rückkehr nach Weimar. An Göschen weiteres *Geisterseher*-Manuskript für die »Thalia« übersandt.

März Ende.   Studium der am 9. März bestellten historischen Werke.

März 29.   Den Rest des *Geistersehers* für das 7. »Thalia«-Heft an Göschen gesandt.

März 30.   Zur Tilgung der Beitschen Schuld in Leipzig Plan einer Herausgabe seiner prosaischen Schriften und Gedichte in 3 Bänden bei Crusius.

April Anfang bis 17.   Weiterarbeit am *Geisterseher* hindert an der Vorbereitung der Kollegs und der Herausgabe der Schriften.

April 8.   Ein Brief Charlotte von Lengefelds, die gerade Johannes von Müllers »Geschichten Schweizerischer Eidgenossenschaft« liest, berührt den später im *Wilhelm Tell* gestalteten Rütlischwur.

April 16.   Crusius akzeptiert den Plan einer Herausgabe seiner Schriften in 3 Bänden vom 30. März 1789, sieht jedoch eine Dreiteilung in prosaische, theatralische und poetische Werke vor.

April Mitte.   Lektüre von Jean de Joinvilles Memoiren und Knebels Prosaübersetzung des Properz.

April Mitte bis Ende.   Ein paar Tage Unwohlsein infolge einer Erkältung beim Spaziergang im »Stern«.

April 18.   Aufforderung an Reinwald zur Mitarbeit an der Sammlung historischer Memoiren.

April 19.   Übersendung des 1. Teils seiner *Kleineren prosaischen Schriften* und der 1. Hälfte des 2. Teils im Manuskript an Crusius.

April 23.   Kleine Gesellschaft zu Hause.

April 28.   Briefliche lateinische Bitte an den Dekan Succow der philosophischen Fakultät Jena um Erteilung der Doktorwürde. Datum des Doktordiploms.

April Ende.   Bekanntschaft mit Kapellmeister Johann Friedrich Reichardt aus Berlin, der bei Goethe wohnt und »Claudine von Villa Bella« komponiert.

April 29. (?)   Besuch von Gottfried August Bürger, mit dem Schiller einen poetischen Wettkampf in der Übersetzung des gleichen Stückes aus Vergils »Aeneis« in verschiedenen Metren vereinbart.

April 30.   Erhalt seines philosophischen Doktordiploms und Unterzeichnung des Magistereides. – An Körner 22 Carolin zur Tilgung der Beitschen Schuld übersandt.

Mai Anfang.   Plan zum ersten Band der »Sammlung historischer Memoiren«. – Neue Verhandlungen mit Wieland über den »Teutschen Merkur«, zu dem Schiller und Körner jährlich je 12 Bogen beisteuern sollen.

Mai 11.   Übersiedlung nach Jena zu den Schwestern Schramm (»Schrammei«) in die Jenergasse 26.

Mai 13.   Besuch beim Prorektor der Universität.

Mai Mitte (?).   Erscheinen von:

»Thalia. Herausgegeben von Schiller. Siebentes Heft.

Leipzig, bei G. J. Göschen, 1789.« 128 S. 8°, enthält von Schiller:

1. *Iphigenie in Aulis* (Akt IV–V der Übersetzung);
2. *Der Geisterseher* (Fortsetzung).

Mai um 20./21. Ausflug in Gesellschaft nach Rothenstein; abends zurück nach Jena. – Teilnahme an einem Ball, doch mehr mit Griesbach und Dekan Succow beim Spiel beschäftigt.

Mai 21. Ankündigung seiner ersten Vorlesung (der einzigen in diesem Semester), eines zweistündigen Publikums »Einleitung in die Universalgeschichte« (Introductio in historiam universalem), dienstags und mittwochs 18–19 Uhr.

Mai 26. Schillers Antrittsvorlesung in Jena über den Unterschied des Brotgelehrten und des philosophischen Kopfes (später *Was heißt und zu welchem Ende studiert man*

Alte Akademiegebäude in Jena.
Kupferstich von C. E. Buchta

Universalgeschichte) abends 18–19 Uhr. Da das gewählte Auditorium Reinholds mit 80 Sitzen nicht ausreicht und schon um 17.30 Uhr Treppe und Flur voll Zuhörer sind, Umzug durch die Johannisgasse in Griesbachs Auditorium, das größte Jenas (300–400 Plätze), der eine Massenbewegung und sogar Feueralarm verursacht. Schiller folgt mit Reinhold unter den Augen der ganzen Stadt. Großartige Huldigung der 500 Studenten für den Dichter; abends eine Nachtmusik und dreifaches Vivat.

Mai 27. Zweite Vorlesung, über die Idee der Universalgeschichte, wieder vor 480 Studenten.

Mai 28. Körners schon öfters wiederholten Vorschlag einer Heirat mit der reichen Beamtentochter Karoline Schmidt endgültig abgelehnt.

Mai 29. Versprechen an Göschen, den *Geisterseher* fortzusetzen.

Mai Ende. Bürgers Gedichte zur Rezension erhalten.

Juni 5. Körner kündigt seinen Besuch in Jena an.

Juni 6. Offizielle Installation (Amtseinführung) Schillers als Professor im Senat (im Senatsprotokoll wohl versehentlich auf 6. Mai datiert).

Juni 9. Dritte Vorlesung vor fast 500 Studenten.

Juni 12. Vierte Vorlesung, vom 10. Juni wegen Erkältung verlegt.

Juni um 18. Reise nach Rudolstadt zu den Schwestern Lengefeld.

Juni 21. Rückkehr nach Jena.

Juni 22. Große Gesellschaft mit 24 Personen bei Griesbachs; dort Bekanntschaft mit dem alten Kammerpräsidenten Karl Alexander von Kalb, dem Schwiegervater der Frau von Kalb.

Juni um 23./24. (?) Die Vorlesungen Schillers besprechen die 1790 schriftlich behandelten Themen *Etwas über die erste Menschengesellschaft nach dem Leitfaden der Mosaischen Urkunde* und *Die Sendung Moses*.

Juni 25. (?) – 26. Frau von Kalb in Jena.

Juni 26. Mit Frau von Kalb und Frau Griesbach bei Knebel im Schloß. Abreise der Frau von Kalb.

Juli 10. Abreise der Schwestern Lengefeld aus Rudolstadt zu ihrer Badereise nach Lauchstädt. Nachmittags Ankunft in Jena, wo sie in Griesbachs Gartenhaus übernachten. Schiller kann infolge einer Abhaltung erst spätabends kommen und hat wegen Anwesenheit Knebels und Goethes nicht viel von den Schwestern. Arge Enttäuschung.

Juli 11. Weiterreise der Schwestern Lengefeld nach Burgörner zu Karoline von Dacheröden. Schiller begleitet sie eine Wegstrecke.

Juli 24. Anmeldung seines Besuchs in Lauchstädt.

Juli 31. (?) Abreise aus Jena nach Lauchstädt.

August 2. Ankunft in Lauchstädt, zu Besuch bei den Schwestern Lengefeld. Bei einer erlösenden Aussprache macht Karoline von Beulwitz ihm auf seine Anfrage hin Aussichten auf Charlottes Hand. Eine mündliche Erklärung gegenüber Charlotte erfolgt jedoch noch nicht, da vor deren entscheidender Antwort noch ein Briefwechsel mit der Mutter erwartet wird.

August 3. Abreise Schillers nach Leipzig (Wohnung im Kaffeehaus Joachimsthal, Hainstraße). Von hier aus (oder noch von Lauchstädt bzw. einer Zwischenstation aus?) schriftliche Erklärung an Charlotte. Zusammentreffen mit Körner, dem allein er sein Glück erzählt.

August 5. Charlotte gibt von Lauchstädt aus schriftlich ihr Jawort.

August 7. Ankunft der Schwestern Lengefeld in Leipzig und erstes Wiedersehen der Neuverlobten. Spaziergang ins Rosenthal und Bekanntschaft der Lengefelds mit Körners, mit denen jedoch keine so schnelle Befreundung erfolgt. Entschluß, die Verlobung bis zur Sicherung der Existenz auch vor der Schwiegermutter geheimzuhalten.

August 8. Rückkehr Schillers mit den Schwestern Lengefeld nach Lauchstädt ohne Körners. Pläne zur Sicherung der Existenz und Honorarerwartungen vom Weimarer Herzog.

August 10. Rückkehr Schillers nach Jena; unterwegs schließen sich Körners ihm an.

August 10.–19. Körners wohnen bei Schiller in der »Schrammei«. Schiller hält währenddessen seine Vorlesung über die Gesetzgebung des Lykurgus und Solon. Dieser Tage Besuch mit Körner in Weimar bei Voigt, mit dem Körner seinen Wunsch, in Weimarer Dienste zu treten, bespricht, bei Herder und wohl auch bei Goethe. Rückkehr nach Jena. Die einwöchige Zusammenkunft führt nicht zu der von Körner erwarteten stärkeren Annäherung.

August 19. Abreise Körners aus Jena. – Mitteilung seiner Verlobung, ohne Nennung Charlottes, an die Schwester Christophine.

August 20. Eintreffen der Schwestern Lengefeld aus Lauchstädt in Jena, Quartier in Griesbachs Gartenhaus.

August 21. Früh Heimreise der Schwestern Lengefeld nach Rudolstadt.

August 30. Besuch von Bertuch.

September 1. Anmeldung seines Ferienbesuchs bei Lengefelds und beim Kantor Unbehaun in Volkstädt.

September Anfang. Arbeit an der Übersetzung aus den Memoiren der Anna Komnena (?; z. T. dem Studenten Berling übertragen).

September 6. Abends bei Griesbachs.

September 11. Nachmittags bei Schütz.

September 12. Abends bei Griesbachs.

September 15. Abschluß der Vorlesungen.

September Mitte. Ablieferung der Manuskripte zum 1. Band der »Sammlung historischer Memoiren« an den Verleger Mauke, noch ohne die *Universalhistorische Übersicht*.

September 17. Goethe und Knebel in Jena.

September 18. Früh Abreise aus Jena und nachmittags

Ankunft in Rudolstadt und Volkstädt, zu einem ein-
monatigen Ferienaufenthalt. – Arbeit dort an der Fortsetzung des *Geistersehers* für die »Thalia«, an der *Universalhistorischen Übersicht* für den 1. Band der »Sammlung
historischer Memoiren«, Lektüre historischer Werke
(Gibbon und Livius) sowie der »Voyage du jeune Ana-
charsis« von Jean Jacques Barthélémy. Nachmittags häufig bei den Schwestern Lengefeld: Pläne des künftigen
Lebens und der finanziellen Existenzsicherung. Schwieri-
ges Verhältnis zu Frau von Lengefeld durch die Geheim-
haltung des Verlöbnisses.

September um 18.–25. Eine Woche lang Zahnweh.

September/Oktober. Charlotte von Kalb berichtet Schiller, sie glaube, mit Herders Hilfe eine Lösung ihrer Ehe
zu erreichen, und äußert wohl auch die Hoffnung, sich
dann mit Schiller verbinden zu können. – Krisen im Verhältnis zu den beiden Schwestern Charlotte und Karoline
durch die gleich starke Neigung zu beiden.

Oktober 13. Göschen das Fragment aus dem 2. Teil des
Geistersehers für das 8. Heft der »Thalia« übersandt.

Oktober Mitte. Arbeit an der *Universalhistorischen Über-
sicht der vornehmsten an den Kreuzzügen teilnehmenden
Nationen* für den 1. Band der »Sammlung historischer
Memoiren«.

Oktober 22. Rückkehr nach Jena; Eintreffen dort abends
22 Uhr, von Griesbachs freundlich empfangen.

Oktober 23. Ablehnung eines Antrags, als Professor für
philosophische und schöne Wissenschaften an ein in
Frankfurt a. M. zu gründendes Lyzeum zu kommen.

Oktober 25. Datum des »Vorberichts« zum 1. Band der
»Allgemeinen Sammlung historischer Memoiren«.

Oktober 26. Beginn der Kollegs. Schiller liest fünfstündig
und privatim »Universalgeschichte von der fränkischen
Monarchie bis Friedrich II.« (montags bis freitags 17 bis
18 Uhr), vor nur 30 Hörern, da die Ankündigung 14 Tage
zu spät erschien und die Kollegstunden ungünstig liegen)

und einstündig publice »Geschichte der Römer« (don-
nerstags 16–17 Uhr, hat also praktisch jeden Tag ein Kolleg auszuarbeiten. – Abends drei Stunden bei Griesbach.

Oktober 28. Erhalt der von Christophine gemalten und
für ihn kopierten Bilder der Eltern und Geschwister.

Oktober um 28. Die Jenaer Antrittsvorlesung *Was heißt
und zu welchem Ende studiert man Universalgeschichte?*
erscheint umgearbeitet im Novemberheft von Wielands
»Teutschem Merkur«.

Oktober 29. (?) Besuch von Wieland und Reinhold; Annäherung an diesen.

Oktober 30. Besuch des Schriftstellers und Geschichtspro-
fessors J. Chr. F. Schulz, der von der Revolution in Paris
erzählt, und von G. M. Kraus.

Oktober Ende / November Anfang. Erscheinen von:
»Thalia. Herausgegeben von Schiller. Achtes Heft. Leipzig, bei G. J. Göschen, 1789.« 108 S. 8°, enthält von Schiller:

1. *Die Phönizierinnen*, aus dem Euripides übersetzt
   (Fragment);
2. *Des Grafen Lamoral von Egmont Leben und Tod*;
3. *Der Abschied*. Ein Fragment aus dem zweiten Bande
   des *Geistersehers*.

November Anfang. Abschluß der Arbeit an der *Universalhistorischen Übersicht der vornehmsten an den Kreuzzügen teilnehmenden Nationen.*

November 3. und 4. Wegen Arbeitsüberlastung zwei Kollegs abgesagt.

November 5. Erscheinen der Buchausgabe:
»*Der Geisterseher.* Eine Geschichte aus den Memoires
des Grafen von O**, von Friedrich Schiller. Leipzig bey
Georg Joachim Göschen 1789.« 1 Bl. 338 S. 8°, gedruckt
bei Chr. Fr. Solbrig in Leipzig, mit Titelkupfer von Mal-
vieux nach West. Erste rechtmäßige Buchausgabe.
Zugleich Erscheinen der ersten französischen Übersetz-
zung des *Geistersehers* von Bock. – Besuch bei Griesbachs.

November Anfang. Briefliche Bitte an den Koadjutor Karl
von Dalberg, Bruder des Intendanten Dalberg und künftigen Erzbischof von Mainz, um eine Anstellung an der
dortigen Universität – Erscheinen einer Sonderausgabe
der Antrittsrede:
 »*Was heißt und zu welchem Ende studiert man Universalgeschichte?* Eine Akademische Antrittsrede bey Eröffnung seiner Vorlesungen gehalten von Friedrich Schiller,
Professor der Geschichte in Jena. Jena, in der Akademischen Buchhandlung. 1789.« 32 S. 8°.

November 9. (?) Der Jenaer Nominalprofessor für Geschichte, Chr. G. Heinrich, fühlt sich verletzt, da sich
Schiller auf der Antrittsvorlesung Professor der Geschichte (statt Professor der Philosophie) nennt, und der
Fakultätsdiener reißt den Titel der Antrittsvorlesung in
einer Buchhandlung herunter. Griesbach weist Schiller
auf den Fehlgriff hin.

November 10. Am Geburtstag Einnahme seines ersten
Kolleggeldes und Erhalt von Prof. Nasts Vorschlag (vom
6. April!), zusammen mit ihm eine deutsche Ausgabe der
griechischen Tragiker zu besorgen.

November 11. Aufforderung Karl von Dalbergs, seinen
Wunsch um Anstellung (von Anfang November) dem
Kurfürsten von Mainz selbst vorzutragen, da er ihn nicht
erfüllen könne.

November 15. Brief an die Schwestern Lengefeld, der
Charlotte ihre Zweifel über seine Neigung zu ihr (statt
Karoline) nimmt.

November Mitte. Charlotte erzählt Frau von Stein unter
dem Siegel der Verschwiegenheit von ihrer Verlobung
mit Schiller. – Lektüre von Ludwig Schubarts Übersetzung von Thomsons »Jahreszeiten«. – Fortstreben von
Jena, um seine Verbindung mit Charlotte zu beschleu-
nigen.

November 26. Vorschlag Karolines, Schiller solle die Jenaer Stellung, die ihm nur Arbeit, aber keine Einnahmen

bringe, aufgeben und als freier Schriftsteller nach Rudolstadt ziehen.

November Ende / Dezember Anfang. Erscheinen von: »Allgemeine Sammlung Historischer Memoires vom zwölften Jahrhundert bis auf die neuesten Zeiten durch mehrere Verfasser übersetzt, mit den nöthigen Anmerkungen versehen, und jedesmal mit einer universalhistorischen Uebersicht begleitet herausgegeben von Friedrich Schiller Professor der Philosophie in Jena. Erste Abtheilung. Erster Band. Jena, bey Johann Michael Mauke, 1790« LXII S. 1 Bl. 286 S. 8° und Titelkupfer von H. Lips; enthält von Schiller:

1. Vorbericht (datiert 25. Oktober 1789);
2. *Universalhistorische Übersicht der vornehmsten an den Kreuzzügen teilnehmenden Nationen, ihrer Staatsverfassung, Religionsbegriffe, Sitten, Beschäftigungen, Meinungen und Gebräuche*;
3. Denkwürdigkeiten aus dem Leben des griechischen Kaisers Alexius Komnenes, beschrieben durch seine Tochter Anna Komnena (nur z. T. von Schiller, meist vom Studenten Berling übersetzt).

Dezember 2. Vierstündiger Besuch der Schwestern Lengefeld in Jena auf der Durchreise zum Winteraufenthalt in Weimar, wohin sie Schiller eine Strecke zu Pferd begleitet.

Dezember 4. In großer Gesellschaft mit allen Professoren, Knebel und Goethe beim Herzog Karl August in Jena. Dort persönliche Bekanntschaft mit dem Koadjutor Karl von Dalberg, ohne daß die Gesellschaft nähere Fühlungnahme gestattete.

Dezember 6. Lektüre von Charlottes Tagebuch der Schweizer Reise.

Dezember 12. Früh Ritt nach Weimar zu Besuch bei den Schwestern Lengefeld. Übernachtung im »Elefanten«. Besprechung der Zukunfts- und Heiratspläne: Entschluß, wenn ihm der Herzog 200 Taler Gehalt verweigere, zu Ostern seine Professur niederzulegen und als freier

Schriftsteller nach Rudolstadt zu ziehen (vgl. 26. November), oder sich nur beurlauben zu lassen, vorgeblich um den *Abfall der Niederlande* zu beenden, und nachher nicht zurückzukehren. – Beim Umzug nach Rudolstadt glaubt er, leichter die Zustimmung der Frau von Lengefeld zu erhalten.

Dezember 13. Früh zurück nach Jena geritten.

Dezember 14. Abends bei Griesbach.

Dezember 15. Charlotte und Karoline enthüllen von Erfurt aus ihrer Mutter die Verlobung mit Schiller.

Dezember Mitte. Anzeige seiner Verlobung an die Eltern.

Dezember 16. Bitte an den Erbprinzen von Coburg um Verleihung des Hofratstitels.

Dezember 18. Briefliche Werbung um Charlotte bei Frau von Lengefeld.

Dezember um 18./19. Herzog Karl August befragt Frau von Stein über Schillers Verhältnis zu Charlotte; sie entdeckt die geheime Verlobung und läßt ein paar Worte über die nötige Besoldung fallen, der der Herzog nicht abgeneigt scheint.

Dezember 19. Rückkehr der Schwestern Lengefeld von Erfurt nach Weimar. Schiller trifft mit Prof. Paulus und dessen Frau ebenfalls gegen 16 Uhr in Weimar ein, erfährt das Gespräch des Herzogs mit Frau von Stein und die günstige Aufnahme seiner Verlobung bei Frau von Lengefeld.

Dezember 20. Nachts Rückkehr nach Jena, Eintreffen dort gegen 3 Uhr morgens. – Frau von Kalb stellt Charlotte bei einer Hofgesellschaft heftig zur Rede, weil Schiller sie am 19. nicht besucht hat.

Dezember 22. Erhalt der Zusage der Frau von Lengefeld vom 21. Dezember. – Bitte an den Herzog von Meiningen um Erteilung eines »anständigen Ranges«, da Charlotte ihm zuliebe den Adel opfere.

Dezember vor 24. Göschen bietet Schiller 400 Taler für einen Beitrag zu seinem »Historischen Kalender für Da-

men« und schlägt als Thema die *Geschichte des Dreißigjährigen Krieges* vor.

Dezember 23. Bitte an den Herzog Karl August von Weimar um Gewährung eines festen Gehalts.

Dezember 24. Wohl nachmittags Reise nach Weimar, wo
er den Christabend und die Weihnachtstage mit den
Schwestern Lengefeld, Wilhelm von Humboldt (erste Bekanntschaft mit diesem!) und Karl von La Roche ver-
bringt. – Entschluß, zur Beruhigung der Eltern und der
Schwiegermutter mit oder ohne Gehalt in Jena zu bleiben, bis er einen Ruf nach Berlin oder Mainz erhält, und
von den schriftstellerischen Einnahmen, insbesondere der
Memoirensammlung, zu leben.

Dezember 26./27. Rückkehr nach Jena.

Dezember 28.–29. Besuch Wilhelm von Humboldts bei
Schiller in Jena.

Dezember 31. (?) Wieder nach Weimar zu Lengefelds.
Abends im Theater zu Kotzebues »Menschenhaß und
Reue« mit Lengefelds, Wilhelm von Humboldt, Karoline
von Dacheröden und Karl von La Roche.

1790

Januar 1. Der Herzog Karl August erfährt von Schillers Anwesenheit in Weimar, läßt ihn rufen und gewährt
ihm ein jährliches Gehalt von 200 Talern – mehr sei
ihm leider nicht möglich – das Schiller dankend an-
nimmt.

Januar 2. Mit Charlotte bei Frau von Stein zu Mittag. Der
Herzog kommt dazu und scherzt, er gebe doch das Beste
zur Ehe: das Geld. – Datum des Meininger Hofratsdiploms (vgl. 13. Januar). – W. v. Humboldt überzeugt
Schiller, daß nunmehr kein Grund bestehe, die Hochzeit
bis nach Ostern zu verzögern. – Abends Rückreise Schillers nach Jena.

Januar Anfang. Heftiger Schnupfen. Vorverlegung der Hochzeit erwünscht.

Januar 5. Besprechung mit dem Verleger Mauke, der 51 Taler für den 2. Band der »Sammlung historischer Memoiren« vorschießt. Schillers Vorschlag einer Veröffentlichung seiner Vorlesungen.

Januar 6. Göschen den *Dreißigjährigen Krieg* für Anfang August versprochen; Beginn der Quellenstudien. – Bitte um die Memoiren von Sully und d'Aubigné.

Januar 9. Bitte an Frau von Lengefeld um ihre Zustimmung zur Vorverlegung der Hochzeit.

Januar 11. Frau von Lengefeld stimmt der Vorverlegung zu und stellt Charlotte einen jährlichen Zuschuß von 150 Talern in Aussicht.

Januar 13. Erhalt des Hofratsdiploms vom Meininger Hof, datiert vom 2. Januar.

Januar Mitte. Erscheinen des 9. Heftes der »Thalia«, das von Huber redigiert wird und keinen Beitrag Schillers enthält.

Januar 16. Kurzer Besuch in Weimar bei den Schwestern Lengefeld; Eintreffen dort nachmittags. Vorzeigen des Hofratsdiploms und Besprechung von Einrichtungs- und Wirtschaftsfragen.

Januar 17. Abends Rückkehr nach Jena.

Januar 18. Vorschlag an Karoline von Beulwitz, vorerst in einer Wohnung mit ihnen zusammen zu leben.

Januar Ende. Lektüre von Goethes »Tasso«.

Januar 29. Abends gegen 18 Uhr nach der Vorlesung Abreise von Jena mit dem Ehepaar Paulus; Ankunft in Weimar gegen 22 Uhr; mit den Schwestern Lengefeld auf die Redoute.

Januar 30. Abends mit dem Ehepaar Paulus zurück nach Jena.

Januar 31. Bei Frl. von Seegner in Jena eine Wohnung für die Schwiegermutter und Karoline von Beulwitz gemietet. Abends in eine »Privatkomödie« von Studenten eingeladen.

Februar 1. Offene briefliche Aussprache mit Körners über die Heirat beseitigt die inneren Hemmungen und gegenseitigen Mißverständnisse. – Das Ablesen der Kollegs nach schriftlichen Vorarbeiten zugunsten des freien Stegreifsprechens aufgegeben. – Bei Griesbachs.

Februar 2. Wegen starken Katarrhs das Kolleg abgesagt. – Verdacht, daß die Korrespondenz mit Charlotte geöffnet würde (von Frau von Kalb?).

Februar 4. Bitte an den Vater um Übersendung seiner erhaltenen Frühwerke, Gelegenheitsgedichte, Dissertationen und Reden als Materialien zur »Geschichte seines Geistes« (wohl kaum einer geplanten Selbstbiographie).

Februar Anfang. Verhandlungen mit dem Jenaer Superintendenten Oemler wegen des Aufgebots und der Trauung.

Februar 6. Frau von Lengefeld eine Trauung in Wenigenjena vorgeschlagen. – Aufführung von *Kabale und Liebe* durch die Bellomosche Truppe in Weimar mit Sophie Ackermann als Lady Milford in Anwesenheit der Schwestern Lengefeld.

Februar 8. Frau von Kalb brieflich seine Liebe zu Charlotte bekannt.

Februar 9. Nachmittags Besuch des Dichters J. Gaudenz von Salis-Seewis mit Empfehlungsschreiben Wilhelm von Wolzogens aus Paris. Abends erneutes Zusammentreffen mit ihm auf einem Essen beim Hofrat Schütz mit Prof. Reinhold u. a., doch keine gegenseitige Annäherung.

Februar 10. In Weimar Zusammentreffen Charlottes in Gesellschaft mit Frau von Kalb, die sich auf die Nachricht von Schillers Verlobung gebärdet »wie ein rasender Mensch, bei dem der Paroxysmus vorüber ist«.

Februar um Mitte. Überarbeitung einer der bisher vorliegenden drei Szenen des *Menschenfeindes* und wohl auch Fortsetzung desselben. – Erkältung und Husten.

Februar 13. Abreise der Schwestern Lengefeld aus Weimar nach Erfurt zu Karoline von Dacheröden.

Februar 14. Feierliches Aufgebot in der Jenaer Hauptkirche.

Februar 18. Abends gegen 17 Uhr nach der ersten Vorlesung (die zweite hat er ausfallen lassen) Abreise nach
Weimar, dort vermutlich Rückgabe der Briefe der Frau
von Kalb, und von dort weiter nach Erfurt zu dreitägigem Aufenthalt. Verkehr mit den Schwestern Lengefeld,
Dacherödens und Karl von Dalberg; dessen Unterstützungspläne für Schiller, wenn er Kurfürst von Mainz
würde (was erst 1802 geschah).

Februar 21. Abends Ankunft in Jena mit den Schwestern
Lengefeld, die bei Frl. von Seegner absteigen.

Februar 22. Hochzeitstag. Früh mit Charlotte und Karoline nach Kahla, wo die Schwiegermutter gegen 10–11
Uhr abgeholt wird; von dort gegen 14 Uhr direkt nach
Wenigenjena (Eintreffen gegen 17 Uhr), wo gegen
17.30 in aller Stille und nur unter Anwesenheit der
Schwiegermutter und Schwägerin die Trauung durch den
kantischen Theologen Adjunkt K. Chr. L. Schmidt vollzogen wird, so daß alle geplanten Überraschungsanschläge durch Studenten und Professoren hintertrieben
werden. Anschließend Rückkehr nach Jena, den Abend
bei Tee und Gesprächen zugebracht. – Frau von Lengefeld schenkt dem Ehepaar eine eigene Einrichtung, doch
wird noch kein eigener Haushalt gegründet, sondern nur
ein paar Zimmer hinzugemietet und der Mittagstisch
weiterhin bei den Frl. Schramm eingenommen. Lotte hält
eine Jungfer, Schiller einen Bediensteten. – Die Schwiegermutter bleibt noch 8 Tage, Karoline noch rd. 5 Wochen in Jena bei Frl. von Seegner. Sonst zurückgezogenes
Leben, näherer Verkehr in Jena fast nur mit Prof. Paulus.

Februar 23. Besuch der Frau von Stein, Frau von Imhoff
und Knebels bei Schillers.

März 1. (?) Abreise der Frau von Lengefeld aus Jena.

März 9. Körner empfiehlt Herrn von Funck als Mitarbeiter an den Memoiren.

Friedrich Schiller.
Pastellbild von Dora Stock nach dem Ölgemälde
von Anton Graff

März 14. Bitte an Göschen um Goethes »Tasso« und Heines Tasso-Übersetzung.

März um 22. Abreise der Karoline von Beulwitz aus Jena nach Erfurt zu Karoline von Dacheröden.

März 26. Klage an Körner wegen Mangels an einer angenehmen, befriedigenden Geistesarbeit, Wunsch nach poetischem Schaffen, Plan der *Frideriziade* und Übersetzung aus der »Aeneis«, doch lassen Kollegs, »Thalia« und Memoirensammlung dazu keine Zeit.

März 28. Rückkehr Karolines aus Erfurt. – Stammbucheintragung für den livländischen Theologen und Maler Karl Graß (»Die Kunst lehrt die geadelte Natur ...«, wohl z. T. unterdrückte Verse aus der 1. Fassung der *Künstler*).

April 2. (?) Schluß des Kollegs.

April 4. Abreise nach Rudolstadt auf 4 Wochen Ferien über Ostern.

April 7. Karl von Dalberg sendet als Hochzeitsgeschenk ein selbstgemaltes allegorisches Gemälde.

April 15. Wunsch, den »Faust« von Goethe möglichst noch vor dem Erscheinen in den Bogen zu lesen (an Göschen).

April vor 27. Rückkehr mit Lotte nach Jena; Karoline bleibt auf Wunsch der Mutter in Rudolstadt.

April 27.–28. Frau von Stein zu Besuch bei Schillers in Jena.

Mai 10. (?) Beginn der Vorlesung (privatim) über »Universalgeschichte bis zur Gründung der fränkischen Monarchie« in Griesbachs Auditorium, fünfstündig, 17–18 Uhr.

Mai 14. Beginn der Vorlesung (Publikum) über die »Theorie der Tragödie« ohne Buchvorlage, nach eigenen Reminiszenzen und Erfahrungen sowie tragischen Mustern in Griesbachs Auditorium, freitags 18–19 Uhr. Lotte hört vom Nebenzimmer aus zu. – Aus dieser Vorlesung, die ihn auch zur Beschäftigung mit Aristoteles' Poetik anregt, gehen in diesem Sommer die später überarbeiteten Aufsätze *Über den Grund des Vergnügens an tragischen Gegenständen* und *Über die tragische Kunst* hervor.

Mai 15. Mit Lotte in Weimar, Besuch bei Herder und Rückkehr nach Jena.

Mai Mitte. Beginn der schriftlichen Ausarbeitung der *Geschichte des Dreißigjährigen Krieges*.

Mai 16. »Es kleidet sich wieder um mich herum in dichterischen Gestalten, und oft regt sich wieder in meiner Brust.«

Mai 2. Hälfte. Besuch von Karl Wilhelm Ferdinand von Funck mit einer Empfehlung Körners. Gespräche über Goethes »Faust«.

Mai 25. bis Ende. Frau von Stein zu Besuch in Jena, Wohnung bei Frl. von Seegner.

Mai 28. (?) Besuch von Mauke.

Mai Ende. Lektüre von Goethes »Faust. Ein Fragment«.

Mai 31. Erste Manuskriptsendung (2 Bogen) der *Geschichte des Dreißigjährigen Krieges* an Göschen.

Juni. Täglich 14 Stunden Arbeit (Lesen und Schreiben) für die *Geschichte des Dreißigjährigen Krieges*, daneben wöchentlich 1 Tag für die »Theorie der Tragödie«.

Juni 18. Urteil über das Drama »Demetrius« der Jenaer Studenten Karl Georg Curtius und Karl Rechlin (Juli 1792 mit Widmung an Schiller erschienen).

Juni 26. Abends Zusammentreffen von Schiller, Lotte, Reinwald und der Schwester Christophine beim Koadjutor von Dalberg in Erfurt.

Juni 27. (?) Rückkehr nach Jena.

Juni 29. Körner schlägt Schiller die Abfassung eines Lustspiels vor.

Juli 12. Göschen hat bereits 6–7 Bogen Manuskript zur *Geschichte des Dreißigjährigen Krieges*.

Juli 26. Lotte reist nach Rudolstadt zum Geburtstag ihrer Mutter (27. Juli); erste Trennung des jungen Paares. – Vorschlag an Göschen, angesichts der Unmöglichkeit, die *Geschichte des Dreißigjährigen Krieges* auf 20–22 Bogen interessant darzustellen, in diesem Kalender nur die Zeit bis zu Gustav Adolfs Tod zu behandeln und die Darstellung im Erfolgsfall im nächsten Kalender fortzusetzen.

Juli 27. Besuch von Bertuch. Spaziergang. Zahnschmerzen.

Juli 28. Gesundheitliche Besserung. Abends im Klub bei Justizrat Hufeland.

Juli 29. Abends bei Paulus.

August. Weiterhin angestrengte Arbeit am Abschluß der *Geschichte des Dreißigjährigen Krieges*.

August 2. Rückkehr Lottes aus Rudolstadt.

August Anfang. Arge Zahnschmerzen.

August 5. Besuch von Reinhold, der Jens Baggesen und dessen junge Frau Sophie (Enkelin Albrecht von Hallers) bei Schillers einführt.

August 9. Stammbuchverse für Jens Baggesen (»In frischem Duft ...«, vermutlich unterdrückte Verse aus der 1. Fassung der *Künstler*).

August Ende / September Anfang. Erscheinen von: »Allgemeine Sammlung Historischer Memoires ... Erste Abtheilung. Zweyter Band. Jena, bey Johann Michael Mauke, 1790.« 8 Bl. 416 S. 8° mit Kupferstich von H. Lips, enthält von Schiller nur die kurze Vorrede *Nachricht*; die Übersetzungen (Schluß der Anna Komnena und Otto von Freising) wohl vom Studenten Berling und Reinwald.

September 3. Eine anonyme Rezension des *Geistersehers* in der Jenaer »Allgemeinen Literatur-Zeitung« Nr. 260 regt in Schiller die Lust zu seiner Fortsetzung, die jedoch aus Zeitmangel unterbleibt.

September 11. Abschluß des ersten Teils (Buch 1–2) der *Geschichte des Dreißigjährigen Krieges* mit der Schlacht von Breitenfeld, da der Raum erschöpft ist; Fortsetzung im nächsten Jahr.

September Anfang. Erscheinen von: »Thalia. Herausgegeben von Schiller. Zehntes Heft. Leipzig, bei G. J. Göschen, 1790.« 160 S. 8°, enthält von Schiller nur *Die Sendung Moses*.

September 12. Übersendung einer (nicht erhaltenen) Landschaftszeichnung Schillers an Körner.

September um 18. Eintreffen Karolines in Jena zu Besuch bei Schillers.

September 22. Stammbucheintragung für Johannes Groß.

September 24. (?) Schluß der Vorlesungen.

September 26. Datum der *Vorerinnerung* (vgl. Oktober Ende).

Oktober Anfang oder Mitte. Erscheinen von:
»*Historischer Calender für Damen für das Jahr 1791* von Friedrich Schiller Leipzig bey G. J. Göschen.« 35 Bl. 388 S. 16°, mit 16 Kupfern, gedruckt bei Chr. Fr. Solbrig in Leipzig in 7000 Exemplaren. Enthält: *Geschichte des Dreißigjährigen Kriegs* (1. Teil, 1.–2. Buch).

Oktober 3. Lotte und Karoline reisen nach Rudolstadt in die Herbstferien. Schiller bleibt über der Arbeit an der »Thalia« und der Memoirensammlung noch 8 Tage in Jena zurück. Abends Spaziergang.

Oktober 5. Aufgabe des für den 3. Band der »Sammlung historischer Memoiren« geplanten geschichtsphilosophischen Gesprächs zugunsten einer einfachen universalhistorischen Übersicht.

Oktober 7. Nachmittags bei Prof. Paulus.

Oktober 8. Abendessen bei Prof. Paulus.

Oktober 9. Schluß des Manuskriptes für den 3. Band der »Sammlung historischer Memoiren« (*Universalhistorische Übersicht der merkwürdigsten Staatsbegebenheiten zu den Zeiten Kaiser Friedrichs I.* und Anmerkungen) an Mauke übersandt.

Oktober 11. Abreise nach Rudolstadt in die Ferien; Eintreffen dort abends.

Oktober 11.–23. »Zwölf Tage brachte ich in Rudolstadt mit Essen, Trinken, Schachspielen oder Blindekuhspielen zu.«

Oktober 23. Rückkehr mit Lotte aus Rudolstadt nach Jena. – Der junge Novalis (Friedrich von Hardenberg) immatrikuliert sich in Jena und lernt bald darauf Schiller kennen.

Oktober Ende. Beginn der Vorlesungen: »Europäische Staatengeschichte« (privatim) fünfstündig 14–15 Uhr, »Universalgeschichte der mittleren und neueren Zeit« (privatim) fünfstündig 17–18 Uhr (nicht gelesen), »Geschichte der Kreuzzüge« (publice) freitags 16–17 Uhr (aus dieser letzten Vorlesung schöpft Novalis seine Auffassung des Mittelalters!). – Erscheinen von:

»Allgemeine Sammlung Historischer Memoires ... Erste Abtheilung. Dritter Band. Jena, bey Johann Michael Mauke, 1790.« LXIV, 318 S. 8° mit Kupfer von H. Lips, enthält von Schiller:

1. *Vorerinnerung* (datiert vom 26. September 1790);
2. *Universalhistorische Übersicht der merkwürdigsten Staatsbegebenheiten zu den Zeiten Kaiser Friedrichs I.*

In G. A. Bürgers »Akademie der schönen Redekünste«, 2. Stück, erscheint A. W. Schlegels Rezension »Über die Künstler, ein Gedicht von Schiller«.

Oktober 27. Erhalt der ersten vollständigen *Historischen Kalender* von Göschen.

Oktober 29. Herzog Karl August schreibt Schiller »sehr viel Verbindliches« über den *Historischen Kalender.*

Oktober 31. Erster Besuch Goethes in Schillers Wohnung in Jena. Gespräch über Körner, den Goethe besucht hat, und über die Philosophie Kants.

November 26. Der Gedanke an einen Abschluß des *Menschenfeindes* ist aufgegeben. »Ehe ich der griechischen Tragödie durchaus mächtig bin und meine dunklen Ahnungen von Regel und Kunst in klare Begriffe verwandelt habe, lasse ich mich auf keine dramatische Ausarbeitung ein.« Vorstellung, der »erste Geschichtsschreiber in Deutschland« werden zu können, und erste Erwähnung des seit 1½ Jahren gehegten Planes eines »Deutschen Plutarch« (nicht ausgeführt).

November Ende. Erscheinen von:

»Thalia. Herausgegeben von Schiller. Eilftes Heft. Leipzig, bei G. J. Göschen, 1790.« 144 S. 8°, enthält von Schiller:

1. *Etwas über die erste Menschengesellschaft nach dem Leitfaden der Mosaischen Urkunde;*
2. *Die Gesetzgebung des Lykurgus und Solon* (später von Nast z. T. wörtlich benutzt);
3. *Der versöhnte Menschenfeind* (Fragment);
4. *Erklärung des Herausgebers.*

Dezember 10. Briefliche Verhandlungen mit Huber wegen Übernahme einer erledigten philosophischen Professur in Mainz, zu der er sich jedoch nur gegen ein fixes Gehalt von 1000–1200 Talern entschließen könnte. (Die Sache zerschlägt sich.)

Dezember Mitte. Abschluß der Kritik *Über Bürgers Gedichte.*

Dezember 17. Bitte an Körner, ihm und seiner Frau zu Weihnachten das Ölporträt von Graff zu vermitteln. (Graff gibt das unvollendete Bild jedoch nicht ab.)

Dezember Ende. Bereits über 7000 Exemplare des *Historischen Kalenders* verkauft; Nachdruck von rd. 3000 Exemplaren.

Dezember 31. Abreise mit Lotte nach Erfurt zu einem Besuch beim Koadjutor Karl von Dalberg und Karoline von Dacheröden, wo Karoline von Beulwitz sich seit 20. Dezember ebenfalls aufhält. Mittags in Weimar von Frau von Stein zum Essen eingeladen, abends Ankunft in Erfurt.

1791

Januar 2. Mit Karl von Dalberg, Karoline von Dacheröden, Lotte und Karoline im Theater bei einer Liebhaberaufführung von H. Zschokkes Tragödie »Graf Monaldeschi oder Männerbund und Weibertreue«.

Januar 3. Nachmittags 15 Uhr mit Dalberg Teilnahme an einer feierlichen Sitzung der »Kurfürstlichen Akademie nützlicher Wissenschaften«, in die Schiller als Mitglied aufgenommen wird, anläßlich des Geburtstags des Mainzer Kurfürsten im Statthaltereisaal. Anschließend um 17 Uhr im Konzert der Sophie Häßler im Redoutensaal, währenddessen Schiller von einem heftigen Katarrhfieber ergriffen und in einer Sänfte nach Hause getragen wird. – Einen Tag ganz zu Bett und mehrere Tage zu Hause geblieben. Erstes Ausbrechen der später dauernden Krankheit, kruppöse Pneumonie, begleitet von trockener Rippenfellentzündung; Folge natürlich schwacher Lungen, ihrer Überanstrengung bei den Vorlesungen und der dauernden Schwächung des Körpers seit der Mannheimer Darmkrankheit und Überarbeitung.

Januar Anfang. Während der Krankheit mehrere Besuche des Koadjutors von Dalberg. In der Beratung mit ihm fallen der Entschluß, die historische Schriftstellerei nicht zum Hauptberuf werden zu lassen, und der erste Plan zum *Wallenstein*-Drama. Nach einigen Tagen Besserung.

Januar 9. Morgens Spaziergang mit Karoline von Dacheröden, dann Abreise mit Lotte nach Weimar.

Januar 9.–11. In Weimar einen Tag bei Frau von Stein, Besuch bei Anna Amalia, erste Vorstellung am Hofe und Zusammentreffen mit dem Mannheimer Schauspieler Beck, der in Weimar ein Gastspiel gibt.

Januar 11. Rückkehr nach Jena; Schiller fühlt sich so gebessert, daß er Lotte auf ein paar Tage bei Frau von Stein in Weimar läßt. Nachmittags Besuch von Prof. Paulus. Ganz wohl und kein Husten mehr.

Januar 12. Wiederaufnahme der Vorlesungen. »Wieder ganz hergestellt.« – Erste Erwähnung des *Wallenstein*-Plans.

Januar 13. (?) Zunahme des Fiebers.

Januar 14. (?) Beklemmungen und Blutspucken, Husten und heftiges Fieber; eitriger Auswurf. Aderlässe gegen Atemnot.

Januar 15. Erneute Aderlässe. Schiller bittet Lotte aus Weimar um sofortige Rückkehr. Heftiges Fieber, Mitleidenschaft des Magens: 6 Tage ohne Essen schwächen den

Körper so sehr, daß die kleinste Bewegung Ohnmacht zur Folge hat.

Januar 15. und 17. Schillers Rezension *Über Bürgers Gedichte* erscheint anonym in der Jenaer »Allgemeinen Literatur-Zeitung« Nr. 13 und 14: Zeugnis seiner neuen Grundhaltung und seines hohen Begriffes von der Sendung des Dichters. – Goethe erklärt öffentlich, ohne den Verfasser zu erraten, er wünsche der Verfasser derselben zu sein.

Januar 18. (?) Sehr bedenkliche Umstände.

Januar 20. und 22. (?) Krisen der Krankheit.

Januar Ende. Nachlassen des Fiebers, doch erst eine Woche nach dessen Aufhören erste Versuche, aufzustehen. – Während der ganzen Krankheit teilen sich seine Hörer und Freunde in die Nachtwachen am Krankenbett, darunter Behaghel von Adlerskron und der junge Novalis, den Schiller auf Bitten seines Vaters zum ordentlichen Rechtsstudium anhält. Auch Beck besucht Schiller am Krankenbett. Der Herzog schickt 6 Flaschen Madeira.

Januar 23. Erster Besuch von Karl Graß, der auf Einladung Schillers seine Zeichnungen der Schweizer Reise zeigt.

Januar 24. Nachmittags zweiter Besuch von Karl Graß.

Januar um 25. Karoline kommt aus Rudolstadt zu Hilfe (auch Frau von Lengefeld kommt im Januar/Februar auf 8 Tage zu Hilfe).

Januar 28. Langsame Erholung. Erster Brief nach der Krankheit: Bitte an Göschen um 60 Louisdor Vorschuß.

Februar 11. Göschen die Fortsetzung der *Geschichte des Dreißigjährigen Krieges* fest in Aussicht gestellt.

Februar 22. »Fortdauernder Schmerz auf einer bestimmten Stelle auf meiner Brust.« Nach Abklingen der akuten Krankheit bleibt zwar keine Tuberkulose, aber eine nicht feststellbare Rippenfell-Eiterung.

Februar Ende. Wielands gute Rezension des *Historischen Kalenders* erscheint im Februarheft des »Teutschen Merkur«. – Lektüre: M. A. von Benjowsky, »Schicksale und Reisen«, M. A. von Thümmel, »Reise in die mittäglichen Provinzen von Frankreich«. – Erste Beschäftigung mit der Kantischen Philosophie, zunächst Studium der »Kritik der Urteilskraft«.

März 2. Gesuch an Herzog Karl August um Beurlaubung von den Vorlesungen des Sommersemesters.

März 3. »Bis auf die Empfindung auf der Brust immer noch wohl.«

März 5. Bürger verfaßt eine »Vorläufige Antikritik« gegen Schillers Rezension seiner Gedichte und übersendet sie dem Herausgeber der »Allgemeinen Literatur-Zeitung«, Prof. Schütz, der sie Schiller zur Stellungnahme mitteilt. Schiller verfaßt eine *Verteidigung des Rezensenten*.

März Anfang. Abreise Karolines nach Rudolstadt.

März Mitte. Herzog Karl August besucht Schiller und dispensiert ihn für das Sommersemester von den Vorlesungen und akademischen Verpflichtungen.

März 16. Stammbucheintragung für Behaghel von Adlerskron (»Freund, wandle froh …«).

März Mitte bis Ende. Vor der Abreise vermutlich Abschluß der Vorrede und Einleitungen zu den Memoiren Sullys, von denen zur Ostermesse der erste Band erscheint:
»Allgemeine Sammlung Historischer Memoires … Zweyte Abtheilung. Erster [bis fünfter] Band … Denkwürdigkeiten Maximilians von Bethune Herzogs von Sully … 1791 [bis 1793].« Übersetzung von Funck; enthält von Schiller:
1. *Vorbericht* (in Bd. 1);
2. *Geschichte der französischen Unruhen, welche der Regierung Heinrichs IV. vorangingen* (in Bd. 1–5).

März Ende. In Jena Bekanntschaft mit dem Arzt und Philosophen Dr. Erhard aus Nürnberg und dem Klagenfurter Kaufmann Baron Herbert, Anhängern der Kantischen Philosophie.

März 31. Besuch des Baron Herbert; Stammbucheintragung für diesen.

April Anfang (?). Abreise mit Lotte nach Rudolstadt zur Erholung und völliger Genesung. – Gesellig frohes Leben in Rudolstadt, häufige Spazierritte (3–4mal wöchentlich), vielfache Besuche der Jenaer Freunde Dr. Erhard, Baron Herbert, Karl Graß, auch Göschen aus Leipzig. – Übersetzung aus Vergils »Aeneis«, 2. Buch (32 Stanzen).

April 6. Bürgers »Vorläufige Antikritik« vom 5. März und Schillers *Verteidigung des Rezensenten gegen obige Antikritik* erscheinen im »Intelligenzblatt der Allgemeinen Literatur-Zeitung« Nr. 46.

April 10. »Zu einem lyrischen Gedicht habe ich einen sehr begeisternden Stoff ausgefunden, den ich mir für meine schönsten Stunden zurücklege.« Erster Plan zum *Lied von der Glocke* (?), zu auch Besuche in der Rudolstädter Glockengießerei Anschauung bieten. – Immer noch »bei starkem, tiefem Atemholen einen spannenden Stich auf der Seite«, öfters Husten und Atemnot.

Mai 8. Dritter, bisher schwerster Anfall: »ein fürchterlicher krampfhafter Zufall mit Erstickungen, so daß ich nicht anders glaubte, als ob es mein Letztes wäre«. Starker Fieberfrost, Erkalten der Glieder und Schwinden des Pulses, nur durch ständiges Reiben vor Ohnmacht bewahrt (vermutlich Durchbruch des Eiters durch das Zwerchfell). Nach einigen Stunden wieder erholt. Behandlung durch Dr. B. G. F. Conradi.

Mai 9. Erneute Atemnot mit weniger bedrohlichen Symptomen.

Mai 10. Abends noch heftigerer Anfall, so daß Schiller ihn nicht zu überleben und jeden Augenblick der Atemnot erliegen zu müssen glaubt. Verlust der Stimme, Verständigung nur durch Schreiben, schriftlicher Abschied von den Seinigen. Trotzdem Heiterkeit des Geistes und Trauer nur beim Gedanken an seine Frau, die er verlassen müsse. Dr. Stark wird nachts durch Eilboten aus Jena geholt, trifft Schiller jedoch erst nach dem Anfall und schon schlafend an. Karl Graß hält Krankenwache. Karoline liest aus Kants »Kritik der Urteilskraft« die Stellen vor, die auf Unsterblichkeit deuten.

Mai 11. An diesem und den folgenden Tagen ständige, aber jeweils schwächere Wiederholung der Anfälle; schlaflose Nächte und Schmerzen auf der rechten Brustseite (jedoch keine Lungenkrankheit).

Mai 12. In Erfurt verbreitet sich das Gerücht von Schillers Tod.

Mai 13. Dr. Stark in Rudolstadt.

Mai 19. Fortschreitende Genesung.

Mai 21. »Wieder außer Bette.« – Göschen die Fortsetzung der *Geschichte des Dreißigjährigen Krieges* zugesagt und um versprochene weitere 30 Louisdor gebeten. – Plan, nach rd. 14 Tagen für 2–3 Monate nach Erfurt zu ziehen.

Mai 23. Erstmals wieder im Garten.

Mai 24. »So ziemlich wieder hergestellt«, doch »der spannende Schmerz auf der rechten Seite der Brust unverändert erhalten.« (Es bleibt vermutlich eine chronische Bauchfellentzündung mit Krämpfen im Unterleib, die nach und nach die ganze rechte Leibseite erfüllt.)

Mai/Juni. Während der Krankheit Lektüre von Heinses Tasso-Übersetzung.

Juni 4. Von Mauke 143 Taler erhalten.

Juni 8. Die »Oberdeutsche allgemeine Literaturzeitung« verbreitet die Nachricht von Schillers Tod.

Juni 19. Vorschlag an Göschen, Wieland zu einer Vorrede für den *Historischen Kalender*, den er selbst nicht ganz füllen könne, zu bewegen.

Juni um 24./26. (?) Besuch von Dr. Stark und Prof. Paulus aus Jena.

Juni 27. Bitte an Wieland um einen Aufsatz für den *Historischen Kalender*.

Juni 29. Hochzeit Wilhelm von Humboldts mit Karoline von Dacheröden in Erfurt.

Juni 30. Auf den Rat Dr. Starks Entschluß zur Reise nach Karlsbad.

Juni Ende. Das Gerücht von Schillers Tod erreicht Jens Baggesen in Kopenhagen, der mit den dortigen Schillerfreunden (Minister Graf Ernst von Schimmelmann und Gattin, Minister Baron von Schubart und Gattin) in Hellebek nördlich Kopenhagen gerade eine kleine Feier zu Ehren des Dichters veranstalten will. Aus der geplanten Jubelfeier wird ein Totenfest; Baggesen dichtet das Lied »An die Freude« durch eine Schlußstrophe zum Gedächtnislied um. (Baggesen erfährt erst später von Reinhold den wahren Sachverhalt und die Aussichtslosigkeit von Schillers Lage und regt dann die dänischen Freunde zur Stiftung an, vgl. 13. Dezember.)

Juli 3. Versprechen an Göschen zur Lieferung der *Geschichte des Dreißigjährigen Krieges* bis November und Zustimmung zu seinem Plan einer »Neuen Thalia«.

Juli 6. (?) Besuch von Novalis.

Juli 7. (?) Mit Lotte und Karoline sowie dem beigegebenen Arzt Dr. Eicke Abreise nach Karlsbad.

Juli 9. Ankunft in Karlsbad, Wohnung im Weißen Schwan.

Juli 9. – August 6. Angenehmer Aufenthalt und nach den Reisestrapazen langsame Erholung. Verkehr mit Herder, Göschen, Hofgerichtsassessor von Pape aus Hannover, Graf J. C. Hoffmann von Hoffmannsegg aus Dresden und der Gräfin Lanthieri-Wagensperg. – Lektüre von Kalidasas »Sakontala«.

August 6. Frühzeitige Abreise aus Karlsbad, da Karoline beim Einzug des eben vermählten Erbprinzen Ludwig Friedrich von Rudolstadt anwesend sein muß.

August 6./7. In Eger; Besichtigung des Rathauses (mit Porträt Wallensteins und Darstellungen seiner Ermordung) und der Mordstätte.

August 7. (?) Weiterreise nach Rudolstadt. Dort wohl einige Tage Aufenthalt.

August 15. (?) Eintreffen in Jena. Dort übergibt Reinhold Schiller Baggesens Bericht über die Totenfeier in Hellebek als Aufmunterung: die Freude, von guten Menschen verstanden und geliebt zu werden.

August 18./19. (?) Reise zur Nachkur nach Erfurt, da nach dem kurzen Karlsbader Aufenthalt weitere Erholung notwendig. Egerbrunnen-Kur fortgesetzt. Wohnung Langebrücke 36. Da Humboldts aus Erfurt abgereist sind, allabendlicher Verkehr mit Karl von Dalberg.

August 27. »Die Beklemmungen, ob sie gleich keinen Tag ausbleiben, sind minder heftig und halten weniger lang an.« – Beginn der Arbeit (Lektüre) für die Fortsetzung der *Geschichte des Dreißigjährigen Krieges*. – Erneuter Plan einer Fortsetzung des *Geistersehers*.

September Anfang. Auf Anraten Karl von Dalbergs Gesuch an Herzog Karl August um förmliche Besoldung, die ihn im äußersten Notfall auch bei Fortfall der schriftstellerischen Einkünfte wegen Krankheit außer Verlegenheit setzen solle.

September 6. »Noch immer bleiben die Krampfzufälle nicht ganz aus, und der kurze Atem hält immer noch an.« Täglich schon 2–3 Stunden Lektüre möglich.

September 11. Herzog Karl August sendet einen einmaligen Zuschuß von 250 Talern, lehnt aber eine dauernde Erhöhung des Gehalts ab.

September 13. Beginn der Vorarbeiten zur Erfurter *Don-Carlos*-Aufführung.

September 17. Bekanntschaft mit dem Marburger Theologen K. W. Justi. Stammbucheintragungen für diesen (nach Juvenal VIII, V. 83 f.) und seinen Begleiter J. F. Engelschall (nach Wielands »Musarion« I, V. 90–94, 122–131).

September 18. Stammbucheintragung für Georg Friedrich Creuzer. – Ankunft Karolines von Beulwitz mit ihrem Gatten in Erfurt.

September 2. Hälfte. Täglich 4–5 Stunden zum 3. Buch der *Geschichte des Dreißigjährigen Krieges* diktiert.

September 20. Leseprobe der Weimarer Schauspieler für den *Don Carlos* im Beisein Schillers.

September 22. Erste Manuskriptsendung zum 3. Buch der *Geschichte des Dreißigjährigen Krieges* an Göschen.

September 23. Geburt Theodor Körners in Dresden.

September 25. Vormittags Generalprobe und abends Aufführung des *Don Carlos* in Erfurt auf Wunsch Dalbergs als Abschlußvorstellung eines Gastspiels der Weimarer Schauspieler, in neuer Bühnenbearbeitung Schillers.

September 26. Aufführung des *Fiesko* in Erfurt durch ein Liebhabertheater zu Ehren des anwesenden Dichters.

September 29. Neue Manuskriptsendung an Göschen.

Oktober 1. Rückkehr nach Jena »gesünder, als ich hergekommen«. – Neues Manuskript an Göschen.

Oktober Anfang (oder erst gegen Ende des Jahres?). Einrichtung eines herzlich-heiteren gemeinsamen Mittagstisches bei den Schwestern Schramm mit »fünf guten Freunden«: Prof. Bartholomäus Ludwig Fischenich aus Bonn, Magister Friedrich Immanuel Niethammer und Ludwig Friedrich Göritz aus Schwaben, Stud. Johann Karl von Fichard aus Frankfurt und Fritz von Stein, der zu Schiller ins Haus zieht. Nach Tisch öfters L'hombre-Spiel. (Der Mittagstisch, später ergänzt durch Magister Karl Heinrich v. Gros und den Sohn des Geheimrats Voigt, löst sich erst am 7. April 1793 mit dem Einzug ins Gartenhaus auf.)

Oktober 3. Wunsch nach nochmaliger Überarbeitung des *Don Carlos* vor der geplanten Weimarer Aufführung. – Andauern der Krämpfe im Unterleib und der Atemnot deuten auf ein »langwieriges Übel«.

Oktober Anfang (um 5.). Abschluß des 3. Buches der *Geschichte des Dreißigjährigen Krieges*.

Oktober 8. Crusius wegen der Fortsetzung des *Abfalls der Niederlande* vertröstet und ihm für Ostern 2 Bände seiner *Kleineren prosaischen Schriften* und evtl. einen Band *Gedichte* versprochen.

Oktober 16.–24. Weitere Übersetzung aus Vergils »Aeneis«, 2. Buch, in 103 Stanzen; täglich oft bis zu 8 Stunden diktiert.

Oktober 17. Reinhold berichtet Baggesen, daß Schiller nur ein fixes Einkommen ohne Arbeitsverpflichtung zur Gesundung verhelfen könne. (Der Brief geht in Kopenhagen von Hand zu Hand, und der Herzog Friedrich Christian von Schleswig-Holstein-Augustenburg verabredet sich daraufhin mit dem Grafen Schimmelmann zu einer jährlichen Pension für Schiller, vgl. 13. Dezember.)

Oktober Ende. Beschäftigung mit Aischylos' »Agamemnon« als Übersetzung für den 1. Band eines geplanten »Griechischen Theaters« und als Übung im griechischen Tragödienstil. – Häufiger geselliger Verkehr in Privatklubs bei Freunden und in den selbstveranstalteten »Butterbrotgesellschaften«. – Erscheinen des 12. Heftes der »Thalia« ohne eigenen Beitrag Schillers.

November 3. Von Göschen 300 Taler Vorschuß erhalten.

November 7. Göschen die Übersetzung aus Vergils »Aeneis«, 2. Buch und den Aufsatz *Über den Grund des Vergnügens an tragischen Gegenständen* für die »Neue Thalia« übersandt und eine Darstellung Luthers und der Reformationszeit in Aussicht gestellt.

November 12. Besuch von Dr. Erhard.

November 19. »Mit dem Atem und mit dem Unterleib wills noch gar nicht fort.« – Abschluß der Stanzenübersetzung des 4. Buches von Vergils »Aeneis«.

November 22. Körner schlägt eine epische Behandlung der »Erziehung des Menschengeschlechts«, eine Art Philosophie der Geschichte, vor.

November 27. Datum des dänischen Hilfeangebots (vgl. 13. Dezember).

November 28. Aus der Beschäftigung mit Vergil entstehen neue epische Pläne; Ablehnung der *Frideriziade*, die ihn nicht zur Idealisierung begeistere, Plan eines Epos *Gustav Adolf*. – Bitte an Göschen um Wielands »Idris«, Homes »Elemente der Kritik«, Kants »Kritik der praktischen Vernunft«.

November Ende / Dezember Anfang. Erscheinen von: »*Historischer Calender für Damen für das Jahr 1792* von Friedrich Schiller Leipzig bey G. J. Göschen.« 49 Bl. 32 + 84 S. 22 Bl. LXIV S. 1 Bl. 17 Kupfer 16°, gedruckt bei Solbrig in Leipzig, enthält von Schiller: *Geschichte des Dreißigjährigen Krieges* (3. Buch).

Dezember Anfang bis Januar Mitte. Ausarbeitung des Aufsatzes *Über die tragische Kunst*.

Dezember 6. Körner schlägt *Julian Apostata* zur epischen Behandlung vor.

Dezember 13. Erhalt eines Briefes aus Kopenhagen vom 27. November, in dem Herzog Friedrich Christian von Schleswig-Holstein-Augustenburg und Minister Graf Ernst von Schimmelmann ihm auf Anregung Baggesens (vgl. 17. Oktober) für die Dauer von 3 Jahren ein jährliches Geschenk von 1000 Talern zur Erhaltung seiner Gesundheit anbieten. – Sofortige Meldung dieses Ereignisses, das ihm die »längst gewünschte Unabhängigkeit des Geistes« sichert, an Körner und Reinhold.

Dezember 16. Dankbrief an Baggesen für die herzliche Anteilnahme an seinem Schicksal und Mitteilung, daß er das Angebot annehmen werde, nicht wegen der Verbindlichkeit des Vorschlags, sondern aus der Verpflichtung, alles in seinen Kräften Liegende zur Steigerung seiner Leistung zu tun. – Von Göschen 200 Taler Vorschuß erhalten. – Bitte an Crusius um Kants »Kritik der reinen Vernunft« und Ausgaben von Gibbon, Garves, Vergil, Ossian und Tasso.

Dezember 19. Wegen Unpäßlichkeit bisher verschobener Danksagungsbrief an die beiden dänischen Wohltäter Herzog Friedrich Christian von Augustenburg und Graf Ernst von Schimmelmann: »Rein und edel, wie Sie geben, glaube ich, empfangen zu können.« Erwägung einer späteren Reise nach Kopenhagen, die jetzt noch nicht möglich ist.

Dezember um Weihnachten. Besuch von Novalis, der das Wintersemester in Leipzig studiert.

Dezember Ende / Januar Anfang. Ernsthafte Beschäftigung mit der Philosophie Kants und Studium der »Kritik der reinen Vernunft«.

1792

Januar 1. Fortsetzung des Kant-Studiums; daneben im Januar Lektüre von Reinholds »Versuch einer neuen Theorie des menschlichen Vorstellungsvermögens«.

Januar 15. Beginn der Revision des *Geistersehers* für die 2. Auflage. Vom *Don Carlos*, dessen Revision fast 2 Monate beanspruchen würde, wird ein bloßer Neudruck veranstaltet.

Januar 2. Hälfte. Erscheinen von:
»Thalia. herausgegeben von F. Schiller. Erstes Stück des Jahrganges 1792. Leipzig bey Georg Joachim Göschen.« (»Neue Thalia«), enthält von Schiller:
  1. *Die Zerstörung von Troja im zweiten Buch der Aeneide.* Neu übersetzt (mit einer Vorerinnerung des Verfassers);
  2. *Über den Grund des Vergnügens an tragischen Gegenständen;*
  3. Redaktionsbemerkung zu Hinzes »Ogier von Dänemark«.

Januar nach Mitte. Eintreffen Karolines in Jena. Ausflug mit Reinhold und den Frauen nach Dornburg und zurück nach Jena.

Januar 20. Erneuter Krankheitsanfall mit Krämpfen im Unterleib, wohl infolge zu großer Kälte bei einer Schlittenfahrt.

Januar 22. Wieder Besserung.

Februar 10. Langsame Erholung von dem harten Fieberanfall; Vorbereitung auf »mehrere Stürme in den nächsten Jahren«.

Februar 20. Lotte reist mit ihrer Mutter, die mit Beulwitz von Rudolstadt gekommen ist, auf ein paar Tage nach Weimar.

Februar 21. Die Herausgeberschaft für die »Geschichte der merkwürdigsten Rebellionen und Verschwörungen« ist an Huber übergeben (Fortsetzung unterblieb). – Druckbeginn des 1. Bandes der *Kleineren prosaischen Schriften*.

Februar 22. »Ziemlich wiederhergestellt«. Entschluß zum Besuch bei Körner in Dresden und zur Tilgung der Beitschen Schuld (die Körner ohne Schillers Wissen längst getilgt hat).

Februar Ende (um 25.). 1035 Taler Pension von den dänischen Freunden erhalten. – Vier bis sechs Stunden täglich Arbeit.

Februar 28. Erste Weimarer Aufführung des *Don Carlos* (in der Jambenfassung); Schiller wegen Krankheit nicht anwesend.

März 7. Erwerbung eines Reitpferdes, da Schiller von der Erschütterung beim Reiten eine heilsame Wirkung auf seine Verdauungsorgane erhofft (später wieder verkauft, da ihm das Reiten allein ohne die Familie keine Freude macht).

März Anfang. Erscheinen des Zweiten Stückes der »Neuen Thalia«, enthält von Schiller:
1. *Dido. Viertes Buch der Aeneide*;
2. *Über die tragische Kunst*.

März 15. »Die enorme Kälte ... beschwert mich sehr und weckt die Krämpfe im Unterleibe wieder auf.« Fortsetzung der *Geschichte des Dreißigjährigen Krieges* und vermutlich nähere Beschäftigung mit dem *Wallenstein* (?).

März 26. Vier Bogen der korrigierten Fassung des *Geistersehers* an Göschen.

April 3. Die für diesen Tag vorgesehene Abreise nach Leipzig und Dresden verzögert sich durch schlechtes Wetter und »starken Katarrh, der alle meine Krämpfe wieder rege zu machen drohte«.

April um 8./9. (?) Abreise aus Jena in Begleitung Lottes, des Dänen Christian Hornemann (Freund Baggesens) und Fischenichs.

April um 10./11. (?) Vermutlich 2 Tage in Leipzig zum versprochenen Besuch bei Göschen und seiner Frau; Wohnung bei ihm.

April um 13. (?) Ankunft in Dresden bei Körners; Wohnung bei ihnen für rd. 4 Wochen. – Erneute Festigung der Freundschaft. Häufigere Unpäßlichkeit. Gespräche über Kant und schriftstellerische Pläne: »Horen« und »Ästhetische Briefe«.

April 14. Durch Körners Vermittlung Bekanntschaft mit Friedrich Schlegel.

April. Entstehung der Vorrede zur »Geschichte des Malteserordens« nach Vertot (vgl. Oktober) und der Vorrede zu den »Merkwürdigen Rechtsfällen« (vgl. Oktober).

Mai um 10. (?) Rückreise nach Leipzig.

Mai 11.–14. Auf der Rückreise von Dresden mit Lotte und Dora Stock Aufenthalt bei Göschens in Leipzig. Dort erneuter Krankheitsanfall.

Mai 14. (?) Rückkehr nach Jena.

Mai 20. Fortsetzung der *Geschichte des Dreißigjährigen Krieges*, jeden Tag ¼ Bogen bei täglich 4 Stunden Schreiben und 2 Stunden Lektüre.

Mai 25. »Voll Ungeduld, etwas Poetisches vor die Hand zu nehmen, besonders juckt mir die Feder nach dem ›Wallenstein‹.« Plan einer »Hymne an das Licht«. Erneute Lektüre von Kants »Kritik der Urteilskraft«.

Mai/Juni. Entstehung des »Vorberichts« zu Band 1 der *Kleineren prosaischen Schriften*.

Juni Anfang. Erscheinen des Dritten Stückes der »Neuen

Thalia«, von Schiller darin enthalten: *Didos Tod. Be-schluß des vierten Buches der Aeneide.*

Juni 4. Ausflug nach Erfurt zu Dalberg und Humboldts, wo auch Karoline von Beulwitz sich aufhält. Zusammen-treffen mit Funck und Leuchsenring. Rückkehr nach Jena.

Juni um 6.–9. (?) Für ein paar Tage Besuch von Funck in Jena. – Besuch von Johann Adolf von Thielmann, Freund Körners; vermutliche Stammbucheintragung für diesen: »Für H. v. T.«.

Juni 10. Fortsetzung der *Geschichte des Dreißigjährigen Krieges,* von der bereits 4 Bogen fertig sind.

Juni 10.–Juli 21. Studentenunruhen in Jena wegen des Ver-bots der Studentenorden, einer allgemeinen Landsmann-schaft und der Errichtung von studentischen Ehrenge-richten. (18.–21. Juli) Auszug von rd. 500 Studenten aus Jena in Richtung Erfurt über Weimar bis Nohra, dann Rückkehr. Schiller äußert sich erst spät dazu: »gar zu er-bärmlich« (3. 9.).

Juni 15. Bitte an Göschen um Christoph Gottlieb von Murrs »Beiträge zur Geschichte des Dreißigjährigen Krieges« (wichtige Quelle auch für den *Wallenstein*).

Juli Anfang. Kurzer Besuch Wilhelm von Humboldts mit seiner Frau.

Juli 16. Besuch von Johannes Daniel Falk.

Juli 20. Erste Manuskriptsendung der *Geschichte des Drei-ßigjährigen Krieges* für den dritten »Historischen Kalen-der« an Göschen.

Juli 26. Abreise des Jugendfreundes Karl Philipp Conz, der sich für einige Monate in Jena aufgehalten hat.

Juli 30. »Die Last des ›Dreißigjährigen Kriegs‹ liegt noch schwer auf mir, und weil mich die Krämpfe auch redlich fortplagen, so weiß ich oft kaum, wo aus noch ein.«

August (?). Erscheinen des Vierten Stücks der »Neuen Thalia« ohne Beitrag Schillers.

August Ende (nach 19.) bis September Mitte. Besuch von Karoline von Beulwitz bei Schillers.

August 26. Die Pariser Nationalversammlung erteilt Schiller (le sieur Gille, Publiciste allemand) den Titel eines Citoyen français (vgl. 1. März 1798).

August Ende. Erscheinen von:

»*Kleinere prosaische Schriften* von Schiller. Aus mehrern Zeitschriften vom Verfasser selbst gesammelt und verbessert. Erster Theil. Leipzig 1792 bey Siegfried Lebrecht Crusius.« 3 Bl. 410 S. 8° ; enthält (alles außer dem Vorbericht bereits vorher veröffentlicht):

1. *Vorbericht*;
2. *Die Sendung Moses*;
3. *Was heißt und zu welchem Ende studiert man Universalgeschichte?*;
4. *Philosophische Briefe*;
5. *Briefe über Don Carlos*;
6. *Spiel des Schicksals*;
7. *Der Verbrecher aus verlorener Ehre* (*Verbrecher aus Infamie*);
8. *Etwas über die erste Menschengesellschaft nach dem Leitfaden der Mosaischen Urkunde*;
9. *Über Völkerwanderung, Kreuzzüge und Mittelalter* (*Universalhistorische Übersicht der vornehmsten an den Kreuzzügen teilnehmenden Nationen* ..., Teildruck).

September 3. Crusius die Fortsetzung des *Abfalls der Niederlande* angedeutet. 17 Bogen der *Geschichte des Dreißigjährigen Krieges* für den dritten »Historischen Kalender« fertig.

September Mitte. Mehrwöchiger Besuch von Schillers Mutter und der Schwester Nanette in Jena; Wohnung bei Frl. von Seegner. Ihre Offenheit und ihr Mutterstolz stören ein wenig das Verhältnis der Ehegatten. – Besuch des Grafen H. M. von Brühl.

September 21. Abschluß der *Geschichte des Dreißigjährigen Krieges* und Absendung des letzten Manuskripts an Göschen. Damit Abschluß der größeren historischen Ar-

beiten überhaupt. In der »wiedererlangten Geistesfrei-
heit« Schwanken zwischen dem *Wallenstein*-Plan und der
Lust zu lyrischen Arbeiten.

September 24. Abreise mit Lotte, der Mutter und Nanette
auf 10 Tage nach Rudolstadt.

September Ende. Erhalt eines von Dora Stock gezeichne-
ten Porträts Körners als Geschenk der Künstlerin.

Oktober 4. Rückkehr nach Jena.

Oktober 5. Bitte an Crusius um Voltaires »Candide« und
Diderots »Sur l'art dramatique«.

Oktober Anfang (?). Erscheinen von:
»Geschichte des Maltheserordens nach Vertot von M[agi-
ster]. N[iethammer]. bearbeitet und mit einer Vorrede
versehen von Schiller. Erster Band. Jena, bei Christ.
Heinr. Cuno's Erben. 1792.« XVI, 432 S. 8°.
»Merkwürdige Rechtsfälle als ein Beitrag zur Geschichte
der Menschheit. Nach dem Französischen Werk des Pi-
taval durch mehrere Verfasser ausgearbeitet und mit einer Vorrede begleitet herausgegeben von Schiller. Erster
Theil. Jena bei Christ. Heinr. Cuno's Erben. 1792.« 4 Bl.
446 S. 8°.

Oktober 8. (oder 10./11.). Abreise der Mutter und der
Schwester Nanette.

Oktober 14. Aufgabe der Herausgeberschaft für den »Historischen Kalender«, zu dem Schiller später Körner vor-
schlägt. Damit zugleich Aufgabe seines Planes einer Darstellung über das Reformationszeitalter. – Vorschlag an
Göschen zur Verwirklichung seiner alten Lieblingsidee:
eines großen vierzehntägigen Journals unter Mitarbeit
der 30–40 besten Schriftsteller Deutschlands (»Horen«-
Plan). Göschen ist dem Plan nicht geneigt.

Oktober Mitte. Lektüre von Mirabeaus »Sur l'éducation«
und Kants »Kritik der Urteilskraft«. – Trotz dichterischer
Pläne Arbeiten über Ästhetik für das bevorstehende Kolleg. – Abreise Fischenichs nach Bonn.

Oktober 21. Ankündigung der Vorlesung.

November 5. Beginn eines 4–5stündigen Kollegs (privatim) über Ästhetik vor 24 Zuhörern in seiner Wohnung.

November Mitte. Erscheinen von:
»*Historischer Calender für Damen für das Jahr 1793* von Friedrich Schiller Leipzig bey G. J. Göschen.« 29 Bl. 378 S. 16°, 16 Kupfer, enthält von Schiller: *Geschichte des Dreißigjährigen Krieges* (Schluß des 3. sowie 4.–5. Buch).

November 25. Erhalt des Honorars für die Neuauflage des *Geistersehers* von Göschen.

November Ende. Durch die Einnahme von Mainz durch die Franzosen werden seine Aussichten in Verbindung mit Karl von Dalberg (vgl. November 1789) »sehr zweifelhaft«. – Plan einer Reise nach Paris, um vor dem Nationalkonvent für Ludwig XVI. und gegen dessen Hinrichtung einzutreten (durch Ludwigs Hinrichtung am 21. Januar 1793 gegenstandslos).

Dezember Mitte. Erweiterung des gemeinsamen Mittagstisches durch seinen schwäbischen Landsmann Karl Heinrich von Gros. – Häufig schlaflose Nächte und dadurch Verlust der Vormittage, so daß gerade noch Zeit für die Kollegs zur Ästhetik bleibt.

Dezember 21. Zur Dichtung fehlt mehr die Zeit als die Begeisterung. Plan eines Gesprächs »Kallias oder über die Schönheit« für Ostern und einer öffentlichen Stellungnahme zur Französischen Revolution und zur Lage des Königs Ludwig XVI., die ins Französische übersetzt werden soll.

Dezember 28. Stuttgarter Erstaufführung von *Kabale und Liebe* in Anwesenheit der Schwestern Luise und Nanette. Der Hof setzt ein Verbot weiterer Aufführungen durch. – Besuch von Karoline von Beulwitz in Jena auf rd. 2 Monate.

Dezember Ende (?). Erscheinen des Fünften Stücks der »Neuen Thalia« ohne Beitrag Schillers.

1793

Januar (?). Erscheinen des Sechsten Stückes der »Neuen Thalia«, ohne Beitrag Schillers außer einer Redaktionsnote zum anonymen Beitrag »Die Seefahrt von Troja nach Karthago im dritten Buch der Aeneide«. – Fischenich aus Bonn kündigt Lotte Beethovens Vertonung des Liedes *An die Freude* an, die erst 3 Jahrzehnte später ausgeführt wird. – Weiterarbeit an den Kallias-Briefen.

Januar Anfang. Von Göschen Robert Woods »Essay on the original genius and writings of Homer« in deutscher Übersetzung erhalten.

Januar 11. Göschen den Kallias-Dialog für Juli in Aussicht gestellt. Bitte um Übersendung von Winckelmanns »Geschichte der Kunst des Altertums« und Lessings »Laokoon«.

Januar 21. Die Hinrichtung Ludwigs XVI. von Frankreich macht das geplante und schon angefangene Mémoire für ihn hinfällig.

Januar 25. bis Februar 28. Die großen Briefe an Körner, die die Vorstudien zum geplanten Gespräch »Kallias oder über die Schönheit« enthalten (Kallias-Briefe), vom 25. Januar, 8., 18./19., 23. und 28. Februar.

Februar 8. In den Kallias-Briefen an Körner: »Schönheit ist Freiheit in der Erscheinung.«

Februar 9. Einleitungsbrief an den Herzog von Augustenburg mit der Bitte, seine Gedanken über die objektiven Gesetze der Schönheit in einer Reihe von Briefen an ihn richten zu dürfen.

Februar 11. Vorläufige Zurückstellung der geplanten Veröffentlichung »Kallias oder über das Schöne« bis zur völligen Klärung der eigenen Vorstellungen.

Februar um Mitte. Verschlechterung des Gesundheitszustandes.

Februar 23. Erster Plan einer späteren Darstellung *Über Anmut und Würde*.

Februar 25. »Der Frühlingsanfang hat mich einige Wochen wieder an mein Übel angeschmiedet.«

Februar vor 28. Lektüre von Kants Schrift »Die Religion innerhalb der Grenzen der bloßen Vernunft« und von Diderots »Jakob und sein Herr« (übersetzt von F. L. W. Meyer), nach dessen französischem Original seinerzeit das *Merkwürdige Beispiel einer weiblichen Rache* entstanden war.

Februar 28. Plan einer (nicht ausgeführten) »Theodizee« und eines anderen philosophischen Gedichtes.

März Anfang. Huber, der seine Entlassung aus dem Staatsdienst gefordert hat und die Frau Joh. Georg Forsters heiraten will, für 2 Tage in Jena.

März 15. Schiller bahnt den Austausch der früheren Briefe zwischen Huber und dessen einstiger Verlobten Dora Stock an.

März 20. »Der Eintritt des Frühjahrs hat meine Umstände wieder verschlimmert und die ganze Litanei der fatalen Zustände herbeigeführt.«

März 22. Anfall während der Vorlesung. »Meine Existenz wird durch diese elenden Zufälle so zerrissen, daß ich in nichts recht fortfahren kann.« – Plan einer Fortsetzung der wegen Krankheit aufgegebenen Kallias-Briefe (nicht ausgeführt).

März 26. Schluß der Vorlesungen.

März Ende. Schillers Anmerkungen (»Kulturstufen«) zu dem von Wilhelm von Humboldt übersandten Aufsatz »Über das Studium des Altertums und des Griechischen insbesondere« entstanden.

April Anfang. Besuch von Ph. A. Freiherr von Münchhausen.

April 1. Mehrtägiger Besuch von Wilhelm von Humboldt; mit ihm lebhafter Ideenaustausch über ästhetische Fragen; Aufforderung an ihn, seinen Wohnsitz nach Jena zu verlegen und in seiner Nähe zu leben.

April 3. Eintritt in die Berliner Generalwitwenkasse, um seiner Frau für seinen Todesfall 400 Taler Pension zu sichern; die Beiträge werden wohl von Frau von Lengefeld bezahlt.

April 7. Auszug in ein bescheidenes Gartenhaus im Leistschen Garten, Zwätzengasse 9 (dort bis 1. August); Aufgabe der Stadtwohnung in der »Schrammei« und Auflösung des dortigen gemeinsamen Mittagstisches, da Lotte fortan ihre eigene Wirtschaft führt.

April 27. Wiederanknüpfung der Frau von Kalb, die durch Schillers Vermittlung einen Hauslehrer für ihren Sohn sucht.

April/Mai (?). Erscheinen des Ersten Stücks der »Neuen Thalia«, Jahrgang 1793, ohne Beitrag Schillers. – Im Sommersemester Fortsetzung des Kollegs über Ästhetik, 1–2stündig, privatim. Letzte Vorlesung Schillers, ob ganz durchgeführt, ist fraglich.

Mai 4. Bitte an Göschen um Voß' »Ilias«-Übersetzung und eine Milton-Übersetzung.

Mai 5. »Mein Übel hat mir sehr hart zugesetzt und alle Lust am Denken und am Schreiben verdorben.«

Mai Anfang. Revision der Gedichte und Arbeit an der Umgestaltung der *Götter Griechenlands*. Beginn der ästhetisch-philosophischen Schriften *Über Anmut und Würde* und *Vom Erhabenen* (deren 2. Teil später unter dem Titel *Über das Pathetische* in die *Kleineren prosaischen Schriften* aufgenommen wird). In den gleichen Zusammenhang gehören die nicht genauer datierbaren und wohl auch in dieser Zeit entstandenen, z. T. später überarbeiteten Schriften *Über das Erhabene, Gedanken über den Gebrauch des Gemeinen und Niedrigen in der Kunst* und *Zerstreute Betrachtungen über verschiedene ästhetische Gegenstände*.

Mai 11. Körners Urteil über Schillers Jugendgedichte, das dieser in der »Vorerinnerung« zum 2. Band seiner *Gedichte* (Mai 1803) benutzt.

Mai um 22. Besuch von Funck.

Mai 27. »Das alte Übel regt sich bei diesem unbeständigen Wetter so oft und hält gewöhnlich so hartnäckig an, daß ich immer von 3 Tagen 2 verliere und in den guten Intervallen eilen muß, um nur das Notwendige an meinen Geschäften zu fertigen.«

Mai 31. Besuch Lavaters.

Juni Anfang. Karoline von Beulwitz reist ins Bad nach Cannstatt.

Juni Mitte. 1000 Taler der dänischen Pension erhalten.

Juni um 20. Erscheinen des Zweiten Stückes der »Neuen Thalia«, Jahrgang 1793, mit Schillers Abhandlung *Über Anmut und Würde*, die zugleich auch in 150 Exemplaren als Sonderdruck erscheint:

»*Ueber Anmuth und Würde.* An Carl von Dalberg in Erfurth. Was du hier siehest, edler Geist, bist du selbst. Milton. Leipzig, bey G. J. Göschen, 1793.« 1 Bl. 116 S. 8°. Prof. Schütz in Jena plant eine lateinische Übersetzung der Abhandlung, die wenigstens z. T. durchgeführt, aber nicht gedruckt wird. – Nur langsamer Fortschritt der Revision seiner Gedichte zugunsten der Augustenburger Briefe, die er zum Winter als eine Schrift *Über das Schöne* drucken lassen will.

Juni Ende. Erhalt des Ölbildes seiner Mutter von Ludovica Simanowitz und Bitte um ein gleiches von seinem Vater.

Juli 1. »Jetzt viel besser, als ich lange nicht gewesen.« – 16 Louisdor an Körner zur Schuldentilgung.

Juli 3. Wegen der bevorstehenden Niederkunft Lottes Festsetzung der schon lange geplanten Abreise nach Schwaben auf Anfang August. – Aufgabe eines für diese Zeit geplanten Treffens mit Körner.

Juli 5. Bitte an Göschen um einen Quintilian-Text.

Juli Mitte. Ankunft Baggesens in Jena.

Juli 13. Erster Brief über die *Philosophie des Schönen* an den Herzog von Augustenburg.

Juli 14. Datum des Diploms, das Schiller zum Ehrenmitglied der Jenaer Naturforschenden Gesellschaft macht (vgl. 20. November).

Juli 16. Abends Besuch von Baggesen.

Juli Mitte. Kurzer Besuch von Reinwald und Christophine. – Lektüre von Salomon Maimons »Streifereien im Gebiete der Philosophie«.

Juli 25. Besuch von Baggesen.

Juli 26. Morgens Baggesen mit seiner Frau in Schillers Garten. Vorlesung der neuen Fassung der *Götter Griechenlands* und Unterhaltung über Religionsfragen. – Besuch von Funck.

Juli 27. Abschiedsbesuch von Baggesens und Verabredung eines Treffens in Nürnberg.

Juli 31. Stammbucheintragung für Sophie Nösselt (»Wenn Scham und Weisheit sich vereinen ...«).

August 1. oder 2. Abreise mit Lotte von Jena nach Schwaben bei guter Gesundheit.

August 4. Abends Eintreffen in Nürnberg, Gasthaus »Zum roten Roß«, zugleich mit Baggesens.

August 5. Mittagessen mit Baggesens bei Dr. Erhard.

August 7. Weiterreise von Nürnberg über Ansbach, bis Feuchtwangen zusammen mit Baggesens.

August 8. Ankunft in Heilbronn, Gasthof »Zur Sonne«, Sülmerstr. 52, um von der freien Reichsstadt aus erst Fühlung wegen der Sicherheit einer Einreise nach Schwaben zu nehmen. Die Reise ohne Anfälle überstanden.

August 9.–10. Besuch des Vaters und der Schwester Luise, die zur Haushaltsführung in Heilbronn bleibt.

August 1. Hälfte. Häufigere Unpäßlichkeiten. In Heilbronn wenig geistige Anregungen, wenig wissenschaftliches und Kunstinteresse entdeckt. Lektüre aus einer kleinen Leihbücherei und einer Buchhandlung besorgt. Verkehr mit dem Arzt Dr. Gmelin, mit ihm Gespräche über den tierischen Magnetismus. Wiedersehen mit der in Heilbronn verheirateten Margaretha Treffz, geb. Schwan.

August Mitte (?). Wegen der hohen Kosten im Gasthaus

Übersiedlung in eine Privatwohnung beim **Kaufmann W. G. Ruoff** in der Sülmerstraße 101.

August 16. Schriftliche Meldung beim Heilbronner Amts-bürgermeister von Wacks mit der Bitte um Aufenthalts-genehmigung und landesherrlichen Schutz des Heilbron-ner Magistrats.

August 20. Der Rat von Heilbronn genehmigt das Gesuch vom 16. August und läßt Schiller durch den abgesandten Senator Christian Ludwig Schübler »vergnügten Aufent-halt« wünschen. – Schübler versorgt Schiller mit Lektüre.

August 2. Hälfte. Besuch in Ludwigsburg und auf der Solitude ohne vorherige Anfrage beim Herzog Karl Eugen und zurück nach Heilbronn.

August 25. Besuch Schüblers.

August 28. Schübler zum Nachtessen.

August 30. Besuch bei Schübler.

August Ende / September Anfang. Eine Bitte an den Her-zog Karl Eugen um die Erlaubnis zum Betreten würt-tembergischen Bodens und zur Übersiedlung nach Lud-wigsburg bleibt unbeantwortet, da der Herzog am Rhein weilt, doch verlautet durch Freunde, der Herzog habe öf-fentlich erklärt, Schiller werde nach Stuttgart kommen, aber er werde ihn ignorieren.

September 1. Nachmittags zu Senator Schübler und mit diesem zu einer Aufwartung zum Amtsbürgermeister von Wacks; anschließend bleibt Schübler zum Tee.

September 4. Besuch Schüblers; Unterhaltung über die am 5. September bevorstehende Sonnenfinsternis.

September 6. Nachmittags und Abends Besuch von Schüb-ler.

September 7. Abends Abschied von Schübler.

September 8. Übersiedlung nach Ludwigsburg mit Lotte, der Schwester Luise, Karoline von Beulwitz (die in Gaisburg gewohnt, das Cannstatter Bad gebraucht und von dort aus Schiller in Heilbronn besucht hatte) sowie deren Schwägerin Ulrike von Beulwitz. Wohnung in der

Nähe von Hovens, Ecke Post- und Seestraße. In Ludwigsburg größere Nähe zu den Eltern und Freunden. Verkehr insbesondere mit Hoven, der fast täglich kommt und oft bei Schiller speist, ihm Wielands Shakespeare-Übersetzung schenkt und von ihm zu neuer schriftstellerischer Tätigkeit und Bemühung um eine Professur angehalten wird; ferner Conz und Dannecker sowie sein alter Lehrer Jahn, den Schiller gelegentlich im Philosophie-, Rhetorik- und Geschichtsunterricht vertritt. – Eigene Arbeit am *Wallenstein*, meist in den Nachtstunden, und in weniger günstigen Stunden an den Augustenburger Briefen; doch wegen häufiger Brustkrämpfe wenig arbeitsfähig.

September 14. Geburt des ersten Sohnes Karl Friedrich Ludwig unter Aufsicht Hovens in Anwesenheit der Mutter Schillers und der Schwester Nanette. Schiller schläft zur Geburtsstunde.

September um 15. Erscheinen des Dritten Stücks der »Neuen Thalia«, Jahrgang 1793, enthaltend von Schiller: *Vom Erhabenen. Zur weitern Ausführung einiger Kantischen Ideen.*

September 20. Stäudlin empfiehlt Schiller Hölderlin als Hauslehrer für Frau von Kalb.

September 23. Taufe des Sohnes Karl in der Wohnung; als Taufpaten anwesend Schillers Eltern, Hauptmann von Hoven und Frau Hofmedikus von Hoven; abwesende Taufpaten: Herzogin Luise von Sachsen-Weimar, Freiherr Karl von Dalberg und Frau von Lengefeld.

September Ende. Erste Begegnung mit Hölderlin, den er als Hauslehrer für Frau von Kalb empfiehlt. – Lektüre von F. W. B. von Ramdohrs »Charis oder über das Schöne und die Schönheit in den nachbildenden Künsten«; ferner während des Ludwigsburger Aufenthalts: Quintilian, Voß' »Ilias«-Übersetzung, Kants »Kritik der Urteilskraft«.

Oktober 1. »Glücklich, jetzt der einzige Kranke in meinem Hause zu sein.« Die Krankheit hält an.

Oktober Anfang. Beginn der Arbeit an einem Aufsatz vom ästhetischen Umgang (wovon später nur *Über die Gefahr ästhetischer Sitten* und *Über den moralischen Nutzen ästhetischer Sitten* ausgeführt veröffentlicht werden) und Plan einer Schrift über das Naive (später *Über naive und sentimentalische Dichtung*).

Oktober 4. »Ich bin noch immer mit meinem alten Leiden geplagt, und die vaterländische Luft will noch gar keine Wirkung zeigen.« Die Krankheit hindert ihn, sich als Instruktor des Weimarer Prinzen zu bewerben.

Oktober 11. Nachmittags und zum Abendessen Besuch von Karl Ludwig Fernow.

Oktober 24. Göschen eine »Philosophie des schönen Umgangs« bis Jahresende in Aussicht gestellt, den Kallias-Plan dagegen aufgeschoben, um dessen Inhalt später zusammen mit den Augustenburger Briefen zu drucken. – Tod des Herzogs Karl Eugen von Württemberg in Hohenheim.

Oktober 27. Vermutlich gemeinsame Feier von des Vaters 70. Geburtstag.

Oktober 30. Haug, den Cotta um Vermittlung eines Verlagswerkes von Schiller gebeten hat, die »Johanniter« (= *Malteser*) vage dafür in Aussicht gestellt. – Schiller sieht von seinem Fenster in Ludwigsburg der nächtlichen Überführung der Leiche Karl Eugens in die Gruft des Ludwigsburger Schlosses mit Tränen in den Augen zu und nimmt wohl auch an der Totenfeier in der Schloßkapelle teil.

Oktober Ende (?). Erster Besuch in Stuttgart auf wenige Stunden; zurück nach Ludwigsburg.

November Anfang. Beim Besuch in der Karlsschule in Begleitung des Intendanten von Seeger und der Offiziere von den 400 Karlsschülern bei der Tafel enthusiastisch mit lautem Vivat begrüßt. Besichtigung der Kunst- und Naturalienkabinette und seines ehemaligen Gartens. Zurück nach Ludwigsburg. – Gesundheitliche Besserung.

November 8. Als Geburtstagsgeschenk ein Ölgemälde seines Vaters von Ludovica Simanowitz erhalten.

November 11. und 21. Fortsetzung der ästhetischen Briefe an den Herzog von Augustenburg.

November 20. Übermittlung des Diploms vom 14. Juli mit der Ernennung zum Ehrenmitglied der Jenaer Naturforschenden Gesellschaft.

Dezember 3. Neuer ästhetischer Brief an den Herzog von Augustenburg, der später zum Horen-Aufsatz *Über den moralischen Nutzen ästhetischer Sitten* umgearbeitet wird.

Dezember 9. Erkundigung nach dem Dichter Christian Ludwig Neuffer bei Haug (als Hauslehrer für Frau von Kalb?).

Dezember 10. Bitte an Körner um Rücksendung der Kallias-Briefe zur Umarbeitung.

Dezember 24. Besuch Hovens.

Dezember Ende. Fortsetzung der ästhetischen Briefe an den Herzog von Augustenburg.

In diesem Jahr Entstehung des Pastellbildes von Ludovica Simanowitz und des Reliefbildes von Bernhard Frank.

1794

Januar. Fortsetzung der ästhetischen Briefe und Studien.

Januar 4. Karl Eugens Nachfolger, Herzog Ludwig Eugen, verfügt die Aufhebung der Hohen Karlsschule bis Ostern.

Januar Mitte. Wesentliche Besserung der Gesundheit.

Januar 21. Schiller rät Beulwitz zur Scheidung.

Januar Ende. Abbruch der philosophisch-ästhetischen Studien, um den Plan zum *Wallenstein* weiter auszuarbeiten. Entstehung mehrerer Prosaszenen dafür.

Februar 2. Erste Begegnung mit Friedrich von Matthisson.

Februar 4. Plan einer Revision von *Anmut und Würde* (nicht ausgeführt).

Februar 25. Wilhelm von Humboldt zieht – wesentlich auf Schillers Wunsch hin – nach Jena, um ihm nach der Rückkehr nahe zu sein.

Februar 26. Brand des Schlosses Christiansborg in Kopenhagen und Vernichtung von Schillers Briefen an den Herzog von Augustenburg.

März 7. Entschluß zur Abreise binnen 6–8 Tagen, da ein kaiserliches Lazarett vom Rhein nach Schwaben verlegt wird und in den belegten Orten Seuchen ausbrechen, denen er entgehen will (nicht ausgeführt).

März 11. Reise mit Hoven von Ludwigsburg nach Tübingen, mittags im Gasthof zum »Goldenen Adler« in Waldenbuch, dann weiter nach Tübingen zu einem dreitägigen Besuch; Wiedersehen mit Prof. Abel, der in Tübingen Professor der Philosophie ist, Wohnung bei ihm in der Bursa und Teilnahme am allgemeinen Studentenessen.

März 11.–13. In Tübingen Bekanntschaft mit dem Orientalisten Prof. Schnurrer und dem Mediziner Prof. Ploucquet, dem Sohn des Philosophen, und erste Begegnung mit Cotta. Mündliche Erörterung über eine mögliche Berufung Schillers nach Tübingen, der er zunächst nicht abgeneigt scheint.

März 13. Rückkehr nach Stuttgart, Ankunft abends und Übernachtung ebenda.•

März 14. Rückkehr mit Hoven nach Ludwigsburg.

März um 15. Übersiedlung nach Stuttgart in das Hofküchengartenhaus, Augustenstraße 9½. Karoline von Beulwitz und Wilhelm von Wolzogen reisen gleichzeitig in die Schweiz.

In Stuttgart sehr viel mehr gesellschaftlicher Umgang, besonders im Hause des kunstsinnigen Kaufmanns Gottlob Heinrich Rapp (Stiftstraße 7), dem geistigen Mittelpunkt der Stuttgarter Künstler und Gelehrten: Rapp selbst, dessen Gespräche über die malerische Poesie Schiller in der Matthisson-Rezension verwertet, dessen Schwiegersohn Dannecker, der an der Schillerbüste arbeitet, der Bildhauer Philipp Jakob Scheffauer, der an einem Schiller-Relief arbeitet, der Kupferstecher Johann Gotthard Müller, der das Ölbild von Graff in Kupfer sticht, ferner Hetsch, Zumsteeg, Matthisson und der herzogliche Kaplan Benedikt Maria Werkmeister, kantischer Philosoph. – Daneben häufiges Treffen mit den ehemaligen Akademiefreunden Haug, von Hoven und Petersen in der »Geistlichen Herberge«, Schulstraße 2.

Stammbucheintragung »In das Folio-Stammbuch eines Kunstfreundes« (»Die Weisheit wohnt …«, für Rapp?) und Bemerkungen zu Rapps Kritik der *Resignation*. Während des Stuttgarter Aufenthalts auch Besuch in Schloß und Park Hohenheim mit Dannecker und Rapp und Besichtigung der Blüherschen Glockengießerei, Paulinenstraße.

März 26. Der Vater Schillers wird Obristwachtmeister.

März 29. Reinhold verläßt Jena und folgt einem Ruf nach Kiel. – Schiller bietet Cotta als Verlagsartikel das gemeinsam mit Nast und Conz herauszugebende »Griechische Theater« (Übersetzungen der griechischen Tragiker) an.

April. Durch rauhes Wetter und wiederholte Krämpfe am Ausgehen verhindert.

April 4. Cotta wünscht nur Schillers Abhandlungen über die griechischen Tragiker ohne deren Übersetzung.

April 6. Bitte an Ludovica Simanowitz, als Pendant zum eigenen auch ein Bild seiner Frau zu malen.

April 14. Von Cotta 160 Gulden Vorschuß erhalten.

April Mitte. Prof. Woltmann aus Göttingen wird als Nachfolger Schillers zum Extraordinarius für Geschichte in Jena berufen und trifft dort ein.

April 16. Aufhebung der Hohen Karlsschule in Stuttgart.

Mai 3. Besuch Fichtes bei Schiller; erste Bekanntschaft.

Mai 4. Besuch von Cotta bei Schiller. Gemeinsamer Ausflug nach Untertürkheim; unterwegs auf dem Kahlenberg (jetzt Schloß Rosenstein) bei Cannstatt Besprechung über Cottas Plan einer politischen Tageszeitung (später »Allgemeine Zeitung«), deren Redaktion Schiller leiten solle, und Schillers Plan der »Horen«. Durch diese Vorhaben Verdrängung des »Griechischen Theaters«.

Mai 6. Letzter Abschied von Eltern und Geschwistern und Antritt der Rückreise aus Stuttgart nach Jena über Heilbronn (?), Würzburg (dort Zusammentreffen mit Dr. Erhard) und Meiningen (dort 3 Tage zu Besuch bei Reinwalds, wohin auch Frau von Kalb herüberkommt).

Mai 14. Nach neuntägiger Reise bei guter Gesundheit Ankunft in Jena in der neuen Wohnung, Unterm Markt 1, wo Schiller bis 13. April 1795 wohnt, in nächster Nähe zu Wilhelm von Humboldt. Fast täglicher Verkehr mit diesem.

Mai 15., 16., 17. Mittags bei Humboldt.

Mai 18. Eintreffen Fichtes in Jena als Nachfolger Reinholds.

Mai (?). Erscheinen der 2. Auflage von Kants Schrift »Die Religion innerhalb der Grenzen der bloßen Vernunft«, in der Kant Schillers Schrift *Über Anmut und Würde* das »Werk einer Meisterhand« nennt und seine Übereinstimmung mit ihr feststellt.

Mai 19. Mitteilung an Cotta, daß er von der Redaktion der geplanten politischen Tageszeitung zurücktreten wolle, da seine anfällige Gesundheit die Arbeit für ihn zu einer Last und für den Verleger zu einem Risiko machen würde. Festhalten am »Horen«-Plan. – Beginn der Vorlesungen; Prof. Woltmann liest an Schillers Stelle über Geschichte und führt auch die »Sammlung historischer Memoiren« fort. Schiller führt die jetzt wie auch späterhin noch stets angekündigten philosophisch-ästhetischen Vorlesungen nicht mehr durch.

Mai 20. Besuch der Frau von Lengefeld.

Mai 21. Mittags bei Humboldt. – Goethe in Jena.

Mai 23. Beginn der Vorlesungen Fichtes über »Moral für Gelehrte« in Schillers Anwesenheit.

Mai 24. Mittags mit Lotte und Frau von Lengefeld bei Humboldt.

Charlotte Schiller.
Ölgemälde von Ludovica Simanowitz, 1794

Mai 26. Besuch von Matthisson bei Schiller in Jena auf der Rückreise von Bern. Gespräch über die *Malteser*. – Einladung an Erhard zur Teilnahme an den »Horen«. – Erhalt von 6 Abdrucken des Porträtstichs von J. G. Müller nach Graff.

Mai 27. und 28. Cotta in Jena; Verhandlungen und Verträge mit ihm über die »Allgemeine Europäische Staatszeitung« und die »Horen«, die Schiller beide herausgeben soll.

Mai Ende. Entstehung der Rezension von Matthissons Gedichten.

Mai 31. Mittags mit Lotte und Frau von Lengefeld bei Humboldt.

Juni 1. Mittags bei Karoline von Humboldt, da Lotte mit Wilhelm von Humboldt in Weimar ist.

Juni Anfang. Fichte, Humboldt und Woltmann in Jena für die »Horen« gewonnen.

Juni 4. Wiederholte Bitte an Cotta, von seiner Herausgeberschaft für die politische Tageszeitung absehen zu wollen; dagegen Lob der »Horen«. – Mittags mit Fichte bei Humboldt; abends Klub mit diesem bei Schiller.

Juni 7. Erste Konferenz von Schiller, Fichte, Woltmann und Humboldt über den Plan der »Horen«. Gemeinsame Abfassung einer Aufforderung zur Mitarbeit, die gedruckt wird.

Juni 8. Tod G. A. Bürgers, Herausgebers des Göttinger Musenalmanachs. Schiller bewirbt sich nach einiger Zeit beim Verleger Dietrich um die Herausgeberschaft, die jedoch schon vergeben ist. Daraufhin eigener Plan eines Musenalmanachs.

Juni 10. Versprechen an den Herzog von Augustenburg, die beim Kopenhagener Schloßbrand vom 26. Februar vernichteten Briefe nach seinen Konzepten wiederherzustellen – woraus dann ein z. T. anderes Werk, die Briefe *Über die ästhetische Erziehung des Menschen*, wird.

Juni 12. Druckabschluß der privaten Aufforderung zur

Mitarbeit an den »Horen« und Übersendung derselben an Körner: »Seit meiner Zurückkunft zwar an wirklichen Ausarbeitungen ziemlich unfruchtbar, aber an Projekten desto ergiebiger.« – Lektüre von Goethes »Reineke Fuchs«.

Juni 13. Datum der gedruckten Einladung zur Mitarbeit an den »Horen«. Versendung derselben mit Anschreiben an Goethe und Kant. Erster Brief Schillers an Goethe. Dieser Tage auch weitere Einladungen an Christian Garve, Johann Jakob Engel und Friedrich August Weißhuhn.

Juni 14. Cotta gegenüber endgültige Ablehnung der Redaktion der politischen Tageszeitung.

Juni 16. Entschluß, die »Neue Thalia« wegen der »Horen« nach Erscheinen von 2–3 weiteren Stücken aufzugeben.

Juni 22. Mittags mit Lotte bei Humboldts.

Juni 24. Goethes Zusage zur Mitbeurteilung und Mitarbeit an den »Horen«, von denen er sich einen Anreiz für sein eigenes Schaffen verspricht. Erster Brief Goethes an Schiller.

Juni 25. Besuch von Prof. Niethammer und Magister J. W. Camerer; Gespräch mit letzterem über notwendige Verbesserungen des württembergischen Schul- und Universitätswesens.

Juni 28. Goethe an Charlotte von Kalb: »Noch muß ich sagen, daß seit der neuen Epoche auch Schiller freundlicher und zutraulicher gegen uns Weimaraner wird, worüber ich mich freue und in seinem Umgange manches Gute hoffe.«

Juni Ende. Übersendung eines kleinen Honorars an Ludovica Simanowitz für sein und Lottes Porträt.

Juni/Juli. Zurückstellung aller anderen Arbeiten zugunsten des Kant-Studiums, das ihm der Umgang mit Fichte und der tägliche Verkehr mit Humboldt sehr erleichtern.

Juli 4. Einladung an Herder, Gotter (?) und Klopstock (?) zur Mitarbeit an den »Horen«, dieser Tage wohl auch an Friedrich Gentz und Alexander von Humboldt.

Juli 8. Abends Eintreffen von Karoline von Beulwitz und Wilhelm von Wolzogen in Jena. – Murr übersendet Schiller seine »Beiträge zur Geschichte des Dreißigjährigen Krieges« und seine Übersetzung des chinesischen Romans »Haoh-Kiöh-Tschuen« (»Eisherz und Edeljaspis«), den Schiller später bearbeitet.

Juli 9. Mittags mit Lotte, Karoline und Wilhelm von Wolzogen bei Humboldt. – Beitrittserklärung Herders als Beurteiler in den beratenden Ausschuß der »Horen«.

Juli 10. Von Cotta 450 Gulden Vorschuß für die »Horen« erhalten. Hoffnung auf ein Eingehen von Wielands »Teutschem Merkur« u. a. Zeitschriften nach dem Erscheinen der »Horen« und Versprechen eines Beitrags zu Cottas »Flora«. Bitte um Rousseaus »Confessions«, Bertuchs Übersetzung des »Don Quixote«, H. P. Sturz' Schriften u. a. m.

Juli 20. Tagung der Naturforschenden Gesellschaft in Jena, an der Goethe (20.–23. Juli in Jena) und Schiller als Ehrenmitglieder teilnehmen. Beide verlassen die Gesellschaft gleichzeitig, und eine Bemerkung Schillers führt zu dem berühmten Gespräch in Schillers Wohnung über die Arten der Naturbetrachtung, Metamorphose der Pflanzen, Urpflanze und Trennung von Idee und Erfahrung. Erste stärkere gegenseitige Annäherung. – Vorschlag einer Zusammenkunft mit Körner in Weißenfels, da er seiner Gesundheit wegen nicht bis Leipzig reisen könne. Die große Hitze hat »meine Zufälle wieder sehr in Bewegung gebracht, daß ich zu Beschäftigungen fast ganz verdorben wurde«. Nur Kant-Studium.

Juli 21. Mittags mit Lotte und Frau von Lengefeld bei Humboldts zu Tisch.

Juli 22. Nochmaliges Zusammentreffen mit Goethe zum Abendessen bei Humboldts und ausführliches Gespräch über Kunst und Kunsttheorie, in dessen Verlauf Schiller die Gedanken des Kallias-Briefes vom 23. Februar entwickelt und Goethe zur eigenen Stellungnahme bewegt.

Juli 23. Abreise Goethes aus Jena. Mittags Humboldts zu Tisch.

Juli 25. Zwanglos herzliches Schreiben Goethes, das einen gegenseitigen Gedankenaustausch begrüßt.

August 1.–3. Buchhändler Michaelis in Jena.

August 1.–20. Durch anhaltendes Unwohlsein ans Haus gebunden.

August 15. Vertrag mit dem Verleger S. H. K. A. Michaelis aus Neustrelitz, der Schiller in Jena besucht, über die Herausgabe eines Musenalmanachs gegen ein Honorar von jährlich 300 Reichstalern.

August Mitte. Lektüre von K. Ph. Moritz' »Versuch einer deutschen Prosodie« und Diderots »Les bijoux indiscrets«.

August 20.–24. Karoline und Wilhelm von Wolzogen auf der Durchreise nach Bauerbach in Jena.

August 21. »Zum erstenmal wieder nach einer 20tägigen Unpäßlichkeit auf die Gasse gekommen.«

August 22. Mittags mit Lotte, Karoline und Wilhelm von Wolzogen bei Humboldts.

August 23. Werbender Brief an Goethe, der die Summe von Goethes Existenz zieht. Beginn des intensiveren Briefwechsels.

August 24. Bitte an Reinwald um Hogarths »Analysis of beauty« und um Beiträge zum Musenalmanach. – Abreise von Karoline, die sich von ihrem Gatten scheiden läßt, und Wilhelm von Wolzogen aus Jena nach Bauerbach. – Einladung an Friedrich H. Jacobi zur Mitarbeit an den »Horen«. – Abschluß der Rezension von Matthissons Gedichten und Einreichung derselben an die Literaturzeitung.

August 25. Einladung an Matthisson zur Mitarbeit an den »Horen«.

August Ende (um 24./25.). Erscheinen des Vierten Stücks der »Neuen Thalia«, Jahrgang 1793; enthält von Schiller: *Fortgesetzte Entwicklung des Erhabenen.*

August 26. Abreise mit W. v. Humboldt nach Weißenfels zu einem Treffen mit Körner. Ankunft dort abends.

August 27. Ankunft Körners in Weißenfels. – Annähernder Brief Goethes, der Einblick in Schillers geistigen Werdegang wünscht und den Plan einer künftigen gemeinschaftlichen Arbeit andeutet: »Es scheint, als wenn wir, nach einem so unvermuteten Begegnen, miteinander fortwandern müßten.«

August 28. Rückreise mit W. v. Humboldt von Weißenfels nach Jena.

August 30. Goethe übersendet seinen Aufsatz »In wiefern die Idee, Schönheit sei Vollkommenheit mit Freiheit, auf organische Naturen angewendet werden könne« als Ergebnis der Unterhaltungen vom 20./22. Juli. Der Begleitbrief nennt Schiller erstmals »Freund«.

August Ende. Arbeit am Abschluß der letzten beiden »Thalia«-Hefte.

September 1. Lotte reist mit dem Sohn Karl aus Furcht vor den Pocken auf 3 Wochen nach Rudolstadt und Etzelbach.

September 4. Arbeit an dem Aufsatz *Über das Naive* und am Plan zum *Wallenstein*. Goethe lädt Schiller nach Weimar in sein Haus ein.

September 7. Annahme von Goethes Einladung nach Weimar und Bitte »um die leidige Freiheit, bei Ihnen krank sein zu dürfen«, da er wegen der Krämpfe bei Nacht den ganzen Morgen schlafen müsse.

September 8.–12. Umarbeitung der Augustenburger Briefe zu den Briefen *Über die ästhetische Erziehung des Menschen* und Arbeit an der Abhandlung *Über das Naive* als »Brücke zu der poetischen Produktion«. – Besuch von Ramdohr und Kunstgespräche mit diesem.

September 10. Goethe sendet Schiller ungenannt durch Frau von Stein einen Tisch.

September 11.–12. Erscheinen der Rezension *Über Matthissons Gedichte* in der Jenaer »Allgemeinen Literatur-Zeitung«, Nr. 298/299.

September 12. Bitte an Körner um eine Kopie seines Ölbildes von Graff. – Mittags Stadtkommandant Major von
Hendrich, Fichte und W. v. Humboldt.

September 14. Mit Humboldt nach Weimar, auf 2 Wochen als Gast zu Goethe; Wohnung bei diesem, wo auch
Humboldt gelegentlich übernachtet.

September 14.–16. Öfteres Unwohlsein und auch tagsüber
Krämpfe. Gespräche mit Goethe über Landschaftsmale-
rei, Naturgeschichte und Optik.

September 16. Gesundheitliche Besserung, nur noch Len-
denreißen infolge Erkältung. Vormittags mit Goethe im
»Stern«.

September 16.–20. Die meiste Zeit des Tages mit Goethe
zusammen; Gespräche über Dramenpläne, die *Malteser*,
die Goethe unbedingt zum 30. Januar 1795 aufführen
will; Goethes Bitte um Bühnenbearbeitung des »Egmont«; Pläne zur Umarbeitung von *Fiesko* und *Kabale
und Liebe* und Plan eines gemeinsamen Briefwechsels
über interessante Materien zum späteren Abdruck in den
»Horen« (vgl. 8. Oktober).

September um 17./18. (?) Goethe liest Schiller seine »Römischen Elegien« vor.

September 18./19. Besuch von Wilhelm von Humboldt bei
Goethe.

September 19. Zusammentreffen mit Herder und dem
Schriftsteller August Wilhelm Rehberg im Hause Goethes – da Schiller in Weimar keine Besuche, nur Spaziergänge macht.

September 25./26. Humboldt wiederum bei Goethe.

September 27. Vormittags zusammen mit Humboldt
Rückkehr nach Jena. – Vermählung Karolines mit Wil-
helm von Wolzogen in Bauerbach. Trotz der Empörung
Schillers, der Karoline zur Scheidung geraten hat, über
die rasche Wiederverheiratung wird das Verhältnis zu
Wolzogen nicht getrübt.

September Ende (?) bis Sommer 1796. Aufenthalt Joseph

Schreyvogels in Jena mit einer Empfehlung an Schiller
von Schulz.

September 30. Rückkehr Lottes und Karls nach Jena. –
Vorschlag an Schütz, jedes einzelne Stück der »Horen«
für die »Allgemeine Literatur-Zeitung« durch ein Mitglied der »Horen«-Gesellschaft rezensieren zu lassen,
und Einladung zur Mitarbeit. Ankündigung der Rezension von Cottas Gartenkalender.

Oktober 1. Besuch von Prof. Schütz. Gespräch über die
Rezension der »Horen« in der »Allgemeinen Literatur-
Zeitung«; Schütz stimmt Schillers Vorschlag vom 30. September zu, wenn Cotta Druck und Papier der Rezensionen bezahle.

Oktober 2. Entstehung der Rezension von Cottas Gartenkalender. – Einladung an Gottlieb Hufeland zur Mitarbeit an den »Horen«. – Bitte an Cotta um Schriften von
Hermes, Engels, Iselin, Archenholz, Dusch, Posselt,
Meißner und Blumauer.

Oktober 3. Rezension des Gartenkalenders an Schütz gesandt.

Oktober 5. Erhalt von Danneckers Büste; Dank an den
Künstler und Bitte um einen weiteren Abguß für Körner
und eine Ausführung in Marmor.

Oktober 8. Erster (verlorener) Brief an Goethe innerhalb
der zur Veröffentlichung in den »Horen« bestimmten
Korrespondenz. Wunsch nach Lektüre des »Wilhelm
Meister«.

Oktober 9. Fortschreitende Umarbeitung der Augustenburger Briefe zur Veröffentlichung in den »Horen«.

Oktober zwischen 9. und 19. Goethes einziger Antwortbrief auf Schillers ästhetische Korrespondenz, die damit
zugleich abgebrochen wird.

Oktober 11. Erscheinen der Rezension von Cottas »Ta-
schenkalender auf das Jahr 1795 für Natur- und Garten-
freunde« in der Jenaer »Allgemeinen Literatur-Zeitung«
Nr. 332. (Auf dringendes Ersuchen Cottas verfaßt.)

Oktober 18. Goethes Einladung, an diesem Tag zur Aufführung des *Don Carlos* nach Weimar zu kommen, kann er krankheitshalber nicht nachkommen. Weiterarbeit an den Briefen *Über die ästhetische Erziehung des Menschen.*

Oktober 19. Goethe mahnt Schiller zur Wiederaufnahme der *Malteser.*

Oktober 20. Abschluß der Umarbeitung für die ersten 9 Briefe *Über die ästhetische Erziehung des Menschen;* Übersendung derselben an Goethe.

Oktober 21. Cotta erbittet das 1. Heft der »Horen« zum Januar statt wie von Schiller vorgeschlagen zur Ostermesse; daher eilige Manuskriptsammlung und -durchsicht.

Oktober nach 25. Erscheinen des Fünften Stückes der »Neuen Thalia«, Jahrgang 1793, enthält von Schiller: *Zerstreute Betrachtungen über verschiedene ästhetische Gegenstände.*

Oktober 27. Cotta erbittet von Schiller ein Gedicht zum bevorstehenden Frieden; von Schiller am 14. November abgelehnt, jedoch vermutlich erster Anlaß zum Gedichtentwurf *Deutsche Größe.*

Oktober 28. Plan, nach Abschluß der ästhetischen Briefe und der Abhandlung über das Naive ab Neujahr an den *Maltesern* zu arbeiten.

November Anfang bis Dezember Ende. Hölderlin mit seinem Zögling Fritz von Kalb in Jena.

November Anfang. Michaelis übernimmt das von Schiller vermittelte Buch seines Vaters »Die Baumzucht im Großen« gegen 24 Carolin Honorar in Verlag.

November 2.–6. Goethe mit Heinrich Meyer in Jena; Bekanntschaft mit letzterem. Hölderlin erkennt bei seinem ersten Besuch bei Schiller Goethe nicht und behandelt ihn einsilbig.

November 3. Humboldt, Goethe und Meyer zu Mittag bei Schillers.

November 4. Mit Lotte, Goethe und Meyer bei Humboldts zu Tisch.

November 7. Einladung an Archenholz und Gleim zur Mitarbeit an den »Horen«.

November 12. Vereinbarung mit Schütz, nur das erste Heft der »Horen« ausführlich einzeln und die übrigen vierteljährlich zu besprechen.

November 14. Statt des versprochenen Beitrags zu Cottas »Flora« Übersendung eines Briefes an deren Herausgeber zum Abdruck (vgl. 5. Januar 1795). – Übersendung der Briefe 1–9 *Über die ästhetische Erziehung des Menschen* an Cotta zum Abdruck in den »Horen«.

November 16. Sendung seines Porträtstichs von Müller als Geschenk an Goethe.

November 18.–20. Goethe mit Herzog Karl August in Jena.

November 20. Aufführung der *Räuber* in Jena durch eine Liebhaberbühne der Studenten.

November 27. Goethe übersendet den Anfang der »Unterhaltungen deutscher Ausgewanderten« für die »Horen«.

November 29. Wunsch nach Lektüre von Goethes bisher ungedruckten »Faust«-Bruchstücken. (Goethe lehnt ab, da er das Paket nicht öffnen wolle, um nicht ins Verbessern zu geraten). – Plan zur Abfassung der *Merkwürdigen Belagerung von Antwerpen*.

Dezember 1./2. Unwohlsein.

Dezember Anfang. Überarbeitung der ästhetischen Briefe 10–16 für das 2. Stück der »Horen«; dadurch Verzögerung der »Horen«-Anzeige.

Dezember 5. Beginn der Arbeit an der Anzeige der »Horen«.

Dezember 6. Von Cotta 360 Gulden Vorschuß für die »Horen« erhalten. – Goethe übersendet das 1. Buch von »Wilhelm Meisters Lehrjahren« (in Druckbogen) zur Lektüre.

Dezember 7.–9. Lektüre des 1. Buches von »Wilhelm Meisters Lehrjahren«.

Dezember 9. Abschluß der Arbeit an der »Horen«-Anzeige.

Dezember 10. Im »Intelligenzblatt der Allgemeinen Literatur-Zeitung« Nr. 140 erscheint die Ankündigung der »Horen«: »Die Horen eine Monatsschrift, von einer Gesellschaft verfaßt und herausgegeben von Schiller«, datiert vom 10. Dezember. Von der Anzeige, die auch vor dem 1. Stück der »Horen« wieder abgedruckt wird, läßt Schiller eine Reihe von Separatabzügen anfertigen, die er an Freunde zur Verteilung und Werbung sendet. Die Anzeige wird von anderen Zeitungen, z. T. verkürzt, wieder abgedruckt.

Dezember 17. Ankunft Goethes (bis 19.) und H. Meyers in Jena; mittags mit ihnen bei Humboldts; abends Humboldts zu Tisch.

Dezember Ende. Sorge um weiteres Manuskript für die »Horen«, da die Mitarbeiter für die ersten Hefte noch nichts schicken.

Dezember 31. Umarbeitung der Briefe 10–16 *Über die ästhetische Erziehung des Menschen* beendet.

1795

Januar 3. Goethe übersendet den 1. Band von »Wilhelm Meisters Lehrjahren«; Lektüre desselben.

Januar 5. Erscheinen von Cottas »Flora«, Januarheft, mit der Veröffentlichung von Schillers Brief vom 14. November 1794 an den Herausgeber der Flora. – Übersendung der ästhetischen Briefe 1–16 zur Kritik an Körner; Briefe 17–19 sind ebenfalls schon fertig.

Januar 7. Goethe übersendet das 3. Buch von »Wilhelm Meisters Lehrjahren« im Manuskript; Lektüre desselben.

Januar 9. Plan, die ästhetischen Briefe nicht vollständig in den »Horen« erscheinen zu lassen, sondern sie vollständig erst in einer dem Herzog von Augustenburg gewidmeten Buchausgabe zu veröffentlichen (nicht ausgeführt).

Januar 11.–23. Goethe und H. Meyer in Jena; Wohnung im Schloß.

Januar 11. Fichte, der sich durch seine Bemühungen um Auflösung der geheimen Studentenorden bei den Studenten verhaßt gemacht hat, verläßt Jena und geht (bis 24. August) nach Oßmannstedt.

Januar vor 14. Hölderlin, der sich von Kalbs gelöst hat, kommt wieder nach Jena, um dort von Ersparnissen und literarischen Einnahmen ganz seinen Studien zu leben. Häufiger Verkehr mit Schiller, der ihn zur Mitarbeit an den »Horen« anregt.

Januar 15. Erscheinen von:
»Die Horen Jahrgang 1795 Erstes Stück« X S. 1 Bl. 93 S. 8°, enthält von Schiller:
1. *Die Horen eine Monatsschrift*, von einer Gesellschaft verfaßt und herausgegeben von Schiller (Wiederabdruck der Ankündigung vom 10. Dezember 1794);
2. *Über die ästhetische Erziehung des Menschen in einer Reihe von Briefen* (Brief 1–9).

(Auflage zunächst 1500 Exemplare; Anfang März 500 Exemplare nachgedruckt; jeder Jahrgang besteht aus 12 Stücken in 4 Bänden zu je 3 Stücken.)

Januar 16. Manuskript zum 2. Stück der »Horen« an Cotta.

Januar 18. Abends Vorlesung der ästhetischen Briefe vor Goethe und H. Meyer.

Januar 19. Ästhetische Briefe 10–16 an Cotta gesandt.

Januar 24. Eintreffen des 1. Stückes der »Horen« in Jena.

Januar vor 26. Aufforderung an Hölderlin zu einem Beitrag für das letzte Heft der »Neuen Thalia«.

Januar 27. Aufforderung an H. Meyer, für die »Horen« eine Reihe von Charakteristiken bedeutender Künstler zu verfassen und ein »Siegel der Horen« zu entwerfen.

Januar Ende. Schiller vermittelt von Hoven den Jenaer

Drucker Göpferdt für dessen »Geschichte eines epidemischen Fiebers«.

Februar Anfang.　Beginn der Arbeit an der 3. Lieferung der ästhetischen Briefe (17–27).

Februar Anfang (vor 10.).　Erscheinen des Sechsten Stükkes der »Neuen Thalia«, Jahrgang 1793. Letztes Thalia-Heft, ohne Beitrag Schillers.

Februar 11.　Goethe sendet das 4. Buch von »Wilhelm Meisters Lehrjahre« im Manuskript. Lektüre desselben.

Februar um 12.　Erhalt einer Berufung nach Tübingen als ordentlicher Professor der Geschichte mit mäßigem, aber steigendem Gehalt, in Gestalt einer vorfühlenden, privaten Anfrage von Prof. Abel vom 29. Januar. – Schiller lehnt das Ansinnen im Hinblick auf seinen Gesundheitszustand, der ihm das Abhalten von Vorlesungen verbiete, ab.

Februar 14.　Besuch Goethes bei Schiller in Jena; Unterhaltungen über »Wilhelm Meisters Lehrjahre«.

Februar 20.　Erscheinen von:
»Die Horen Jahrgang 1795 Zweytes Stück« 2 Bl. 132 S. 8°, enthält von Schiller: *Über die ästhetische Erziehung des Menschen* (10. bis 16. Brief).

Februar 22.　Bemerkungen zum 4. Buch von »Wilhelm Meisters Lehrjahren« an Goethe; von diesem benutzt.

Februar Ende.　Fortsetzung der ästhetischen Briefe: »Worüber ich schon fünf Wochen fruchtlos brütete, das hat ein milder Sonnenblick binnen drei Tagen in mir gelöst.«

März 1.　Cotta wünscht, in Zukunft alle Werke Schillers verlegen zu können und ihn zur Annahme des Rufes nach Tübingen zu bewegen. – »Horen« I–II an Kant gesandt. – Besuch von F. A. Weißhuhn. – Besuch der Frau von Kalb in Jena.

März Anfang.　Nachauflage von 500 Exemplaren des 1. Stückes der »Horen« infolge unvorhergesehen hoher Bestellungen.

März 9.　Schiller vermittelt Cotta als Verleger für Hölderlins »Hyperion«. – Bitte um 200 Taler wegen Ausbleibens der dänischen Besoldung.

März 10. Schillers Bemerkungen über Körners Aufsatz für die »Horen«: Über Charakterdarstellung in der Musik.

März Mitte. Beginn der Niederschrift der *Merkwürdigen Belagerung von Antwerpen* als Lückenbüßer für die »Horen«; letzter historischer Aufsatz Schillers.

März 16. Aufhebung der Vereinbarungen vom 30. September / 1. Oktober 1794 bezüglich der monatlichen Rezension der »Horen« wegen eines Angriffs auf die »Allgemeine Literatur-Zeitung« im »Kaiserlich privilegierten Reichs-Anzeiger« Nr. 49 vom 27. Februar. In Zukunft werden die »Horen« nur noch einmal jährlich rezensiert. – Erster Plan einer verbesserten Neuauflage seiner Dramen bei Cotta, falls Göschen wegen des *Don Carlos* einwilligt.

März 20. Erscheinen von: »Die Horen Jahrgang 1795 Drittes Stück« ohne Beitrag Schillers. – Einladung an Friedrich Schlegel – durch Vermittlung Körners – zur Mitarbeit an den »Horen«.

März 24. Besuch von Baggesens und Frau von Kalb (?).

März 25. Erneuter Ruf nach Tübingen (Brief Abels vom 6. März) unter Zusicherung der Dispensierung von allen öffentlichen Obliegenheiten, so daß er völlige Freiheit habe, ganz nach seinem Sinne auf die Studenten zu wirken. Das großzügige Angebot veranlaßt ihn zur finanziellen Sicherung seiner Zukunft in Jena.

März 26. Bitte an Geheimrat Voigt, ihm vom Herzog die Versicherung zu erwirken, daß sein Gehalt verdoppelt würde, wenn zunehmende Krankheit im äußersten Falle ihm die schriftstellerische Arbeit unmöglich mache.

März 28. Die Verdoppelung des Gehalts im Notfall wird vom Herzog zugesichert.

März 29. Manuskript zum 4. Stück der »Horen« an Cotta: Teilsendung der *Merkwürdigen Belagerung von Antwerpen.*

März 29. bis Mai 2. Goethe und H. Meyer in Jena; jeden Abend zu Besuch bei Schiller.

März 30. Kant beantwortet Schillers Einladung zur Mitarbeit an den »Horen« und bittet um Aufschub. »Die Briefe über die ästhetische Erziehung finde ich vortrefflich.« Kant lieferte keinen Beitrag.

April Anfang. Fortgesetzte Arbeit an der *Merkwürdigen Belagerung von Antwerpen*. Häufiger Verkehr mit Hölderlin, den Schiller zur Übersetzung von Ovids »Phaethon« in Stanzen anregt.

April 3. Ablehnung seiner Berufung nach Tübingen (an Abel), mit Rücksicht auf seine Gesundheitsumstände und seine Verpflichtungen gegenüber Herzog Karl August, die durch die Zusage vom 28. März noch gewachsen sind. – Einer der unausgesprochenen Hauptgründe für die Aufgabe der so erwünschten Rückkehr in die Heimat ist die sich anbahnende Annäherung an Goethe. – Erhalt von Dora Stocks Kopie des Graffschen Schiller-Ölgemäldes.

April 6. Fortsetzung der *Merkwürdigen Belagerung von Antwerpen* an Cotta.

April 13. Umzug in das bequeme Griesbachsche Haus, Schloßgasse 17, wo er bis zum Umzug nach Weimar am 3. Dezember 1799, seit 1797 aber sommers im Gartenhäuschen, wohnt.

April 24. (?) Eintägiger Besuch Cottas bei Schiller auf der Durchreise zur Leipziger Messe in Anwesenheit Goethes. Gute Aussichten für die »Horen«, die bisher 1723 Subskribenten haben. Erörterung des Planes einer 3–4bändigen Ausgabe seiner Dramen und ästhetischen Schriften bei Cotta.

April Ende. Häufigeres Unwohlsein und heftiger Katarrh. – Frau von Kalb in Jena. – Erscheinen von:
»Die Horen Jahrgang 1795 Viertes Stück« 2 Bl. 119 S. 8°, enthält von Schiller: *Merkwürdige Belagerung von Antwerpen in den Jahren 1584 und 1585* (1. Teil).

Mai 1. Bitte an Cotta um Voß' »Luise« und J. M. Müllers (F. W. Möllers?) »Neue Volksmärchen der Deutschen«.

Mai 2. Abreise Goethes nach Weimar ohne förmlichen Abschied von Schiller.

Mai Anfang. Lektüre der »Briefe von Friedrich Matthisson«.

Mai 6. Cotta übersendet als Geschenk: »Thunbergs Reise nach Japan, Ceylon und Java«, »Die Familie Seldorf« (von Therese Huber unter L. F. Hubers Namen) und »Adele von Senange« (Übersetzung von Th. Huber unter L. F. Hubers Namen). Lektüre derselben. – Heftiger Auftritt Cottas mit Göschen in Leipzig wegen der bei Cotta vorgesehenen Ausgabe von Schillers Dramen; Göschen plant eine illustrierte Luxusausgabe des *Don Carlos* und möchte die Verlagsrechte nicht verlieren.

Mai 8. Cotta wünscht größere Mannigfaltigkeit und mehr Allgemeinverständlichkeit der »Horen«-Beiträge.

Mai 12. Besuch von Cottas Bruder, Johann Georg Cotta, bei Schiller in Jena.

Mai 16. Goethe sendet Herders »Terpsichore« und den 2. Band von »Wilhelm Meisters Lehrjahren«. Lektüre derselben.

Mai 21. Besuch des Verlegers Michaelis, dem Schiller einen Empfehlungsbrief an Goethe nach Weimar mitgibt.

Mai 28. Erscheinen von:
»Die Horen Jahrgang 1795 Fünftes Stück« 2 Bl. 140 S. 8°, enthält von Schiller: *Merkwürdige Belagerung von Antwerpen in den Jahren 1584 und 1585* (Schluß).

Mai Ende. Plötzliche, kopflose Abreise Hölderlins aus Jena ohne Abschied. – Verschlechterung des Gesundheitszustandes infolge schlechten Wetters.

Mai 31. bis Juni 3. Besuch Goethes in Jena. Unterhaltungen über »Wilhelm Meisters Lehrjahre« und den Unterschied zwischen Roman und Drama.

Juni Anfang. Arbeit an der Fortsetzung der ästhetischen Briefe. – Gesundheitliche Besserung nach einem einzelnen Fieberanfall. – Lotte und der Sohn Karl erkranken an Masern.

Juni 8. Abschluß der Arbeit an den Briefen *Über die ästhetische Erziehung des Menschen.* Übersendung an Cotta.

Juni 9. Stammbucheintragung für Friederike Brun (»Keine Gottheit …«).

Juni 12. Dank an Herder für Übersendung seiner »Briefe zur Beförderung der Humanität«, 5. Sammlung. – Erhalt des Manuskripts zum 5. Buch von »Wilhelm Meisters Lehrjahren« und Lektüre desselben (bis 15. Juni) sowie von Jean Pauls »Hesperus«. – Auf Körners Empfehlung Heranziehung A. W. Schlegels zur Mitarbeit an den »Horen« und dem »Musenalmanach«. Gleichzeitig Rückwendung von der Philosophie und Ästhetik zur Dichtung und Entstehung des Gedichts *Poesie des Lebens*, erstes Gedicht nach fast siebenjähriger Unterbrechung des lyrischen Schaffens.

Juni 15. Schillers Kritik am 5. Buch von »Wilhelm Meisters Lehrjahren« wird, die Goethe z. T. verwertet. – Plan, die »Horen« um einen literaturkritischen Teil zu vermehren (erster Gedanke der »Xenien«) und im Einverständnis Goethes gegen die Bevorzugung des Schauspielerwesens in »Wilhelm Meisters Lehrjahren« zu protestieren (nicht ausgeführt).

Juni Mitte. Kopf- und Zahnschmerzen.

Juni 22. Erscheinen von:
»Die Horen Jahrgang 1795 Sechstes Stück« 4 Bl. 124 S. 8°, enthält von Schiller: *Die schmelzende Schönheit. Fortsetzung der Briefe über die ästhetische Erziehung des Menschen* (17.–27. Brief).
(Das Stück enthält ferner nur Goethes »Römische Elegien« und wurde von Goethe wegen dieses zwiespältigen Charakters »Centaur« genannt.)

Juni 24. Schiller weist Fichtes »Horen«-Beitrag »Geist und Buchstab in der Philosophie« als zu abstrakt, schwerfällig und z. T. verwirrt in der Darstellung zurück. Streit mit

Fichte und Auseinandersetzungen deswegen bis Anfang August. Fichte zieht sich ganz von den »Horen« zurück.

Juni 27. Fichtes Antwortbrief stellt Schillers eigene Bedeutung als Philosoph in Frage und lehnt den Stil seiner philosophischen Schriften als unwissenschaftlich ab.

Juni 29. bis Juli 1. Besuch Goethes in Jena auf der Durchreise nach Karlsbad.

Juli 1. Humboldt wird durch eine schwere Krankheit seiner Mutter veranlaßt, nach Berlin und Tegel zurückzukehren.

Juli 2. Abreise Goethes nach Karlsbad.

Juli Anfang bis um 20. Häufige Krämpfe und daher keine Produktivität.

Juli 4. »Ich lebe jetzt ganz cavalièrement, denn ich mache Gedichte für meinen Musenalmanach.«

Juli 6. Abschluß des Gedichtes *Der Tanz*; Übersendung an Cotta. Vorschlag an Cotta wegen eines literaturkritischen Anhangs der »Horen« (nicht ausgeführt).

Juli 18. Beginn der Kalendereintragungen.

Juli 20. »Meine Poesien rücken sehr langsam vorwärts, da ich ganze Wochen lang zu jeder Arbeit untüchtig war.« Bisher nur 3 Gedichte für den »Musenalmanach« entstanden.

Juli 22. Erscheinen von: »Die Horen Jahrgang 1795 Siebentes Stück«, ohne Beitrag Schillers.

Juli 29. Cotta bittet um mehr unterhaltende und erholende Beiträge zu den »Horen« und um den Anfang des *Wallenstein*.

Juli Ende (?). Entstehung des Gedichtes *Die Macht des Gesanges*.

August. Den ganzen Monat über Krämpfe.

August 2. Cotta wegen Unzufriedenheit mit dem Verleger Michaelis die folgenden Musenalmanache versprochen und seinem Vater durch Cotta 25 Louisdor Honorar für sein Buch »Über die Baumzucht im Großen« auszahlen lassen.

August Anfang. Entstehung der meisten (nicht genauer datierbaren) Gedichte für den »Musenalmanach«; Höhepunkt der bis 1798 fortgesetzten Gedankenlyrik.

August 7. Erste Manuskriptsendung zum »Musenalmanach« an Humboldt, der den Druck in Berlin bei Unger überwacht.

August 9. Übersendung des soeben vollendeten Gedichts *Das Ideal und das Leben* (noch unter dem Titel *Das Reich der Schatten*) an Humboldt und Cotta.

August 11. Goethe macht auf der Rückreise von Karlsbad in Jena Station und übergibt Schiller die 2. Hälfte des 5. und den Anfang des 6. Buches von »Wilhelm Meisters Lehrjahre« zur Lektüre; Schiller liest ihm vermutlich das Gedicht *Das Ideal und das Leben* vor.

August vor Mitte. *Natur und Schule* entstanden.

August 17. Bemerkungen über das 6. Buch von »Wilhelm Meisters Lehrjahren« und Bitte um Goethes »Faust«-Fragmente für die »Horen«. Trotz angegriffener Gesundheit starke Schaffenslust; bisher 15 Gedichte zum »Musenalmanach«, darunter *Pegasus im Joch*, fertig.

August um 20. Erscheinen von: »Die Horen Jahrgang 1795 Achtes Stück«, ohne Beitrag Schillers.

August vor 21. Entstehung der Gedichte *Ilias* und *Der spielende Knabe*.

August 21. Enttäuschung über die »Horen«, für die er wegen Mangels an guten Beiträgen und wegen kalter Aufnahme beim Publikum zuweilen die Hoffnung aufgibt. – Anweisung an Humboldt, den Druck des »Musenalmanachs« beginnen zu lassen und dem Verleger Michaelis, der sich nicht meldet – sein Geschäftsführer unterschlug Post und Geld – zum nächsten Termin zu kündigen.

August 24. Besuch Goethes in Jena; er übergibt Schiller den 1. Teil des »Märchens«.

August 27. Erste Sendung der bisher fertiggestellten Gedichte (*Natur und Schule, Die Ideale, Die Macht des Gesanges, Das verschleierte Bild zu Sais, Pegasus im Joch,*

Der spielende Knabe, Das Kind in der Wiege, Das Un-
wandelbare, Die Antike an einen Wanderer aus dem Nor-
den u. a. m.) an Körner. – »Die Krämpfe quälen mich
heute wieder so anhaltend.«

August 27./28. Entstehung des Gedichts *Würde der Frau-*
en; Übersendung an Reichardt zur Komposition; Änderungen am Gedicht *Der Tanz.*

September. Fortdauer des Unwohlseins. – Fast den ganzen
Monat über Arbeit an der Abhandlung *Über das Naive.*

September Anfang. Arbeit am Aufsatz *Über die Gefahr*
ästhetischer Sitten. – Erste Erwähnung des Aufsatzes
Über das Erhabene (Entstehungszeit ungewiß). – Entstehung der *Elegie* (*Der Spaziergang*, bis 21. September fertig).

September 3./4. Den Aufsatz *Von den notwendigen Gren-*
zen des Schönen und zwei Gedichte (*Natur und Schule*
[später *Der Genius*] und *Das verschleierte Bild zu Sais*)
an Cotta für die »Horen« gesandt.

September 5. Erhalt von 400 Talern der dänischen Pension.

September 7. Abschluß des Aufsatzes *Über die Gefahr äs-*
thetischer Sitten und metrische Änderungen an den Gedichten *Natur und Schule, Pegasus im Joch, Würde der*
Frauen u. a. als Erfolg von Humboldts Hinweis auf echte
Treue des Versmaßes. – Restliche Gedichte für das
9. Stück der »Horen« an Cotta; Befürchtungen wegen
Eingehens der »Horen«.

September 8. Humboldt klärt Schiller über das Verhalten
des Verlegers Michaelis und die Verzögerung des Druck-
beginns beim »Musenalmanach« auf und bezeugt dessen
Unschuld: Michaelis ist in seiner Abwesenheit von seinem Geschäftsführer um für Zahlungen zurückgelassene
1000 Taler betrogen und seine Korrespondenz unter-
schlagen worden.

September 11. Die Gedichte *Deutsche Treue, Der philoso-*
phische Egoist, Würde der Frauen u. a. m. an Körner zur
Kritik.

September 12. Erhalt von Körners Komposition des Gedichtes *Der Tanz*.

September 13. »Mein altes körperliches Leiden setzt mir diesen Sommer sehr hartnäckig zu und macht mich ununterbrochen zum Gefangenen meines Zimmers.«

September 15. Druckbeginn des »Musenalmanachs«, bis Ende November, unter Humboldts Aufsicht bei J. F. Unger in Berlin.

September 2. Hälfte. Sorgen um die letzten Hefte der »Horen« für 1795, die trotz ständigen Manuskriptmangels im Interesse der Subskriptionsfortsetzung besonders gut ausfallen müssen.

September 18. Cotta den Verlag für den nächstjährigen »Musenalmanach« zugesichert; Bitte um Adelungs Wörterbuch.

September 21. Die Gedichte *Elegie, Columbus* u. a. m. an Körner zur Kritik. – Weiterarbeit an der Abhandlung *Über das Naive*.

September um 24. Erscheinen von:
»Die Horen Jahrgang 1795 Neuntes Stück« 4 Bl. 136 S. 8°, enthält von Schiller:

1. *Das Reich der Schatten (Das Ideal und das Leben)*;
2. *Natur und Schule (Der Genius)*;
3. *Das verschleierte Bild zu Sais*;
4. *Von den notwendigen Grenzen des Schönen besonders im Vortrag philosophischer Wahrheiten (Über die notwendigen Grenzen beim Gebrauch schöner Formen* I);
5. *Der philosophische Egoist*;
6. *Die Antike an einen Wanderer aus dem Norden (Die Antike an den nordischen Wanderer)*;
7. *Deutsche Treue*;
8. *Weisheit und Klugheit*;
9. *An einen Weltverbesserer*;
10. *Das Höchste*;
11. *Ilias*;
12. *Unsterblichkeit*.

September 25. Die *Stanzen an den Leser, Der Abend* u. a. m. an Körner und *Zenit und Nadir* an Cotta für die »Horen« (nicht aufgenommen).

September 26. Erhalt des vollständigen »Märchens« von Goethe.

September 28. Die *Elegie* an Cotta gesandt.

Oktober Anfang. Gesundheitliche Besserung. – Entstehung der Gedichte für das 11. Stück der »Horen«.

Oktober 2. Besuch von H. Meyer auf der Durchreise nach Italien.

Oktober 3. und 5. Gedanken an Wiederaufnahme des dramatischen Schaffens (*Die Malteser*).

Oktober 5. Besuch Goethes in Jena, dem Schiller die *Elegie* vorliest. – Plan einer romantischen Verserzählung (*Der Kampf mit dem Drachen* oder Vorstufe der späteren Gedichte *Die Begegnung, Das Geheimnis, Die Erwartung, An Emma*?) und eines Aufsatzes *Über die Schamhaftigkeit der Dichter* aus Anlaß von Goethes »Römischen Elegien«. – Zweifel wegen seiner Begabung zum epischen oder dramatischen Schaffen.

Oktober 5.–12. Briefliche Verhandlungen mit Crusius über die Sammlung seiner *Gedichte* (II 1800–03).

Oktober 16. Übersendung von »Horen«-Manuskript an Cotta: *Über die Gefahr ästhetischer Sitten* und 12 Gedichte: *Die Teilung der Erde, Die Taten der Philosophen, Theophanie, Einem jungen Freund, Archimedes und der Schüler, Menschliches Wissen, Die Dichter der alten und neuen Welt, Schön und erhaben, Der Skrupel, Karthago, Ausgang aus dem Leben, Der Dichter an seine Kunstrichterin.* – Anzeige des »Musenalmanachs« an Michaelis.

Oktober 16.–31. Besuch der Frau von Lengefeld bei Schillers.

Oktober 19. Nach 3 Monaten Zimmeraufenthalt erstmals wieder spazieren gefahren. – Übersendung der (soeben abgeschlossenen?) Abhandlung *Über das Naive* an Herder. – Entschluß zur vordringlichen Ausarbeitung der

Malteser nach Abschluß der wichtigsten »Horen«-Arbeiten.

Oktober 20. Spazieren gefahren; abends Besuch von Paulus.

Oktober 21. Spazieren gefahren.

Oktober 23. Erscheinen von:
»Die Horen Jahrgang 1795 Zehntes Stück« 2 Bl. 152 S. 8°, enthält von Schiller: *Elegie* (ab 1800 unter dem Titel *Der Spaziergang*).

Oktober 24. Im Intelligenzblatt der »Allgemeinen Literatur-Zeitung« Nr. 122 erscheint ein derber Aufsatz F. A. Wolfs gegen Herders Homer-Aufsatz im 9. Stück der »Horen«. Schiller verständigt Herder und Goethe durch Expressen.

Oktober 26. Nachmittags Besuch Herders aus Weimar wegen der Angriffe von F. A. Wolf. Entschluß zu einer Erwiderung Schillers (nicht ausgeführt). – Lektüre von Madame de Staëls »Versuch über die Dichtungen«. – Übersendung der Abhandlung *Über das Naive* an Cotta.

Oktober 28. Erste Anregung Goethes, die Angriffe auf die »Horen« zu sammeln und gegen Jahresende über sie Gericht zu halten (»Xenien«-Plan).

Oktober 30. Erhalt von Herders »Iduna«. – Restmanuskript zum 11. Stück der »Horen« an Cotta. Vorschläge zur äußeren Umgestaltung des nächsten Jahrganges, falls sie fortgesetzt werden sollten.

Oktober 31. Abreise der Frau von Lengefeld aus Jena. – Besuch von Prof. Woltmann.

November 1. Erhalt von Thümmels »Reisen in die mittäglichen Provinzen von Frankreich«, erste Bände.

November 2. Erhalt des 1. Bandes von Adelungs Wörterbuch und Posselts »Condorcet«. – »Die Horen werden jetzt von allen Orten her sehr angegriffen.«

November Anfang. Beginn der Arbeit an der Abhandlung *Die sentimentalischen Dichter.*

November 5. Ankunft Goethes in Jena; mit ihm gewöhnlich nachmittags von 17 Uhr bis 24 oder 1 Uhr nachts zusammen, Gespräche über Baukunst, Optik und andere naturwissenschaftliche Fragen sowie griechische Literatur und Kunst.

November 7. Bei Griesbachs.

November 9. Absicht, ernsthaft Griechisch zu treiben. – Cotta tritt für die Fortsetzung der »Horen« ein.

November 10. Abends Geburtstagsfeier mit Griesbachs und Goethe.

November 11. Abreise Goethes nach Weimar.

November 13. Erster Teil der Abhandlung *Die sentimentalischen Dichter* an Cotta.

November 14.–20. Bei guter Gesundheit rascher Fortschritt der Abhandlung über *Die sentimentalischen Dichter.*

November 18. Erhalt von Goethes »Wilhelm Meisters Lehrjahre«, 3. Band.

November 20. Fortsetzung der Abhandlung *Die sentimentalischen Dichter* an Cotta.

November 21. Goethes Entschluß zu einer »Art Kriegserklärung gegen die Halbheit« der Journalisten, Rezensenten, Stolberg, Lichtenberg u. a. m. (später »Xenien«).

November um 21. Erneutes Unwohlsein.

November 23. Plan einer ausführlichen Beurteilung von Goethes »Wilhelm Meisters Lehrjahre« (nicht ausgeführt).

November 24. Erscheinen von:

»Die Horen Jahrgang 1795 Eilftes Stück« 2 Bl. 104 S. 8°, enthält von Schiller:

1. *Die Teilung der Erde;*
2. *Die Taten der Philosophen (Die Weltweisen);*
3. *Über die Gefahr ästhetischer Sitten (Über die notwendigen Grenzen beim Gebrauch schöner Formen* II);
4. *Theophanie;*
5. *Einem jungen Freund als er sich der Weltweisheit widmete;*
6. *Archimedes und der Schüler;*
7. *Über das Naive.*

November 27. Schluß der Abhandlung *Die sentimentalischen Dichter* an Cotta.

November Ende. Nächtliche Lektüre: Juvenal.

November 30. Plan einer Idylle größten Stils: Vermählung des Herkules mit Hebe: Erhebung des Menschen zum Gott, als objektive Individualisierung seines Schönheitsideals (nicht ausgeführt).

Dezember Anfang. Bei schlechtem Wetter niedergedrückte Stimmung und keine Fortschritte der Arbeiten.

Dezember 7. Weiterhin Wunsch nach Aufgabe der »Horen« wegen Mangels guter Beiträge bei abnehmender Subskribentenzahl.

Dezember 10. Aufforderung an A. W. Schlegel, sich in Jena niederzulassen.

Dezember 13. Abschluß der Revision von Knebels Properz-Übersetzung.

Dezember 15. Erscheinen von:
»Musen-Almanach für das Jahr 1796. Herausgegeben von Schiller. Neustrelitz, bei dem Hofbuchhändler Michaelis.« 1 Bl. 12 Bl. Kalendarium, 260 S. 2 Bl. Inhalt, 8 Bl. Musikbeilagen, 12°, gedruckt bei Johann Friedrich Unger, Berlin. Auflage 3000 Exemplare; enthält von Schiller:
Die Macht des Gesanges – Das Kind in der Wiege – Odysseus – Das Unwandelbare – Zeus zu Herkules – Der Tanz – Einer jungen Freundin ins Stammbuch – Spruch des Confucius – Würden – Deutschland und seine Fürsten – Pegasus in der Dienstbarkeit (Pegasus im Joche) – Der spielende Knabe – Die Ritter des Spitals zu Jerusalem (Die Johanniter) – Der Sämann – Die zwei Tugendwege – Die Ideale – Der Kaufmann – Ein Wort an die Proselytenmacher – Der beste Staat – Der Abend – Der Metaphysiker – Columbus – Würde der Frauen – Stanzen an den Leser (Abschied vom Leser).

Dezember 15. Erhalt des 2. Bandes von Adelungs Wörterbuch.

Dezember 2. Hälfte. Arbeit am *Beschluß der Abhandlung*

über naive und sentimentalische Dichter; Sehnsucht nach dichterischem Schaffen. Wenig Lektüre und Umgang.

Dezember 20. Bei Griesbachs.

Dezember 22. Cotta meldet entgegen Schillers Hoffnungen unverhältnismäßig viele Abbestellungen der »Horen«.

Dezember 23. Goethes Brief mit Anregung zu den »Xenien« im Sinne Martials, zunächst noch als Epigramme auf deutsche Zeitschriften, dann als große literarische Abrechnung überhaupt ausgeweitet.

Dezember 25. (Verlorener) Beitrag zur Interpretation des »Märchens« an Goethe. – Besuch von Prof. Schütz.

Dezember 26. Goethe sendet die ersten 12 »Xenien«.

Dezember 29. Zustimmung zu Goethes Plan der »Xenien«. – Lektüre: Terenz »Die Brüder«.

Dezember 30. Erhalt der ersten 3 Exemplare des »Musenalmanachs« durch Humboldt; Übersendung je eines Exemplars an Herder und Goethe »für den ersten Hunger«.

Dezember 31. Besuch des Grafen Purgstall, Freund des Grafen Schimmelmann.

Dezember Ende. Erscheinen von:
»Die Horen Jahrgang 1795 Zwölftes Stück« 8 Bl. 115 + 5 S. 8°; enthält von Schiller:

1. *Die sentimentalischen Dichter;*
2. *Menschliches Wissen;*
3. *Die Dichter der alten und neuen Welt (Die Sänger der Vorwelt);*
4. *Schön und Erhaben (Die Führer des Lebens);*
5. *Der Skrupel;*
6. *Karthago;*
7. *Ausgang aus dem Leben (Die idealische Freiheit).*

1796

Januar 3. Eintreffen Goethes in Jena nachmittags, Wohnung im Alten Schloß (bis 17. Januar), nachmittags und abends fast täglich bei Schiller, gemeinsame Fortsetzung der »Xenien«.

Januar 4. Beendigung des Aufsatzes über die naiven und sentimentalischen Dichter und Übersendung des ersten Teils an Cotta. Aderlaß. Abends Besuch von Goethe. Bereits 20 Xenien fertig. Plan von Anmerkungen zu Madame de Staëls Schrift »Versuch über die Dichtungen« (nicht ausgeführt).

Januar 4.–6. In der Jenaer »Allgemeinen Literatur-Zeitung« Nr. 4–6 erscheint A. W. Schlegels große Rezension der poetischen Arbeiten im 1. Jahrgang der »Horen«.

Januar 6. Abends Besuch von Goethe.

Januar 7. Unentschlossenheit über die Wahl der nach dem Abschluß seiner ästhetischen Studien vorzunehmenden Dichtung.

Januar 7.–11. Besuch Funcks in Jena, vier Nachmittage und Abende mit Goethe bei Schiller.

Januar 8. Schluß des Aufsatzes *Über naive und sentimentalische Dichtung* an Cotta gesandt.

Januar 9. »Mit meiner Gesundheit ist es zwar noch immer das Alte, aber ich kann doch arbeiten ... der Geist ist hell und heiter, und mein Humor fröhlich. Nach und nach gewöhne ich mich an mein Übel.«

Januar 11. Abreise Funcks. Abends Besuch von Goethe.

Januar 13. Abends mit Goethe bei Griesbachs.

Januar 14. Abends mit Goethe Arbeit an den »Xenien«.

Januar 16. Besuch von Prof. Woltmann. Eintreffen der ersten »Musenalmanache« von Michaelis.

Januar 17. Abreise Goethes. 66 »Xenien« an Goethe übersandt.

Januar 20. Herder bittet, ihn auf unbestimmte Zeit von den »Horen« zu dispensieren.

Januar 22. Erscheinen von:
»Die Horen Jahrgang 1796 Erstes Stück« 2 Bl. 123 S. 8°,
enthält von Schiller:

1. *Der Dichter an seine Kunstrichterin;*
2. *Beschluß der Abhandlung über naive und sentimenta-*
   lische Dichter, nebst einigen Bemerkungen einen cha-
   rakteristischen Unterschied unter den Menschen be-
   treffend.

Sendung neuer »Xenien« an Goethe.

Januar 23. Dreistündiger Besuch von Prof. Woltmann.

Januar 24. Frau von Kalb in Jena. Neue »Xenien« an Goethe.

Januar 25. Plan einer Erläuterung zum Gedicht *Das Reich*
der Schatten (nicht ausgeführt).

Januar 27. Neue »Xenien« an Goethe. Vorschlag von »Xenien« auf Reichardt.

Januar 30. 667 Reichstaler seiner dänischen Pension erhalten.

Januar 31. Hoffnung, in kurzem mehr als 100 »Xenien«
fertig zu haben.

Februar 1. Insgesamt schon über 200 »Xenien« fertig. Vereinbarung mit Goethe, die Eigentumsrechte wegen der
»Xenien« nie auseinanderzusetzen und sie in den Ge-
dichtsammlungen jeweils ganz abdrucken zu lassen.

Februar 5. Dank an die dänischen Gönner für die Verlän-
gerung der Pension. Etwa 40–42 neue »Xenien« an
Goethe, 80 noch unfertige zurückbehalten.

Februar 6./7. Einige Dutzend »Xenien« in einem Zuge
entstanden.

Februar 8.–12. Erneute Krämpfe und daher viele schlaflose
Nächte.

Februar 11. Lektüre von Brantomes »Charakteristiken«,
dem X. Band der immer noch unter Schillers Namen erscheinenden »Allgemeinen Sammlung historischer Memoiren«.

Februar 12. Goethe sendet die »Briefe aus der Schweiz«
für die »Horen«; Lektüre derselben.

Februar 16. Ankunft Goethes in Jena, Wohnung im Schloß (bis 16. März).

Februar 18. Abends bei Goethe.

Februar 19. Anweisung an Cotta, seinem Vater zur Bestreitung der Kurkosten eine Geldsumme auszuzahlen.

Februar 22. Besuch von Goethe, dem Schiller seine akademischen und ersten Theater-Abenteuer berichtet.

Februar 24. Besuch von Goethe und Charlotte von Stein.

Februar 26. Den Aufsatz *Über den moralischen Nutzen ästhetischer Sitten* an Cotta gesandt.

Februar 27. Besuch bei Goethe.

Februar Ende. Erscheinen von: »Die Horen Jahrgang 1796 Zweytes Stück«, ohne Beitrag Schillers.

Februar 29. Wegen Krämpfen und häufigen Besuchen keine Stimmung zu eigenem Schaffen außer an den »Xenien«. Wiederholter Plan eines kleinen romantischen Gedichts in Stanzen (vgl. 5. Oktober 1795) und Wunsch, die *Malteser* zu beginnen. Abends Gespräch mit Goethe über Sophie Albrecht.

März 1. Geschenk von 12 Flaschen Wein von Karl von Dalberg.

März 4. Abends Goethe.

März 6. Frau von Kalb in Jena.

März 7. Bitte an Cotta, seinem kranken Vater Lektüre zu senden.

März 8. Besuch von Niethammer. – Plan, bis Oktober ganz der Dichtung zu leben, von der ihn bisher nur die Unpäßlichkeit ferngehalten hat.

März 10. Besuch von Stegmann.

März 11. Freude über A. W. Schlegels Plan einer vollständigen Neuübersetzung Shakespeares.

März 13. Plan, die »Xenien« in einer Luxusausgabe anstatt im »Musenalmanach« herauszugeben (nicht ausgeführt).

März 1. Hälfte (?). Besuch von J. A. von Thielmann.

März 16. Abreise Goethes aus Jena. Im Gespräch mit ihm

ist die Entscheidung für die Ausarbeitung des *Wallenstein*
statt der *Malteser* gefallen.

März 17.–21. Revision seiner früheren Ideen über den
Wallenstein und Gedanken über die künftige Arbeitsme-
thode.

März um 20. Erscheinen von:
»Die Horen Jahrgang 1796 Drittes Stück« 2 Bl. 104 S. 8°,
enthält von Schiller: *Über den moralischen Nutzen ästhetischer Sitten.*

März 21. Mitteilung seines ernstlichen Entschlusses zur
Ausarbeitung des *Wallenstein* an Körner. – Seit Herbst
außer zwei Spazierfahrten im Wagen nicht aus dem
Hause gekommen.

März 23. Tod der Schwester Nanette auf der Solitude. –
Abreise mit Lotte und Karl nach Weimar zum Gastspiel
Ifflands. Schiller wohnt bei Goethe, Lotte mit Karl bei
Frau von Stein. Trotz Wohlbefindens kaum Verkehr außer Haus, nur ins Theater. Goethe verspricht sich vom
Gastspiel Ifflands besondere Anregungen für die Wallen-
steindichtung und wünscht Schillers Anwesenheit, um die
unvermeidlichen Gesellschaften nicht nur Ifflands wegen
zu veranstalten. Er läßt ihm im Theater eine eigene Pro-
szeniumsloge einbauen, damit Schiller es sich bei seinem
Leiden ohne Rücksicht auf das Publikum bequem machen könne.

März 25. Ankunft Ifflands von Mannheim in Weimar zu
einem Gastspiel mit vierzehnmaligem Auftreten (bis
26. April).

März 27. Tischgesellschaft bei Goethe mit Schiller, Iffland,
Herder, Wieland und Voigt, bei dieser Gelegenheit vermutlich Goethes erneuter Vorschlag einer »Egmont«-Be-
arbeitung durch Schiller, die zugleich eine nützliche Vorbereitung für den *Wallenstein* sei.

März 31. Abendgesellschaft bei Goethe mit Iffland,
Herder, Wieland, Fürst Ludwig Friedrich von Rudolstadt, Bertuch, Voigt, Kraus und Knebel.

April 2. Iffland erbittet Garderobenarrangements und endgültige Besetzungsliste zum »Egmont«.

April 7. Abschluß der »Egmont«-Bearbeitung und Vorlesung vor Iffland.

April 16. Weimarer Aufführung der *Räuber* mit Iffland als Franz Moor. Schiller verläßt das Theater verstimmt, da er die Manier der *Räuber* innerlich überwunden hat.

April 17. Besuch bei Frau von Stein.

April 18. Abends bei Frau von Stein mit der Herzogin.

April vor 20. Vermutliche Anwesenheit bei den Proben zum »Egmont«.

April 20. Rückkehr nach Jena, um dort Körner zu empfangen, »mit der halben Seele noch immer in Weimar«.

April 24. Matthäus Merian »Topographia Bohemiae« und Frédéric Spanheim »Soldat Suédois«, beides wichtige Quellen für den *Wallenstein*, aus der Weimarer Bibliothek entliehen. – Erster Besuch Schellings bei Schiller.

April 25. Einen Tag wieder in We i m a r zur Erstaufführung seiner Bühnenbearbeitung des »Egmont« mit Iffland in der Titelrolle. Goethe bezeichnet die Bühnenbearbeitung als »grausam, aber konsequent« (Wegfall der Schlußszene), verhindert eine Wiederaufführung des Werkes zu Schillers Lebzeiten und übernimmt später nur weniges von seiner Bearbeitung. – Abschluß von Ifflands Gastspiel. – Aufforderung an die Schwester Christophine in Meiningen, zur Unterstützung der Mutter während der Krankheit des Vaters und der Schwester Luise auf die Solitude zu reisen. Schiller bezahlt die Reise. – Bücherbestellung bei Cotta: Lenz »Der Hofmeister« und »Die Soldaten«, Goethes »Reineke Fuchs« und »Schriften« Band 6–7, J. Chr. Unzers »Diego und Leonore«.

April 26. Zurück nach Jena.

April 27. Ankunft Körners und Geßlers in Jena (bis 17. Mai).

April 28. Aufenthalt Goethes in Jena (bis 8. Juni). Mit ihm gemeinsam Fortsetzung der »Xenien«.

April 29. Goethe, Körner und Geßler bei Schiller zu Mittag. – Abreise Christophines zur Solitude.

April gegen Ende. Erscheinen von »Die Horen Jahrgang 1796 Viertes Stück«, ohne Beitrag Schillers.

Mai 1. Goethe mit Freunden bei Schiller.

Mai 4.–7. Besuch Cottas mit seiner Frau bei Schiller auf der Rückreise von der Leipziger Messe. Besprechung wegen des neuen »Musenalmanachs« und endgültige Zusage Schillers.

Mai 6. Anweisung von 8 Louisdor Reisegeld für Christophine Reinwald.

Mai 8. Mittags bei Goethe.

Mai 12. Besuch von Friedrich Ludwig Froriep durch Vermittlung von Frau Griesbach.

Mai 14. und 15. Mittags bei Goethe.

Mai Mitte. Erster kurzer Besuch A. W. Schlegels in Jena und Entschluß zur Übersiedlung dorthin.

Mai 16. Begegnung mit Frau von Stein und Amalie von Imhoff (bei Körners?). Abreise Geßlers nach Italien.

Mai 17. Abreise von Körners nach Leipzig.

Mai 20. Erhalt von Garves »Versuchen über verschiedene Gegenstände aus der Moral, Literatur und dem gesellschaftlichen Leben«. – Goethe kurz in Weimar. Sein Plan einer Dichtung »Hero und Leander« (später von Schiller durchgeführt). Lektüre des 7. Buches von »Wilhelm Meisters Lehrjahren«.

Mai 22. Spazierengegangen.

Mai 26. Erscheinen von: »Die Horen Jahrgang 1796 Fünftes Stück«, ohne Beitrag Schillers, mit den ersten Proben von A. W. Schlegels Shakespeare-Übersetzung.

Mai 28. Gespräch mit Goethe über »Wilhelm Meisters Lehrjahre«.

Juni Anfang. Verhandlungen mit dem Jenaer Drucker Göpferdt wegen des Drucks des »Musenalmanachs«.

Juni 4. Erhalt des Medaillons von Dannecker.

Juni 6. Besuch von Goethe. – Beginn eines »kleinen Gedichts« (*Klage der Ceres?*).

Juni 8. Rückkehr Goethes nach Weimar.

Juni 10. Probedruck Göpferdts für den »Musenalmanach«: *Klage der Ceres*. Versendung desselben an Cotta, Körner, Goethe und Humboldt.

Juni 11. Erhalt von Herders »Briefen zur Beförderung der Humanität«, 7.–8. Band.

Juni 18. Lektüre von Goethes »Alexis und Dora«. – Besuch der Frau von Kalb, Unterhaltung über Jean Paul, den Schiller kennenlernen möchte.

Juni um 24. Erscheinen von: »Die Horen Jahrgang 1796 Sechstes Stück«, ohne Beitrag Schillers.

Juni 25. Einmaliger Besuch Jean Pauls bei Schiller, der ihn für die »Horen« gewinnen und zur Übersiedlung nach Jena bereden will.

Juni 26. Goethe übersendet das 8. Buch von »Wilhelm Meisters Lehrjahren«. Lektüre desselben (bis 28. Juni).

Juni 27. »Gegen Goethe bin ich und bleib ich eben ein poetischer Lump.« – Zusammenstellung der bisherigen »Xenien« und 100 neue an Goethe; weitere 80 am 28. Juli.

Juni Ende. Abreise A. W. Schlegels, der einige Zeit in Jena geweilt hat, nach Braunschweig zu seiner Hochzeit mit Karoline Böhmer (am 1. Juli).

Juli 1.–3. Erneute Lektüre des Gesamtwerks »Wilhelm Meisters Lehrjahre«. Es folgen ausführliche briefliche Bemerkungen darüber an Goethe.

Juli 3. Von Goethe den Vieilleville als Lektüre erbeten.

Juli 5. Novalis' Braut Sophie von Kühn wird in Jena operiert. Schillers nehmen an den Sorgen des jungen Dichters lebhaften Anteil.

Juli 6. Besuch von Charlotte und Heinrich von Kalb und Dietrich Philipp Freiherr von Stein.

Juli 8. Einzug A. W. Schlegels mit seiner Frau Karoline geb. Böhmer in Jena. Freundlicher Empfang durch Schiller und Lotte, die auch den neuen Haushalt vorbereitet haben.

Juli 9. Besuch von Schlegels und Frau von Kalb.

Juli 11. Nachmittags 13 Uhr Geburt von Schillers Sohn Ernst Friedrich Wilhelm. – Besuch von Schlegels.

Juli 14. Ankunft der Frau von Lengefeld und Taufe des Sohnes Ernst. Paten sind Graf und Gräfin Schimmelmann, Charlotte von Kalb, Minna Körner, Frau Griesbach, Prof. Paulus, Voigt und Schillers Mutter.

Juli um 15. Erscheinen der Sonderdrucke mit Noten von Schillers Gedicht *Der Tanz* bei Michaelis in Neustrelitz.

Juli 16. Abends Ankunft Goethes in Jena zu einer Besprechung über »Wilhelm Meisters Lehrjahre« und die »Xenien« (bis 19. Juli).

Juli 17. Besuch von Schlegels bei Schiller in Anwesenheit Goethes.

Juli 18. Abends Besuch von Goethe.

Juli 19. Abreise Goethes aus Jena.

Juli 20. Goethe übersendet einen Fisch, den Schillers mit Frau von Lengefeld und Schlegels verzehren.

Juli um 20.–24. Längere Schwäche.

Juli 25. Abreise der Frau von Lengefeld. – Übersendung des (wohl eigenen) Epigramms »Unger über seine beiden Verlagsschriften« an Goethe.

Juli 28. Weitere »Xenien«-Sendung an Goethe. Plan, für ein Theater in Jena auf Anraten Goethes Stimmen zu werben.

Juli Ende. Druckbeginn des »Musenalmanachs für das Jahr 1797« bei Göpferdt in Jena. – Unterbrechung der Postverbindung nach Stuttgart und Tübingen durch die Kriegslage (Einmarsch der Franzosen in Schwaben).

August 1. Abreise von Humboldts aus Jena. – Vorschlag an Goethe, hinsichtlich der Anordnung der »Xenien« die »unschuldigen« unter die anderen Gedichte zu mischen und die aggressiven als geschlossenes Ganzes anzuhängen.

August 4.–6. Besuch von Karoline und Wilhelm von Wolzogen.

August 5. Erscheinen von: »Die Horen Jahrgang 1796 Siebentes Stück«, ohne Beitrag Schillers. – Besuch von Matthisson. – Übersendung der *Tabulae votivae* an Goethe.

August 7. Ankunft Friedrich Schlegels in Jena.

August 8. Bitte an Zelter um Vertonung einiger Gedichte des »Musenalmanachs«. – Arbeit an *Pompeji und Herkulanum*.

August 9. Besuch des Pfarrers Johann Jakob Stolz aus Winterthur, der im Mai 1789 Schillers *Götter Griechenlands* in einer Broschüre gegen Stolbergs Kritik verteidigt hatte.

August 12. Ankunft von Karoline und Wilhelm von Wolzogen in Weimar. Erste Erwähnung des Gedichtes *Das Mädchen aus der Fremde.* Weiterarbeit an *Pompeji und Herkulanum*.

August 15. Nach 5 Wochen wieder erste Nachricht aus Schwaben.

August 18. Ankunft Goethes in Jena, Wohnung im Schloß. – Übersendung von Gedichten (u. a. *Der Besuch* und *Klage der Ceres*) an Zelter zur Komposition.

August 21. Abends Besuch bei Goethe.

September 7. Tod des Vaters Johann Kaspar Schiller auf der Solitude an den Folgen eines vernachlässigten Katarrhs nach achtmonatigem Leiden.

September Anfang. Erscheinen von: »Die Horen Jahrgang 1796 Achtes Stück«, ohne Beitrag Schillers.

September 11. Goethe beginnt in Jena mit der Abfassung von »Hermann und Dorothea« und liest den Freunden bei den abendlichen Besuchen jeweils die soeben in rascher Folge entstandenen Gesänge vor.

September 12. Mittags Besuch bei Goethe.

September 14. Schillers Anzeige »An die Leser der Horen und des Schillerschen Musenalmanachs« im »Intelligenzblatt der Allgemeinen Literatur-Zeitung« Nr. 124 entschuldigt die Verzögerung im Erscheinen der »Horen« durch die Kriegsereignisse.

September 19. Erhalt der Nachricht vom Tode des Vaters; Verzichterklärung auf sein Erbteil zugunsten der Mutter.

September 21.–29. Krämpfe und Zahngeschwür.

September 23. Durch Goethe wichtige Quellen zum »Wallenstein« aus der Weimarer Bibliothek erhalten.

September 29. Erscheinen von:

»Musen-Almanach für das Jahr 1797, herausgegeben von Schiller. Tübingen, in der J. G. Cottaischen Buchhandlung.« 1 Bl. 7 Bl. Kalender 1 Bl. 302 S. 4 Bl. und 16 S. Melodien 12°, mit Titelkupfer von F. Bolt, gedruckt bei Göpferdt in Jena, Auflagehöhe 2000; »Xenienalmanach«, enthält von Schiller:

Das Mädchen aus der Fremde – Pompeji und Herkulanum – Politische Lehre – Die beste Staatsverfassung – An die Gesetzgeber – Würde des Menschen – Majestas populi – Das Ehrwürdige – Klage der Ceres – Jetzige Generation – Falscher Studiertrieb – Jugend – Quelle der Verjüngung – Der Aufpasser – Die Geschlechter – Der Naturkreis – Der epische Hexameter – Das Distichon – Die achtzeilige Stanze – Das Geschenk – Grabschrift – Der Homeruskopf als Siegel – Der Genius mit der umgekehrten Fackel – Macht des Weibes – Tugend des Weibes – Weibliches Urteil – Forum des Weibes – Das weibliche Ideal – Die schönste Erscheinung – An die Astronomen – Innerer Wert und äußere Erscheinung (Inneres und Äußeres) – Freund und Feind – Der griechische Genius – Erwartung und Erfüllung – Das gemeinsame Schicksal – Menschliches Wissen – Der Vater – Der Besuch (Dithyrambe) – Liebe und Begierde – Güte und Größe – Der Fuchs und der Kranich – Die Sachmänner – Tabulae votivae – Vielen – Einer – Xenien.

Oktober 2. Besuch von Voigt.

Oktober 5. Rückkehr Goethes nach Weimar.

Oktober 8. Versendung der ersten »Musenalmanache« nach Leipzig durch Schiller. Erhalt von Zelters Vertonung *Der Besuch.*

Oktober 11. Übersendung des Gedichts *Das Spiel des Lebens* (»sehr flüchtige Arbeit«) an Spener.

Oktober 11. und 15. Verpackung und Versendung weiterer

»Musenalmanache«, insgesamt 155 Pakete, durch den Jenaer Buchhändler Gabler; Schiller schreibt nur die Speditionszettel.

Oktober 13. Besuch von Prof. J. F. Blumenbach.

Oktober 14. Erscheinen von: »Die Horen Jahrgang 1796 Neuntes Stück«, ohne Beitrag Schillers.

Oktober 17. Nachlassen des Zahnwehs.

Oktober 19. Lektüre des 8. Buches von »Wilhelm Meisters Lehrjahren« (in von Goethe übersandten Aushängebogen?).

Oktober 22. Beginn der Arbeit am *Wallenstein* (bis 17. März 1799). Goethe übersendet den 4. Band von »Wilhelm Meisters Lehrjahren«.

Oktober 23. »Zwar habe ich den Wallenstein vorgenommen, aber ich gehe noch immer darum herum, und warte auf eine mächtige Hand, die mich ganz hinein wirft.«

Oktober 26. Cotta den *Wallenstein* für Sommer 1797 in gewisse Aussicht gestellt. Anweisung, seiner Mutter vierteljährlich 30 Gulden auszuzahlen.

Oktober 27. Besuch von Prof. Woltmann.

Oktober 28. Hoffnung, nach eifrigem Quellenstudium in drei Monaten mit der Ausführung des *Wallenstein* beginnen zu können. Rückkehr Karoline von Humboldts nach Jena.

Oktober 31. Sämtliche Exemplare des »Musenalmanachs« in Leipzig vergriffen. Planung einer 2. Auflage.

November 1. Rückkehr Wilhelm von Humboldts nach Jena (bis 25. April 1797), fast alle Abende bei Schiller, zum Teil auch in Anwesenheit von Alexander von Humboldt.

November 2. Plan einer 2. Auflage des »Musenalmanachs« von 500 Exemplaren bei Göpferdt in Jena auf eigenes Risiko.

November 9. Wunsch, die »Horen« im nächsten Jahr unter allen Umständen fortzusetzen.

November 13. Bedeutende Fortschritte in Quellenstudium

und Entwürfen zum *Wallenstein*; unvermeidliche Ausdehnung des Stoffes.

November Mitte. Erscheinen von: »Die Horen Jahrgang 1796 Zehntes Stück«, ohne Beitrag Schillers.

November 15. Besuch A. W. Schlegels, der in Differenzen zwischen Schiller, Göschen und Cotta zu vermitteln sucht. Goethe: »Nach dem tollen Wagestück mit den Xenien müssen wir uns bloß großer und würdiger Kunstwerke befleißigen.«

November 17. bis Dezember um 27. Wilhelm von Burgsdorff, Freund Körners, in Jena. Viele Abende zusammen mit ihm und Humboldt.

November 19. 24 Flaschen Wein als Geschenk von Dalberg erhalten.

November 21. Ausschließliche Beschäftigung mit den Quellen zum *Wallenstein*.

November 23. Erhalt der letzten Geldsendung aus Dänemark.

November 24. Aufforderung an Hölderlin zur Mitarbeit am »Musenalmanach« für 1798.

November 28. »Mit dem Wallenstein geht es zwar jetzt noch sehr langsam, weil ich noch immer das meiste mit dem rohen Stoff zu tun habe, der noch nicht ganz beisammen ist, aber ich fühle mich ihm noch immer gewachsen.« – Darstellung der Schwierigkeiten in der Bewältigung der politisch-militärischen Welt und im Charakter des Helden. Hoffnung auf eine Vollendung in Prosa (nach Humboldts Vorschlag) bis August 1797.

Dezember 3. Erscheinen der 2. Auflage des »Musenalmanachs für das Jahr 1797« (500 Exemplare).

Dezember Anfang. »Einige Tage wieder durch schlechtes Schlafen beinahe ganz verloren«; dadurch unangenehme Unterbrechung in der Arbeit. – Erscheinen von: »Die Horen Jahrgang 1796 Eilftes Stück«, ohne Beitrag Schillers.

Dezember 7. Erhalt des Musenalmanachs von Voß und

von Goethes »Elegie« (Einleitung zu »Hermann und Dorothea«).

Dezember 9.–18.   Lektüre von Madame de Staëls Schrift »De l'influence des passions«.

Dezember 10.   Verwendung für seinen Schwager Wilhelm von Wolzogen wegen einer Anstellung in Weimar.

Dezember 11.   Lektüre von Diderots »Essai sur la peinture«. – Plan einer Sammlung sämtlicher »Antixenien«.

Dezember 12.   Einige schöne Tage durch Schlaflosigkeit und Unwohlsein verloren.

Dezember 13.–14.   Besserung und fleißige Arbeit am *Wallenstein*. Beginn der Niederschrift des I. Aktes in Prosa.

Dezember 22.   Besuch von Knebel und Böttiger mit den Brüdern James und William Macdonald aus Schottland. – Erscheinen von: »Die Horen Jahrgang 1796 Zwölftes Stück«, ohne Beitrag Schillers.

Dezember 25.   Abfassung einer (nicht erhaltenen) Entgegnung auf Reichardts Angriffe gegen die »Xenien« in der Zeitschrift »Deutschland«.

Dezember 26.   Wilhelm von Wolzogen wird weimarischer Kammerrat.

Dezember 30.   Die 2. Auflage des »Musenalmanachs« ist vergriffen.

Dezember Ende.   Ausarbeitung des I. Aktes vom *Wallenstein*.

Weitere, erst später veröffentlichte Gedichte dieses Jahres: *Das Regiment – An die Frommen – Über die Kammertüre manches Berühmten* – sowie die zum Teil später zusammengesetzten Xenien, u. a. *Shakespeares Schatten*.

1797

Januar 2.   Bestellung von Diderots »La Religieuse« und »Essai sur la peinture« bei Cotta. Lektüre von Frau von Steins Tragödie »Dido«.

Januar 10. Zur Ader gelassen.

Januar 11. Wunsch nach Klima- und Ortsveränderung, womöglich nach Weimar.

Januar 13. Besuch Goethes bei Schiller, vormittags und wiederum abends in Gesellschaft von Humboldts.

Januar 17. Wunsch, die Chronologie von Goethes Werken kennenzulernen.

Januar 23. »An dem Wallenstein wird fortgearbeitet, es geht aber dennoch langsam, denn des Stoffes ist gar zu viel ... es ist mir schon vieles gelungen in der Ausführung, und der Plan läßt mich noch immer mehr erwarten.« Wunsch nach einem »Horen«-Beitrag Körners, da er die Arbeit am *Wallenstein* nicht unterbrechen will.

Januar 24. Gelegentliche Spaziergänge. »Mit der Arbeit gehts aber jetzt langsam, weil ich gerade in der schwersten Krise bin.«

Januar 31. Die Gelegenheit zum Kauf eines Gartenhauses in Jena veranlaßt Schiller zur Anfrage bei Goethe, ob nicht sein Gartenhaus oder ein anderes mit heizbaren Zimmern in Weimar zu vermieten sei (Goethes Gartenhaus war nur sommers bewohnbar).

Januar. Lateinische Stammbucheintragung für Friedrich Bodemann (am 8. Januar erbeten).

Januar Ende. Erscheinen von: »Die Horen Jahrgang 1797 Erstes Stück«, ohne Beitrag Schillers.

Februar 1. An Cotta erste Erwähnung des geplanten Vorspiels *Wallensteins Lager*.

Februar 2. Wunsch einer Bearbeitung des Vieilleville für die »Horen« und wiederholter Wunsch, in Weimar zu leben.

Februar 3. Wielands Rezension des Xenienalmanachs erscheint im Februarheft des »Teutschen Merkur«.

Februar 4. Besuch des Schriftstellers Garlieb Merkel, der in Jena Medizin studiert.

Februar 6. Bitte an Cotta um Vorschuß für den Ankauf des Gartenhauses.

Februar 7. Arbeit an den Liebesszenen im II. Akt des *Wallenstein*.

Februar 8. 1150 Taler für den Garten des verstorbenen Prof. Johann Ludwig Schmidt in Jena mit einem leichten Sommerhaus geboten.

Februar 12.–13. Goethe und Voigt in Jena, am 12. abends bis Mitternacht bei Schiller in Literaturgesprächen.

Februar 13. Langsamer Fortschritt des *Wallenstein*. »Das ununterbrochene Gefängnisleben in meinen vier Wänden wird mir unerträglich.«

Februar 18. Goethe übersendet den 1.–3. Gesang von »Hermann und Dorothea« im Manuskript.

Februar 20. Mittags Eintreffen Goethes in Jena (bis 31. März). Sehr lebhafter Verkehr mit ihm und bedeutende geistige Anregungen, insbesondere Unterhaltungen über den Unterschied von Drama (*Wallenstein*) und Epos (»Hermann und Dorothea«); Beginn des gemeinsamen Nachdenkens über die Gattungsgesetze, die Goethe im Dezember zu einem kleinen Aufsatz zusammenfaßt.

Februar 21. Mittags Besuch von Goethe, Gespräch über die Farbenlehre. Abends Besuch von Goethe und Amalie von Imhoff.

Februar 22. Schiller erzählt Goethe den ausführlichen Plan der Akte I–III von *Wallenstein*.

Februar 23. Mittags Besuch von Goethe.

Februar 24. und 27. Von Cotta den gewünschten Vorschuß zum Ankauf des Gartenhauses erhalten.

Februar um 24. Dritte Auflage des »Musenalmanachs für das Jahr 1797« in 500 Exemplaren, gedruckt bei W. H. Schramm in Tübingen, erschienen.

Februar 25. Abends bei Goethe.

Februar 26. Mittags Besuch von Goethe, Frau von Stein und Frau von Imhoff.

März 1. Langsamer Fortschritt der Arbeit an den *Piccolomini* wegen Schlaflosigkeit.

März Anfang. Erscheinen von: »Die Horen Jahrgang 1797 Zweytes Stück«, ohne Beitrag Schillers.

März 5. Mittags und nachmittags Besuch von Goethe.

März 8. Abends Besuch von Goethe, Gespräch über die Wirkung des Verstandes und der Natur bei der Handlung der Menschen.

März 9. »Seit 14 Tagen viele Unterbrechungen in meinem Wallenstein gehabt und ganze Tage verloren, doch aus der Stimmung dazu kann mich jetzt nicht leicht etwas bringen.« Bitte an Körner um astrologische Bücher für den *Wallenstein*. – Nachmittags Besuch von Goethe, Gespräch über Drama und Komödie.

März 10. Mittags Besuch von Goethe.

März 11. Abends Besuch von Goethe und Humboldts.

März 12. Nachmittags Besuch von Goethe.

März 13. Abends Besuch von Goethe, Gespräch über epische Stoffe und Pläne.

März 14. Abends Besuch von Goethe und W. von Humboldt; Vorlesung aus Fichtes »Wissenschaftslehre«.

März 15. Erhalt von Herders »Zerstreuten Blättern«. Mittags Besuch von Goethe.

März 16. Unterzeichnung des Kaufvertrages wegen des Gartengrundstücks (vgl. 8. Februar). Nachmittags Besuch von Goethe und W. von Humboldt; Fortsetzung der Vorlesung aus Fichtes »Wissenschaftslehre« durch Humboldt. Abends Gespräch mit Goethe über die Tendenz zur Spekulation.

März 17. Abends Gespräch mit Goethe über »Hermann und Dorothea«.

März 18. Vormittags Besichtigung des neuen Gartens mit Goethe, um die Einrichtungen zu überlegen. (Das Haus wird vor Bezug am 2. Mai ein wenig verändert.)

März 19. Mittags Besuch von Goethe.

März 21. Nachmittags liest Goethe die drei letzten Gesänge von »Hermann und Dorothea« vor.

März 23. Nachmittags Besuch von Goethe, Gespräch über

dessen Plan zu einem neuen epischen Gedicht »Die Jagd« (später »Novelle«).

März 25. Gespräch mit Goethe über »Hermann und Dorothea«.

März 27. Gespräch mit Goethe über Aischylos' »Agamemnon«, übersetzt von W. v. Humboldt.

März 29. Mittags Besuch von Goethe, Frau von Lengefeld und Karoline von Wolzogen.

März 30. Abends Besuch von Goethe.

März 31. Rückkehr Goethes nach Weimar.

April Anfang. Erhalt eines Diploms als Mitglied der Akademie der Wissenschaften in Stockholm. – Lektüre von Sophokles' »Philoktet« und »Trachinierinnen«.

April 4. Seit der Abreise Goethes große Einsamkeit, da auch Lotte mit ihrer Schwester nach Weimar gereist ist. Entwurf eines detaillierten Szenars zum *Wallenstein*.

April 7. Übersendung des soeben beendeten *Reiterliedes* aus dem *Wallenstein* an Körner zur Vertonung. – Mit W. A. Schlegel Durchsicht von dessen Übersetzung von Shakespeares »Julius Caesar«. – Beschäftigung mit astrologischen Werken (Leo Hebraeus, Pistorius) und wenig Fortschritte am *Wallenstein* infolge umfangreicher Lektüre.

April 12. Erkrankung des Sohnes Ernst am Blatternfieber.

April 13. Erscheinen von: »Die Horen Jahrgang 1797 Drittes Stück«, ohne Beitrag Schillers.

April 14. Besserung Ernsts.

April 18. Besuch von Bouterwek und Prof. Woltmann; Lektüre von dessen »Grundriß der älteren Menschengeschichte«. Entschluß, die Fabel des *Wallenstein* aufzuzeichnen.

April 18.–21. Infolge der Krankheit Ernsts wenig Stimmung und Muße zur Arbeit.

April 25. Abreise W. v. Humboldts aus Jena (in die Schweiz, Paris, Spanien) lockert Schillers Verhältnis zu diesem, da seine dichterischen Arbeiten keinen weitläufigen Briefwechsel gestatten. Karoline von Humboldt bleibt noch in Jena.

April 28. Abfassung des Gedichts *Zum Geburtstag der Frau Griesbach* im Namen seines Sohnes Karl. – Besuch des Rudolstädter Fürsten Ludwig Friedrich und Alexander von Humboldts.

April 29. Übersendung von 5 Gedichten an Spener (wohl: *Die Worte des Glaubens, Licht und Wärme, Breite und Tiefe, Das Geheimnis* und *Hoffnung*?).

April 29.–30. Besuch Goethes in Jena; beide Tage bei Schiller.

Mai 2. Einzug in das Gartenhaus; erster Abend auf eigenem Grund und Boden. Das Gartenhaus wird später um ein Stockwerk erhöht und in einer der Gartenhütten ein Bad eingerichtet. Bitte an Goethe um Mozarts »Don Juan«, den er als Stoff für eine Ballade benutzen möchte (Bruchstück erhalten).

Mai 3. Goethe übersendet den 2. Teil des Vieilleville, Aristoteles' Poetik und den »Don Juan«.

Mai 5. Rücksendung des »Don Juan« und Lektüre von Aristoteles' Poetik.

Mai 7. Besuch von Karoline von Humboldt mit Vater und Bruder (Karl Friedrich und Ernst von Dacheröden).

Mai 10. Plan einer Bühnenbearbeitung des *Don Carlos* für Cottas Dramenausgabe, da Göschen den *Don Carlos* nicht mit Cotta gemeinsam herausgeben will. Versprechen einer Neubearbeitung des *Geistersehers* für Göschen in wenigen Wochen. – Bitte an Cotta um Curtius' Übersetzung von Aristoteles' Poetik.

Mai 19. Ankunft Goethes in Jena (bis 16. Juni). Abends bei Schiller im Garten.

Mai um 20. Erscheinen von: »Die Horen Jahrgang 1797 Viertes Stück«, ohne Beitrag Schillers.

Mai 20. Abends Gespräch mit Goethe über Aristoteles' Poetik und die Tragödie.

Mai 21. Goethe das Vorspiel *Wallensteins Lager* (damals

noch halb so lang und »Die Wallensteiner« betitelt) vorgelesen.

Mai 22. Abends Besuch von Goethe und W. H. K. von
Gleichen. Goethe rät zur Dreiteilung des *Wallenstein*.

Mai 23. Goethe übersendet das Gedicht »Der Schatz-
gräber«.

Mai 25. Novalis übersendet Charlotte von Schiller eine
Locke seiner verstorbenen Verlobten Sophie von Kühn. –
Morgens Besuch von Goethe.

Mai 26. Bitte an W. von Humboldt um seine Übersetzungen der Oden Pindars und um Empfehlung anderer
Übersetzungen, da er sich einige Wochen mit Pindar beschäftigen und eine eigene Ode (*Das Glück*) schreiben
will. – Besuch Cottas in Jena, der abends weiterreist. –
Abends Besuch von Goethe.

Mai 27. Abends Besuch von Goethe, Besprechung über
Wallensteins Lager.

Mai 29. Abends Besuch von Goethe. Prof. Woltmann, dessen Professur abgelaufen ist, verabschiedet sich.

Mai 30. Abends Gespräch mit Goethe über das Verhalten
Friedrich Schlegels und dessen Angriffe auf die »Horen«.

Mai 31. Absagebrief an A. W. Schlegel wegen Friedrich
Schlegels Angriffen auf die »Horen«, die eine Mitarbeit
A. W. Schlegels an diesen unmöglich machen. Das Ver-
hältnis dauert über den »Musenalmanach« noch lau fort.

Juni 1. Rechtfertigungsbrief A. W. Schlegels; Schiller beharrt auf der Trennung.

Juni Anfang. Unterbrechung der Arbeit am *Wallenstein*
zugunsten des »Musenalmanachs«; Beginn der Balladendichtung.

Juni 3. Erhalt von Körners Komposition des *Reiterliedes*
aus *Wallensteins Lager*. – Abends Gespräch mit Goethe
über die Balladendichtung.

Juni 4. Abends Gespräch mit Goethe über die Balladendichtung (»Braut von Korinth«).

Juni 5. *Der Taucher* begonnen. Abends Besuch Goethes.

Juni 6. Goethe überbringt abends »Die Braut von Korinth«. Gespräch über »Don Juan«.

Juni 7. Goethe liest abends »Der Gott und die Bajadere« vor.

Juni 8. Abends Gespräch mit Goethe über Reisen.

Juni 10. Morgens Besuch von Goethe.

Juni 11. Gespräch mit Goethe über den *Taucher*, Charaktere und die Komödie.

Juni 12. Abends Gespräch mit Goethe über seine Reisepläne.

Juni 14. *Der Taucher* beendet.

Juni 15. Gespräch mit Goethe über naive und sentimentalische Dichtung.

Juni 16. Mittags Abschied von Goethe, der nach Weimar zurückreist.

Juni 18. Besuch W. v. Wolzogens; Lotte reist abends mit Wolzogen auf einige Tage nach Weimar. – Übersendung des Manuskripts zu *Wallensteins Lager* an Körner. – Einleitung zu den »Denkwürdigkeiten aus dem Leben des Marschalls von Vieilleville« entstanden (letzte rein historische Arbeit Schillers).

Juni 18.–19. Entstehung des Gedichts *Der Handschuh*.

Juni 23. Rückkehr Lottes aus Weimar. – Freude über Goethes Entschluß, am »Faust« weiterzuarbeiten.

Juni 24. *Der Ring des Polykrates* beendet.

Juni 26. Übersendung vom *Ring des Polykrates* an Goethe als Gegenstück zu dessen ursprünglich geplanter Ballade »Die Kraniche des Ibykus«.

Juni 27. Entschluß, den Umbau des Gartenhauses um ein Jahr zu verschieben und für den kommenden Winter in die Griesbachsche Wohnung zu ziehen.

Juni Ende. Lektüre von Sophie Mereaus Roman »Briefe von Amanda und Eduard«. – Erneute Krämpfe und Schlaflosigkeit.

Juni 30. Bitte an Goethe um J. Carvers »Travels through the interior parts of North America« als Quelle der *Nadowessischen Totenklage*.

Juli 2.–5. Besuch des Archäologen Hirt in Jena und bei Schiller.

Juli 3. Abschluß der *Nadowessischen Totenklage.*

Juli 5. Goethe erbittet das Manuskript von *Wallensteins Lager* für die Herzogin.

Juli 6. Übersendung von Gedichten (*Reiterlied, Elegie an Emma*) an Zelter zur Vertonung. – Erste Erwähnung des *Liedes von der Glocke;* Vorstudien dazu in Krünitz' Enzyklopädie.

Juli 7. Plan weiterer nadowessischer Lieder (nicht ausgeführt); Lektüre von Goethes Aufsatz »Über Laokoon«.

Juli um 8. (?) Erscheinen von: »Die Horen Jahrgang 1797 Fünftes Stück«, ohne Beitrag Schillers.

Juli 11.–18. Als Gast bei Goethe in Weimar.

Juli 12. Mittags mit Hirt und Böttiger bei Goethe.

Juli 14. Der Herzogin Luise und Frau von Stein *Wallensteins Lager* und die Balladen vorgelesen.

Juli 17. Änderung am Gedicht *Der Handschuh.* Abends bei Frau von Stein.

Juli 18. Zum Abschied bei Goethe mit Frau von Imhoff. Rückkreise nach Jena. Bei diesem Besuch tritt Goethe vermutlich den Stoff der »Kraniche des Ibykus« zur Bearbeitung an Schiller ab.

Juli 21. Entstehung einiger Lieder für den Almanach. Übersendung von *Wallensteins Lager* an Cotta.

Juli Ende. Beschäftigung mit der Ausgabe der »Agnes von Lilien« von Karoline von Wolzogen bei Unger.

Juli 29. Besuch von Karl Simon Morgenstern; Gespräch über philosophische Dialoge, Aristoteles' Poetik und Moral.

Juli 30. Abreise Goethes aus Weimar in die Schweiz.

Juli 31. *Ritter Toggenburg* beendet.

August Anfang. Druckbeginn des »Musenalmanachs für das Jahr 1798« bei Göpferdt in Jena. Anfang des Monats infolge drückender Hitze 8 Tage ernstlich krank.

August 6. Abraham Mendelssohn überbringt Zelters Vertonungen u. a. der *Elegie an Emma.*

August 7. Übersendung von 3 Gedichten an Zelter zur Vertonung (*Ritter Toggenburg* oder *Der Handschuh*, *Worte des Glaubens*?). – Langsame Erholung. Erneute Beschäftigung mit Diderots »Essai sur la peinture«. Gesundheitliche Besserung.

August 10. Erscheinen von:
»Die Horen Jahrgang 1797 Sechstes Stück« 2 Bl. 106 S., enthält von Schiller die Einleitung zu »Denkwürdigkeiten aus dem Leben des Marschalls von Vieilleville«, deren Übersetzung von Wilhelm von Wolzogen stammt.

August 11. *Die Kraniche des Ibykus* begonnen.

August 16. Abends Abschluß der ersten Fassung der *Kraniche des Ibykus* (noch kleine Änderungen im September).

August 22. Katarrhfieber und hartnäckiger Husten; Stokken der eigenen Arbeiten u. a. am *Lied von der Glocke*.

August, Ende. Besuch von J. D. Gries.

September. Besuch von K. W. F. von Funck, dem Schiller den Prolog und zwei Akte des *Wallenstein* vorliest.

September 6. Bitte an Böttiger um Durchsicht der *Kraniche des Ibykus* im Hinblick auf Verstöße gegen die griechischen Gewohnheiten.

September 6., 7. und 22. Änderungen an den *Kranichen des Ibykus* auf Grund von Goethes Bemerkungen.

September 7. Besserung seines Übels durch ein Vomitiv.

September um 10. Erscheinen von: »Die Horen Jahrgang 1797 Siebentes Stück«, ohne Beitrag Schillers.

September 15. Immer noch Husten, doch frei von Krämpfen. Das *Lied von der Glocke* weiterhin liegen gelassen. Besuch von W. v. Wolzogen und Leutnant Vent.

September 22. Erste Erwähnung der Ballade *Der Gang nach dem Eisenhammer* (»größtenteils fertig«). Lektüre von Kants Schrift »Zum ewigen Frieden«.

September 25. *Der Gang nach dem Eisenhammer* fertig.

September 29. Vorschlag eines »Deutschen Theaters« an Unger.

September Ende / Oktober Anfang. Besuch von Funck, dem Schiller die fertigen Teile und den Plan des *Wallenstein* vorliest; zwei Akte in Prosa fertig. Plan, nur den V. Akt in Jamben zu schreiben.

Oktober 2. Nachlassen des Hustens, doch wiederum Krämpfe und Schlaflosigkeit. »Ich mache mich jetzt wieder an den Wallenstein, werde aber wohl einige Zeit brauchen, mich wieder damit zu familiarisieren.« Beschäftigung mit Sophokles' »König Ödipus«; Anregung zu ähnlichen Tragödienplänen (*Elfride* oder erster Plan zur *Braut von Messina*). – Erscheinen von:

»Musen-Almanach für das Jahr 1798. herausgegeben von Schiller. Tübingen, in der J. G. Cottaischen Buchhandlung.« 1 Bl. 6 Bl. Kalender 318 S. 2 Bl. 9 Bl. Musik 12°, mit Titelkupfer, gedruckt bei Göpferdt in Jena, Auflagehöhe 2200; »Balladenalmanach«, enthält von Schiller:

Der Ring des Polykrates – Der Handschuh – Ritter Toggenburg – Elegie an Emma – Der Taucher – Reiterlied (6 Strophen); in *Wallensteins Lager* 7 Strophen) – *Die Urne und das Skelett – Das Regiment – Die Worte des Glaubens – Nadowessische Totenklage – Der Obelisk – Der Triumphbogen – Die schöne Brücke – Das Tor – Die Peterskirche – Licht und Wärme – Breite und Tiefe – Die Kraniche des Ibykus – Das Geheimnis – Der Gang nach dem Eisenhammer.*

Oktober 4. »An den Wallenstein gegangen.«

Oktober 10. Gedicht *An Demoiselle Slevoigt bei ihrer Verbindung mit Herrn D. Sturm am 10ten Oktober 1797, von einer mütterlichen und fünf schwesterlichen Freundinnen.*

Oktober 14. Goethes Plan eines »Wilhelm-Tell«-Epos, an Schiller aus der Schweiz mitgeteilt.

Oktober 16.–25. Besuch der Frau von Lengefeld in Jena.

Oktober 17. Umzug in die Stadtwohnung im Griesbachschen Haus.

Oktober 18. Böttiger übersendet Viewegs »Taschenbuch für 1798« mit dem Erstdruck von Goethes »Hermann und Dorothea«.

Oktober 19. Schiller rechnet mit dem Aufhören der »Horen« im nächsten Jahr.

Oktober um 20. Erscheinen von: »Die Horen Jahrgang 1797 Achtes Stück«, enthält von Schiller nur eine Anmerkung zur »Geisterinsel« von Gotter.

Oktober 24. Besuch von Gleichens, denen Schiller Goethes »Hermann und Dorothea« vorliest.

Oktober 25. Abreise der Frau von Lengefeld.

Oktober Ende. Eifrige, aber langsame Weiterarbeit am *Wallenstein*.

November 4. Beginn der Versgestaltung (Jamben) des *Wallenstein* statt wie bisher in Prosa.

November 10. Besuch von Wolzogens.

November 14. Bitte an Cotta um die Erstausgabe der *Räuber* für die geplante Überarbeitung.

November 20. Unerwarteter Besuch von Goethe und H. Meyer auf der Rückreise aus der Schweiz. – Besinnung über den Rhythmus und den Wert des dramatischen Verses anhand der Versgestaltung des *Wallenstein*.

November 24. Erscheinen von: »Die Horen Jahrgang 1797 Neuntes Stück«, ohne Beitrag Schillers.

November 26. Übersendung von Manuskript zum *Geisterseher* an Göschen.

November Ende. Lektüre von Shakespeares Historiendramen, besonders »Richard III.«, in Eschenburgs Übersetzung.

November 28. Plan einer deutschen Bühnenbearbeitung von Shakespeares Königsdramen.

November. Den ganzen Monat über langsame, aber stetige Weiterarbeit am *Wallenstein*, der durch die Verssprache ungemein anschwillt.

Dezember Anfang. Abschluß des I. Akts des einteiligen *Wallenstein* (heute *Piccolomini* I–II).

Dezember 2. Goethes erneute Anregung, den *Wallenstein* als Zyklus zu gestalten.

Dezember 5. »Das Wetter drückt mich äußerst und macht alle meine Übel rege, so daß selbst die Arbeit mich nicht erfreut.«

Dezember 8. »Gewöhnlich muß ich einen Tag der glücklichen Stimmung mit 5 oder 6 Tagen des Drucks und des Leidens büßen.« In den Arbeitspausen vom *Wallenstein* gelegentliche Beschäftigung mit den *Maltesern*.

Dezember 12. Arbeit an der Liebesszene im II. Akt des *Wallenstein*. Lektüre von Einsiedels Schrift »Grundlinien zu einer Theorie der Schauspielkunst«.

Dezember 15. Besuch von Sophie Mereau. Bitte an Cotta um Eschenburgs Shakespeare-Übersetzung.

Dezember 16. Goethe übersendet die Fabelsammlung Hygins (Quelle zur *Bürgschaft*).

Dezember 18. Nachts schwerer Cholera-Anfall, der ihn für 8 Tage schwächt und von dichterischem Schaffen abhält.

Dezember 19. Cotta erwägt das Einstellen der »Horen«.

Dezember 22. Weiteres Manuskript zum *Geisterseher* an Göschen gesandt. – An Unger Vorschlag eines Theaterkalenders, der sich mit allen theoretischen und praktischen Fragen um Drama und Theater beschäftigen solle (nicht ausgeführt).

Dezember 23. Goethe übersendet den als Ergebnis der beiderseitigen Diskussion entstandenen Aufsatz »Über epische und dramatische Dichtung« mit der Bitte um Ergänzungen und Verbesserungen; damit zugleich Beginn des Briefwechsels über dieses Thema.

Dezember 24. 150 Laubtaler Vorschuß von Cotta erhalten. Von Frau von Lengefeld als Weihnachtsgeschenk eine Weste und ein Silbergeschenk erhalten.

Dezember 27. Abreise von Lotte nach Weimar (Rückkehr vor 30. Dezember).
Weitere Werke des Jahres: vermutliche Entstehung des Gedichtentwurfs *Deutsche Größe* (zwischen 18. April und 18. Oktober).

1798

Januar Anfang. Arbeit am II. Akt des einteiligen *Wallenstein* (heute *Piccolomini* III–V), der im Lauf des Januar beendet wird. Lektüre von Rétif de la Bretonne: »Monsieur Nicolas ou le cœur humain dévoilé«.

Januar 5. Die Hälfte des *Wallenstein*, viermal mehr als *Wallensteins Lager*, etwa der größte Teil der heutigen *Piccolomini* beendet, vom III. Akt des *Wallenstein* noch nichts geschrieben. Wunsch zur Einstellung der »Horen« ohne öffentliche Erklärung. Plan, nur noch historische Stoffe zu bearbeiten; wiederholte Idee eines *Julian Apostata*.

Januar 6. Goethe: »Sie haben mir eine zweite Jugend verschafft und mich wieder zum Dichter gemacht.«

Januar 8. Am II. Akt des *Wallenstein* fehlen noch einige Szenen.

Januar 8./9. Unruhige Nacht und Unwohlsein als Folge der schlechten Witterung.

Januar 11. Zur Ader gelassen.

Januar 12. Lektüre von Goethes Aufsatz »Der Versuch als Vermittler von Objekt und Subjekt«.

Januar 15. Nachts so sehr in die Hauptszene vertieft, daß erst der Ruf des Nachtwächters zum Aufhören mahnen muß.

Januar 17.–19. Stocken der Arbeit für 3 Tage infolge Krankheit (Verschleimung des Halses).

Januar 18. Den ganzen Tag über Fieber.

Januar 20. Goethe übersendet einen flüchtigen Entwurf zur Geschichte der Farbenlehre.

Januar 23. Andauern des Halsleidens.

Januar 24. In der »innersten Mitte« des *Wallenstein*, vermutlich der Gewissensauseinandersetzung mit Illo und der Gräfin Terzky. »Wie will ich dem Himmel danken, wenn dieser Wallenstein aus meiner Hand und von meinem Schreibtisch verschwunden ist. Es ist ein Meer auszutrinken, und ich sehe manchmal das Ende nicht.«

Januar 25. Gesundheitliche Besserung, aber noch keine Stimmung zur Arbeit. Lektüre von Niebuhr und Volneys Reise nach Syrien und Ägypten.

Februar (?). Besuch Ludwig von Wolzogens, Beratung mit ihm über den Untergang Max Piccolominis und über die Schlachtengestaltung im *Wallenstein*.

Februar Anfang. Erscheinen von:
»Die Horen Jahrgang 1797 Zehntes Stück« 1 Bl. 110 S. 8°, enthält von Schiller die Gedichte *Hoffnung* und *Die Begegnung*.

Februar um 6.–12. Erneuter Katarrh und Schnupfen infolge Schmutzwetters bewirken eine Pause in der Arbeit; Beschäftigung mit anderen dichterischen Plänen und allgemeinen Ideen; Lektüre von Reisebeschreibungen (Cook, Levaillant) und Gedanken über die dichterische Verwendung solcher Stoffe.

Februar 15. Besuch der Frau von Stein.

Februar 19. Besuch des schwedischen Gesandten Karl Gustav von Brinkmann.

Februar 20. F. L. Schröder aus Hamburg hat sich erbeten, den *Wallenstein* selbst zu spielen. Iffland bietet jedes beliebige Honorar für das Manuskript des *Wallenstein* vor dem Abdruck.

Februar 27. Bauten im Gartenhaus (Bad, Küche) und Erhöhung des Hauses um ein Stockwerk. – Abschluß der Szenen zwischen Max Piccolomini und Wallenstein: »Besonders bin ich froh, eine Situation hinter mir zu haben, wo die Aufgabe war, das ganz gemeine moralische Urteil über das Wallensteinische Verbrechen auszusprechen.«

März 1. Erhalt des französischen Bürgerdiploms (vgl. 10. Oktober 1792) durch Campe.

März 2. Bei schönem Wetter an der frischen Luft gewesen.

März 3. Eintreffen des Reskripts aus Coburg in Jena, das Schiller zum ordentlichen Honorarprofessor ernennt (datiert Meiningen vom 11. Dezember 1795, Sachsen-Altenburg vom 28. Dezember 1795, Weimar vom 8. Januar

1796, Coburg vom 10. Januar 1798). Die Anregung war von Karl August aus Weimar am 30. Oktober 1795 ausgegangen.

März 5. Bitte an Cotta um einen Vorschuß von 50 Talern für seine Baukosten. Plan einer Neuredaktion von *Fiesko*, *Kabale und Liebe* und den *Räubern*.

März 6. Auf Goethes Wunsch erklärt Schiller sich zur Teilnahme an dessen naturwissenschaftlichen Arbeiten bereit. Lotte für einen Tag in Weimar.

März 9. Drei Viertel des ganzen *Wallenstein* fertig, offenbar den III. Akt des einteiligen *Wallenstein* (heute *Wallensteins Tod* I–II).

März um 10.–16. Nach längerem Wohlsein erneutes Unwohlsein und mangelnde Arbeitslust. Lektüre von Jakob Maiers »Fust von Stromberg«. Durch das rauhe Wetter und Unpäßlichkeit am geplanten Besuch in Weimar verhindert. Weiterarbeit am *Wallenstein*.

März 14. Offizielle Anzeige seiner Ernennung zum Honorarprofessor durch die Universität Jena. Die Ernennung bedeutet keinen Vorteil oder Besoldungsanspruch.

März 20. Ankunft Goethes in Jena; bei Schiller zu Mittag; abends Gespräch über den *Wallenstein*, von dem Schiller Goethe während seines Jenaer Aufenthalts die Akte I–III (bis *Wallensteins Tod*, II. Akt) vorliest. Bis zu Goethes Abreise am 6. April fast täglicher Verkehr und Unterhaltungen über Epos und Drama.

März 21. Arbeit am IV. Akt des *Wallenstein*. Lektüre der »Phädra« des Euripides. Mittags Besuch von Goethe; abends Fortsetzung der *Wallenstein*-Vorlesung.

März 22. Abends Besuch von Goethe, Besprechung über Goethes Plan der »Propyläen« und *Wallenstein*-Vorlesung.

März 23. Mittags Besuch von Goethe. Gespräch über Episches und Dramatisches.

März 24. Vorschuß von Cotta erhalten (vgl. 5. März).

Abends Besuch von Goethe; Vorlesung einzelner Szenen des *Wallenstein*.

März 25. Abends Besuch von Goethe und G. Hufeland.

März 26. Mittags Besuch von Goethe, der seinen Aufsatz »Betrachtungen über eine Sammlung krankhaften Elfenbeins« vorlegt.

März 27. Abends Unterhaltung mit Goethe über epische und dramatische Dichtung und andere ästhetische Themen.

März 28. Mittags Besuch von Goethe; Unterhaltung über epische und dramatische Dichtung. – Erscheinen von: »Die Horen Jahrgang 1797 Eilftes Stück«, ohne Beitrag Schillers.

März 29. Abends Besuch von Goethe, Niethammers und Novalis.

März 30. Abends Besuch von Goethe.

April 1. Abends mit Goethe und Niethammer philosophiert.

April 2. Mittags Goethe zu Tisch.

April 3. Mittags Gespräch mit Goethe über neue Pläne.

April 4. Abends Besuch von Goethe.

April 5. Mittags und abends Besuch von Goethe.

April 6. Morgens Abreise Goethes aus Jena; Entschluß zur fleißigen Weiterarbeit am *Wallenstein*. Besuch der Charlotte von Kalb.

April 10. Besuch von Wilhelm von Wolzogen. Bitte an Goethe um Fürsprache bei Voigt für die Professuren von Niethammer und Schelling.

April 11.–23. Katarrh, Fieber und Husten; im April durch Unpäßlichkeit 3 Wochen verloren. Einige Tage ganz im Bett und die ganze Zeit über im Hause geblieben.

April 24. Durch die Krankheit an der Teilnahme anIfflands Gastspiel in Weimar (24. April – 4. Mai) verhindert.

April 27. Von Tag zu Tag fortschreitende Besserung der Gesundheit, aber noch keine Arbeitslust; Lektüre des Homer.

April 30. Vorschlag an Göschen, falls er auf eine Ausgabe des *Don Carlos* zugunsten Cottas verzichte, ihn durch den schon früher geplanten Theaterkalender zu entschädigen.

Mai 2. Besuch von Karl Simon Morgenstern; Gespräch über die Tragödie.

Mai 4. Entschluß, den *Wallenstein* ohne bestimmte Rücksichten auf Schröder und die Bühne überhaupt fortzusetzen.

Mai 7. Auszug ins Gartenhaus trotz unsicheren Wetters.

Mai 7.–8. Zahlreiche Besuche in den zwei ersten Tagen des Gartenaufenthalts: der Wiener Zensor Josef von Retzer, Prof. Morgenstern und F. A. Eschen, ein Schüler von Voß, den Schiller um Beiträge zum »Musenalmanach« bittet.

Mai 11. Bei gutem Wetter wachsende Arbeitslust. V. Akt des *Wallenstein* begonnen.

Mai 12. Erhalt von W. v. Humboldts Schrift »Über Goethes Hermann und Dorothea« im Manuskript. Lektüre derselben.

Mai 14. Erhalt des (am 30. April bestellten) Toilettentisches für Lotte als Geschenk Cottas.

Mai 15. Besuch von Paulus.

Mai 17. Besuch von Cotta.

Mai 20. Eintreffen Goethes in Jena; abends bei Schiller im Garten. Häufiger Verkehr mit Goethe bis zu dessen Abreise am 31. Mai; gemeinsame Lektüre von Humboldts Aufsatz »Über Goethes Hermann und Dorothea«.

Mai 21. und 22. Abends Gespräche mit Goethe über die »Ilias«.

Mai 23. Abends Besuch von Goethe, Gespräch über neue Pläne, wohl auch über Goethes »Achilleis«.

Mai 24. Abends Gespräch mit Goethe über den »Propyläen«-Plan.

Mai 25. Abends Gespräch mit Goethe über Schillers Plan eines *Julian Apostata*.

Mai 26. Abends Gespräch mit Goethe über die Gattungsgesetze.

Mai 27. Abends Besuch von Goethe und Justizrat Hufeland.

Mai 28. Besuch von Goethe, Niethammer und Schelling. – Cotta bittet W. v. Wolzogen, auf seine Kosten einen sicheren Blitzableiter an Schillers Haus anbringen zu lassen.

Mai 29. Schiller vermittelt Cotta Goethes »Propyläen«. Abends Besuch von Goethe.

Mai 30. Mittags Besuch von Goethe.

Mai 31. Morgens Abreise Goethes aus Jena.

Juni Anfang. Erscheinen von: »Die Horen Jahrgang 1797 Zwölftes Stück«, ohne Beitrag Schillers. Letztes Stück der »Horen«.

Juni 1. Kurzer Besuch in Weimar zur Besichtigung von Meyers italienischen Kunstgegenständen; abends zurück nach Jena.

Juni 3. Abreise Lottes mit ihrem Sohn Karl nach Rudolstadt.

Juni 4. Abends Ankunft Goethes in Jena, bis 21. Juni dort; Wohnung im Schloß. Abends Besuch bei Schiller.

Juni 5. Abends Gespräch mit Goethe über Konfessionen.

Juni 6. Mittags Besuch von Goethe.

Juni 7. Abends Gespräch mit Goethe über den »Faust«.

Juni 8. Abends Besuch von Goethe, Niethammer, Paulus und Justizrat Hufeland.

Juni 9. Abends Besuch von Goethe.

Juni 10./11. Rückkehr Lottes aus Rudolstadt.

Juni 11. Nachmittags Besuch von Goethe.

Juni 13. Abends Besuch von Goethe.

Juni 15. Abends Gespräch mit Goethe über den Aufbau des V. *Wallenstein*-Aktes (Szenen in Eger).

Juni 18. Abends Gespräch mit Goethe über die Möglichkeiten einer dichterischen Darstellung der Naturlehre.

Juni 19. Abends Gespräch mit Goethe über den Magnetismus.

Juni 20. Nachmittags Besuch von Goethe.

Juni 21. Abreise Goethes aus Jena.

Juni 23. Unterbrechung des *Wallenstein* zugunsten der Arbeit am »Musenalmanach«.

Juni 25. Negatives Urteil Schillers über Goethes ihm anonym zugesandten »Elpenor«.

Juni 30. Goethe berichtet über seinen Plan eines »Tell«-Epos.

Juli 1. und 6. Manuskript des *Geistersehers* an Göschen gesandt.

Juli 6.–9. Goethe mit seiner Familie in Jena.

Juli 7. Besuch von Goethe und Prof. F. A. Wolf.

Juli 8. Abends mit Goethe magnetische Versuche.

Juli 9. Abends Abreise Goethes nach Weimar; sein Sohn August bleibt bei Schiller.

Juli 11. Nachmittags Richtfest des Gartenhäuschens mit Badeeinrichtung.

Juli 12./13. Schlaflosigkeit und Untätigkeit wegen erneuter Krämpfe.

Juli 15. Besuch Wilhelm von Wolzogens.

Juli Mitte. Druckbeginn des »Musenalmanachs für das Jahr 1799« bei Göpferdt in Jena.

Juli 16. Immer noch Krämpfe, Schlaflosigkeit und keine Arbeitslust.

Juli um 17.–19. Aus Unmut einige Tage zum *Wallenstein* zurückgekehrt. Lektüre von Erzählungen der Madame de Staël.

Juli 20. Das Gartenhäuschen, dessen Bau Schiller häufiger von der Dichtung abgehalten hat, ist endlich unter Dach. – Gesundheitliche Besserung und Fortschritt der Arbeit. Erster Plan zum Gedicht *Das Glück*. – Besuch der Brüder Ludwig und August von Wolzogen.

Juli um 23.–27. Besuch von Frau von Lengefeld und Wolzogens.

Juli 23. Schiller betitelt Goethes Gedicht »Sängerwürde« (später »Deutscher Parnaß«).

Juli 31. Vermutlicher Abschluß des Gedichts *Das Glück*.

August 1. Abends Ankunft Goethes in Jena (bis 16. August); Gespräch über die Schlegels.

August 2. Abends Besuch bei Goethe.

August 3. Abends Besuch von Goethe.

August 6. Abends Besuch von Goethe und A. G. D. von Moltke.

August 7. Abends Besuch von Goethe.

August 9. Abends Spaziergang mit Goethe; Gespräch über Natur und Kunst.

August 13. Abends Besuch von Goethe.

August 15. Schiller liest Goethe die beiden letzten Akte des *Wallenstein* vor. Vorläufiger Abschluß der einteiligen Fassung des Dramas. Entschluß, den »Musenalmanach« nach einem weiteren Jahr einzustellen.

August 16. Morgens Abreise Goethes von Jena.

August 18. *Der Kampf mit dem Drachen* (als *Ritter*) begonnen.

August 21. Beschäftigung mit dem *Kampf mit dem Drachen* und einigen anderen Gedichten. Besuch von Prof. Paulus.

August 25. Einweihung des Gartenhäuschens. Besuch Fichtes, der sich äußerst verbindlich zeigt; Wiederanknüpfung des Verhältnisses.

August 26. *Der Kampf mit dem Drachen* beendet.

August 27. *Die Bürgschaft* begonnen. Bitte an Goethe um Clerys Memoiren.

August 28. Unwohlsein. Lektüre der Fabeln Hygins auf der Suche nach tragischen Stoffen.

August 30. *Die Bürgschaft* beendet.

August 31. *Das Eleusische Fest* (ursprünglich »Das Bürgerlied«) begonnen. Goethe einen Beitrag für die »Propyläen« in Aussicht gestellt.

September 2. Besuch des schwedischen Kaufmanns Lindahl.

September 4. Starker Schnupfen. *Der Kampf mit dem Drachen* an Goethe gesandt.

September 5. Die *Poesie des Lebens* an Goethe gesandt. Unter seinen Papieren befinden sich zahlreiche angefangene Gedichte, u. a. *Das Eleusische Fest*. – Letztes Datum für die Bezeichnung des *Wallenstein* als fünfaktiges Drama mit Prolog.

September 5.–9. In vier Tagen zwei schlaflose Nächte.

September 7. *Das Eleusische Fest* (»Das Bürgerlied«) beendet.

September 8. »Wieder an den Wallenstein gegangen.« Die Liebesszenen sind noch nicht fertig.

September 10. Als Gast Goethes in Weimar; Wohnung bei H. Meyer. Nachmittags mit Goethe und Meyer Besichtigung des Innenumbaus im Weimarer Theater.

September 11. Mittags bei Goethe.

September 13.–14. Mit Goethe gemeinsame Lektüre des *Wallenstein* und Beratung über dessen Aufführung. Entschluß zur Zweiteilung des *Wallenstein*. – Goethe wünscht *Wallensteins Lager* zur Eröffnung des umgebauten Weimarer Theaters aufzuführen.

September 15. Rückkehr nach Jena.

September 16. Beginn der Umarbeitung von *Wallensteins Lager* für eine selbständige Einzelaufführung im Hinblick auf das Weimarer Ensemble; Erweiterung zum Charakter- und Sittengemälde.

September 18. Schiller gibt Goethes Gedicht an die Herzogin die Überschrift »Stanzen«.

September 21. Schlaflose Nacht. Einarbeitung des Kapuziners in *Wallensteins Lager*. Anzeige der Dreiteilung des *Wallenstein* an Cotta.

September 22. Nachmittags Ankunft Goethes in Jena; bis zur Abreise (1. Oktober) häufiger Verkehr mit Schiller. – Nachmittags und abends Besuch des englischen Pädagogen George Butler.

September 23. Abends Besuch von Goethe; Gespräch über Disposition und Einteilung des *Wallenstein*.

September zwischen 23. und 28. Besuch der Brüder Ludwig und August von Wolzogen.

September 24. Abends Besuch von Goethe.

September 26./27. Goethes Anzeige von *Wallensteins Lager* für die »Allgemeine Zeitung« entstanden.

September 27. Nachmittags Besuch von Goethe; Gespräch über Journale.

September 29. Abschluß und Übersendung von *Wallensteins Lager* an Goethe für das Theater.

September 30. Mittags Besuch von Goethe; Gespräch über *Wallensteins Lager* und Diderots »Essai sur la peinture«.

Oktober 1. Morgens Rückkehr Goethes nach Weimar.

Oktober 2. Besuch von Amalie von Imhoff und Karoline von Wolzogen. Beschluß, den Prolog zu *Wallensteins Lager*, der fast abgeschlossen ist, dem »Musenalmanach« anzufügen.

Oktober 3. Bekanntschaft mit dem Enthusiasten J. B. Lacher, der vor Schiller seine Revolutionspläne entwickelt; abends zum Nachtessen »Schwabenfest« mit Lacher und Niethammer.

Oktober 4. Absendung des Prologs (»Der scherzenden, der ernsten Maske Spiel«) an Goethe für das Theater und für den Druck.

Oktober 5. Nachmittags Besuch von Schelling. – Druckabschluß des »Musenalmanachs«. – Goethe veranlaßt Schiller durch Übersendung von Abraham a Sancta Claras »Reim dich oder ich liß dich« (enthaltend die Predigt »Auff auff ihr Christen«) zür Einfügung der Kapuzinerpredigt in *Wallensteins Lager*.

Oktober 5. und 6. Vorschlag kleiner Änderungen an *Wallensteins Lager* (Stelzfuß statt des Konstablers u. a.), die Goethe mit Rücksicht auf die Schauspieler für die Aufführung ablehnt.

Oktober 6. Die von Goethe gewünschten Veränderungen des Prologs mit Vergnügen aufgenommen. Goethe übersendet das »Soldatenlied« für den Anfang von *Wallensteins Lager*.

Oktober 8. Übersendung der Kapuzinerpredigt an Goethe

mit einem Vorschlag über einen geeigneten Ort zur Einfügung.

Oktober 9. Übersendung des um einige Strophen (1, 2, 5, 6?) erweiterten *Soldatenliedes* (»Es leben die Soldaten ...«) an Goethe.

Oktober 11. Mit Lotte und Karoline von Wolzogen nach Weimar zur Uraufführung von *Wallensteins Lager*. Abends Hauptprobe des Stückes in Anwesenheit von Goethe, Schillers und Wolzogens, entgegen der Gewohnheit im Bühnenkostüm.

Oktober 12. Uraufführung von *Wallensteins Lager*, eingeleitet durch den Prolog (»Der scherzenden, der ernsten Maske Spiel«, vorgetragen von Voß im Kostüm des Max Piccolomini) in Weimar zur Eröffnung des umgebauten Theaters, zusammen mit Kotzebues Schauspiel »Die Korsen«.

Besetzung: Genast als Kapuziner, Beck als Bauer, Malcolmi als Bauernjunge, Frau Beck als Marketenderin, Weyrauch als Wachtmeister, Eylenstein als Trompeter, Leißring und Becker als Jäger u. a. Nach der Vorstellung Bankett mit den Schauspielern im »Elefanten«, bei dem Schiller schließlich zur vorgerückten Stunde mit schwäbischem Akzent die Kapuzinerpredigt hält.

Die Rezension Goethes über *Wallensteins Lager* erscheint in der »Allgemeinen Zeitung« unter dem Titel »Weimarischer, neudecorierter Theater Saal«.

Oktober 13. Wiederholung von *Wallensteins Lager* in Anwesenheit von Goethe und Schiller.

Oktober 14. Morgens Rückreise nach Jena, wohin Goethe mittags nachkommt und bis 22. Oktober dort bleibt. Abends Besuch von Goethe.

Oktober 15. Angebot an Iffland, ihm den dreiteiligen *Wallenstein* nach der Aufführung in Weimar gegen ein Honorar von 60 Friedrichsdor für das Berliner Theater zu überlassen. Datum der Rezension Goethes über die Aufführung von *Wallensteins Lager* (vgl. 7. November).

Oktober 17. Erscheinen von:
»Musen-Almanach für das Jahr 1799. herausgegeben von Schiller. Tübingen, in der J. G. Cottaischen Buchhandlung« 7 Bl. Kalender 248 S. 2 Bl. 12° mit Titelkupfer, gedruckt bei Göpferdt in Jena; enthält von Schiller:
Das Glück – Der Kampf mit dem Drachen – Die Bürgschaft – Bürgerlied (Das Eleusische Fest) – Poesie des Lebens – Des Mädchens Klage – Prolog zu Wallensteins Lager – sowie eine Voranzeige des *Wallenstein* für Ostern 1799 und einer Sammlung seiner Gedichte bei Crusius auf Michaelis 1799.

Oktober 18. Besuch von Voigts und dem Prinzen Karl Friedrich aus Weimar.

Oktober 19. Gemeinsame Durchsicht und Absendung von Goethes Rezension über die Uraufführung von *Wallensteins Lager* an Cotta (vgl. 7. November).

Oktober 20. Abends Besuch von Goethe.

Oktober 21. Gespräch mit Goethe über die *Piccolomini.*

Oktober 22. Morgens Abreise Goethes nach Weimar.

Oktober 23. Beginn der Umarbeitung des *Wallenstein* für das Theater, bei der jede Szene überarbeitet wird und einige Bogen ganz neu geschrieben werden.

Oktober 24. Abdruck des Prologs zu *Wallensteins Lager* (»Der scherzenden, der ernsten Maske Spiel«) in der »Allgemeinen Zeitung«.

November 2. Plan, nach Abschluß des *Wallenstein* ein Gegenstück zu Goethes Einleitung in die »Propyläen« zu verfassen.

November 6. Umzug aus der Gartenwohnung zurück in die Stadtwohnung.

November 7. Goethes Rezension der Uraufführung von *Wallensteins Lager* erscheint unter dem Titel »Eröffnung des weimarischen Theaters. Aus einem Briefe« als Beilage zur »Allgemeinen Zeitung« mit Auszügen aus dem Dramentext.

November 8. Beginn der Arbeit an den Liebesszenen des *Wallenstein*.

November 9. Übersendung der bisher fertiggestellten Akte I, II, IV und V der *Piccolomini* an Goethe.

November 11. Nachmittags Ankunft Goethes in Jena (bis 29.), abends Besuch bei Schiller.

November 12. Abends Gespräch mit Goethe über die Methode des Vortrags der Farbenlehre.

November 14. Gespräch mit Goethe über die verschiedenen Grade der Farbenharmonie.

November 15. Abends Gespräch mit Goethe über die Farbenlehre.

November 17. Abends Gespräch mit Goethe über die Wirkung des Sonnenbildes in der Glaskugel; Besuch von Schelling.

November 19. Abends Besuch von Goethe.

November 20. und 21. Abends Gespräche mit Goethe über ein Schema der verschiedenen Kunstfertigkeiten.

November 21. Iffland akzeptiert Schillers Vorschlag vom 15. Oktober.

November 23. Abends bei Goethe.

November 24. Abends in Gesellschaft Schellings.

November 25. Abends Besuch von Goethe.

November 26. Besuch von Goethe und Niethammer.

November 27. Abends Besuch von Goethe und W. H. K. von Gleichen.

November 29. Mittags Abschiedsbesuch von Goethe und dessen Rückkehr nach Weimar.

November 30. Übersendung von *Wallensteins Lager* an Iffland.

Dezember Anfang. Erneute Krämpfe und Schlaflosigkeit fast jede zweite Nacht; dadurch Behinderung der Arbeit.

Dezember 4. Plan, Wallensteins Aberglauben durch ein Buchstabenorakel, das seinem Unternehmen Glück verheißt, darzustellen.

Dezember 5. Goethe billigt das Buchstabenorakel.

Dezember 7. Einige ganz neue Szenen zum *Wallenstein* entstanden, »die dem ganzen sehr gut tun«. Bitte an Goethe um Reineggs »Allgemeine historisch-topographische Beschreibung des Kaukasus« zur Lektüre.

Dezember 8. Goethe rät nach erneuter Erwägung von der Verwendung des Buchstabenorakels im *Wallenstein* ab und weist auf das dichterisch fruchtbarere astrologische Motiv hin, da dieses auf die innere Notwendigkeit des Alls verweise.

Dezember 11. Dank an Goethe für den vorzüglichen Hinweis auf das Symbol der Astrologie: »Es ist eine rechte Gottesgabe um einen weisen und sorgfältigen Freund.« – Anhaltende Schlaflosigkeit. – Abends Besuch von Griesbach.

Dezember 14. Starker Schnupfen; trotzdem Hoffnung auf einen Abschluß der *Piccolomini* noch in diesem Jahr; Lektüre von Johann Konrad Grübels Gedichten.

Dezember 16. Vorschlag an Cotta, die Buchausgabe des *Wallenstein* wegen der Theatereinnahmen bis Neujahr 1800 aufzuschieben.

Dezember 18. Unpäßlichkeit infolge schlechten Wetters. Lektüre von Boufflers »Discours sur la littérature«.

Dezember 22. Wunsch nach Lektüre von Kants Anthropologie.

Dezember 24. Übersendung der soeben – bis auf die Szenen im astrologischen Zimmer – beendeten *Piccolomini*, an denen drei Kopisten zugleich arbeiteten, an Iffland. – Das Stück umfaßt in der damaligen Form auch die Akte I–II von *Wallensteins Tod* bis zum Abschied von Max und Octavio. Die Astrologenszene soll in 8 Tagen folgen.

Dezember 27. Goethe drängt in einem witzigen Brief auf sofortigen Abschluß der *Piccolomini*.

Dezember 28. Anzeige wegen des späteren Erscheinens des *Wallenstein* in der »Allgemeinen Zeitung« erschienen. – Übersendung der astrologischen Szene an Iffland.

Dezember 29. Bei einer Vorlesung empfindet Schiller die letzte Form der *Piccolomini* als zu lang.

Dezember 29./30. Kürzung des *Piccolomini*-Manuskripts um 400 Verse.

Dezember 31. Übersendung des gekürzten Manuskripts der *Piccolomini* an Goethe und Iffland.

Weitere Werke des Jahres: Vermutlich Entstehung der Skizzen zu den Dramenplänen *Das Schiff* und *Das Seestück*.

1799

Januar 1. Beginn der Arbeit an *Wallensteins Tod*, d. h. den jetzigen Akten III–V von *Wallensteins Tod*, da die Akte I–II aus Bühnenrücksichten zu den *Piccolomini* gehörten. Übersendung eines Nachtrags zu den *Piccolomini* an Iffland.

Januar 2. Aderlaß, wie regelmäßig seit 1791 jedes Frühjahr.

Januar 4. Reise mit der Familie nach Weimar, bis 7. Februar dort. Wohnung im Schloß, im früheren Quartier Thourets, das Goethe eingerichtet hat. Fast täglich in Gesellschaft und häufiger Verkehr mit Goethe. Da trotz dieser Strapazen die Gesundheit durchhält und keine Krämpfe eintreten, neue Hoffnung für die Zukunft. Durch die Gesellschaft von der Arbeit abgelenkt.

Januar 5. Mittags bei Goethe.

Januar 6. Mittags mit Voigt bei Goethe.

Januar 8. Zu Tisch bei Goethe mit Lotte, dem Prinzen Karl Friedrich, Karoline von Wolzogen sowie Voigt und dessen Sohn. Abends Leseprobe von *Piccolomini* I–III in Goethes Haus.

Januar 9. Mit Goethe bei Hofe zur Tafel.

Januar 10. Nachmittags bei Goethe, abends Leseprobe der *Piccolomini* I und IV–V.

Januar 11. Mittags und abends zu Tisch bei Goethe. Nachmittags Leseprobe der *Piccolomini* II–V.

Januar 13. Bei Wolzogens mit Jean Paul, Meyer und Frau von Stein.

Januar 14. Mittags bei Goethe.

Januar 15. Abends bei Goethe.

Januar 16. Mittags bei Goethe mit Böttiger, Frommann, Jean Paul, Gerning, Herder, Bertuch, Kraus sowie Voigt und dessen Sohn.

Januar 17. Leseprobe der *Piccolomini* I–III; abends zu Tisch bei Goethe; Verhandlung über die Anzeige der *Piccolomini* in der »Allgemeinen Zeitung« durch Goethe.

Januar 18. Leseprobe der *Piccolomini* IV–V; abends Gespräch mit Goethe über dessen Ideen zu einem Naturgedicht.

Januar 19. Warme Aufnahme der *Piccolomini* durch Iffland. Abends in der Oper zu Mozarts »Hochzeit des Figaro«.

Januar 20. Mittags mit Wieland zu Tisch bei Goethe; abends Gespräch mit Goethe über eine Temperamenten-Rose.

Januar 21. Abends mit Goethe und Jean Paul bei Kalbs. Erregter Diskurs mit Jean Paul, der die Möglichkeit verneint, écht poetische Gestalten auf der Bühne darzustellen.

Januar 22. Mittags Gespräch mit Goethe über die Temperamenten-Rose.

Januar 23. Zu Tisch bei Goethe mit dem Erbprinzen Karl Friedrich, Ridel, von Hinzenstern, Lotte, von Wolzogens, von Kalbs, von Imhoffs und von Gleichens.

Januar 24. Abends Leseprobe der *Piccolomini*.

Januar 25. Abends erste Theaterprobe der *Piccolomini* unter gemeinsamer Leitung von Schiller (für das Einstudieren der Rollen) und Goethe (für Gruppierung und Szenerie).

Januar 28. Zu Tisch bei Goethe; früh und nachmittags Theaterprobe der *Piccolomini*.

Januar 29. Mittags bei Goethe; abends Generalprobe der *Piccolomini* im Bühnenkostüm.

Januar 30. Mittags bei Goethe. Abends 17.30 Uhr Uraufführung der *Piccolomini* (einschließlich der Akte I–II von
Wallensteins Tod) in Weimar zu Ehren des Geburtstags
der Herzogin. Neben Schiller in der Loge sitzt der nor-
wegische Naturphilosoph Henrik Steffens. Stelldichein
von ganz Jena, Weimar und Erfurt; allgemeiner Beifall.
Besetzung: Graff als Wallenstein, Schall als Octavio, Voß
als Max, Leißring als Graf Terzky, Cordemann als Illo,
Genast als Isolani, Malcolmi als Buttler, Beck als Seni,
Wolf-Malcolmi als Herzogin, K. Jagemann als Thekla
und Mad. Teller als Gräfin Terzky.

Januar 31. Mittags bei Goethe mit Ch. G. Voigt.

Februar 1. Mit Goethe beim Herzog zu Tisch.

Februar 2. Bessere Wiederholung der *Piccolomini* in Weimar unter gesteigerter Teilnahme des Publikums in Schillers Anwesenheit.

Februar 3. Mit Voigt bei Goethe zu Tisch.

Februar 4. Beim Herzog zu Tisch, abends bei Goethe.

Februar 5. Abends Gespräche mit Goethe über dessen Far-
ben- und Temperamentslehre.

Februar 7. Vormittags 11 Uhr im Schlitten mit Goethe
Rückkehr nach Jena, dort bis 28. Februar fast täglicher
Verkehr mit Goethe.

Februar 8. Abends Besuch von Goethe, Gespräch über die
Farbenlehre.

Februar 9. Abends Goethe, Niethammer und Schelling.
Erhalt von Humboldts gedruckter Schrift »Über Goethes
Hermann und Dorothea«.

Februar 11. Nachmittags Gespräch mit Goethe über die
Farbenlehre.

Februar 13. Zu Tisch bei Goethe; abends Gespräch mit
ihm über verschiedene dramatische Pläne und Goethes
Plan einer Fortsetzung der »Zauberflöte«.

Februar 14. Zu Tisch bei Goethe.

Februar 15. Mittags zu Tisch bei Goethe; abends Besuch
von diesem.

Februar 16.–18. Goethes Anzeige der *Piccolomini* für die
»Allgemeine Zeitung« entstanden (vgl. 25.–31. März).

Februar 16. Mittags bei Goethe; Gespräche über *Maria
Stuart* und andere tragische Stoffe. Erhalt von Ifflands
Nachricht, daß dieser von einer Aufführung von *Wallensteins Lager* in Berlin aus politischen Gründen absehen
zu müssen glaubt.

Februar 17. Mittags bei Goethe; abends Gespräch über
dessen »Achilleis«.

Februar 18. Erstaufführung der *Piccolomini* in Berlin. – Einen Notschrei der alten Frau Hölzel aus Mannheim erhalten. Abends bei Goethe Gespräch über Shakespeares
»Timon«.

Februar 19. Bitte an Cotta, dem Baumeister Hölzel in
Mannheim sofort 5 Carolin auf seine Rechnung auszu-
zahlen und im September weitere 5 Carolin folgen zu las-
sen. (Cotta zahlte am 5. März 1799 und 14. Mai 1800.) –
Abends Gespräch mit Goethe über die letzten Akte des
Wallenstein.

Februar 22. Absendung der gemeinsam mit Goethe ver-
faßten Anzeige der *Piccolomini* für die »Allgemeine Zeitung« an Cotta.

Februar 23. Mit Goethe zu Mittag, nachmittags gemeinsamer Spaziergang.

Februar 25. Erhalt von K. A. Böttigers Besprechung der
Piccolomini-Aufführung im Februarheft des »Journal des
Luxus und der Moden«; Verärgerung über deren Irrtümer und höfliche Berichtigung im Brief an Böttiger vom
1. März.

Februar 26. Mittags Besuch von Goethe und W. von Wolzogen.

Februar 28. Abreise Goethes aus Jena.

März 6. Abschluß der Akte I–II von *Wallensteins Tod*,
jetzt III. Akt von *Wallensteins Tod*.

März 7. Übersendung der fertiggestellten Akte an Goethe.
Erweiterung der Anlage auf 5 Akte durch genauere Schil-

derung der Anstalten zur Ermordung Wallensteins und Einführung der beiden Hauptleute, die den Szenen mehr theatralische Breite geben.

März 15. Die Todesszene Wallensteins ist abgeschlossen.

März 17. *Wallensteins Tod* beendet; Übersendung desselben an Goethe.

März 18. Übersendung von *Wallensteins Tod* an Iffland.

März 19. In der »jetzigen Freiheit schlimmer als der bisherigen Sklaverei«; Unruhe bis zur Gewißheit einer neuen Bestimmung und zum Entschluß für eine neue feste Arbeit. Statt historischer Stoffe Vorliebe für reine Phantasiestoffe. Homerlektüre.

März 21.   Vormittags Ankunft Goethes in Jena; bis 10. April dort. Abends Lektüre von *Wallensteins Tod* I–IV; Gespräch über den Plan einer Tragödie *Die feindlichen Brüder* (erster Plan zur *Braut von Messina*).

März 22. Nachmittags bei Goethe diesem den Dramenplan *Die Polizei* mitgeteilt. Abends bei Schiller gemeinsame Lektüre des V. Akts von *Wallensteins Tod* und Gespräch über den Dilettantismus.

März 24. Abends Besuch von Goethe.

März 25. Nachmittags Besuch bei Goethe. Übersendung von *Die Piccolomini* und *Wallensteins Tod* an Körner.

März 25.–31. In der »Allgemeinen Zeitung« Nr. 84–90 erscheint die von Goethe in Zusammenarbeit mit Schiller verfaßte Besprechung der *Piccolomini* mit Auszügen aus dem Dramentext. Der Schluß der Besprechung über die Aufführung stammt von Schiller.

März 26. Mittags Besuch von Goethe, der ihm den fertigen Teil der »Achilleis« vorliest. Gespräch mit ihm über das tragische Sujet des entdeckten Verbrechens (*Die Kinder des Hauses*).

März 26. und 29. *Wallensteins Tod* an das Weimarer Theater gesandt.

März 29. Nachmittags Besuch von Frau von Kalb und Goethe; Gespräch über epische Stoffe.

März 31. Abends mit Goethe Betrachtung von J. Flaxmans Kupferstichen.

April 2. Goethe sendet den 1. Gesang seiner »Achilleis«.

April 4. Gespräch mit Goethe über die Tragödien des Euripides.

April 5. Nachmittags und abends Besuch von Goethe.

April 6. Nachmittags Besuch von Goethe, Niethammer, Schelling und Gries; Gespräch über Euripides.

April 9. Körner sendet seine Kritik von *Wallensteins Tod*.

April 10. Mit Goethe nach Weimar zu den Proben von *Wallensteins Tod*; bis 25. dort; Lotte, die Kinder und Frau von Lengefeld sollen nachkommen und bei Frau von Stein oder Wolzogens wohnen.

April 11. Nachmittags Leseprobe von *Wallensteins Tod*.

April 12. Abends Probe von *Wallensteins Tod*.

April 13. Morgens Besuch von J. D. Gries, dem Schiller das Manuskript von *Wallensteins Tod* für diesen Tag zur Lektüre überläßt. Mittags zu Tisch bei Goethe mit Frl. von Imhoff, Karoline von Wolzogen, Voigt und Loder. – Plan, das Epos der Amalie von Imhoff »Die Schwestern von Lesbos« in den »Musenalmanach« auf 1800 aufzunehmen und nur noch einige kleine Gedichte anzuhängen, um den Redaktionsarbeiten zu entgehen. Bitte an Cotta um Aristoteles' Poetik in der Übersetzung von Buhle und die Tragödien des Euripides in der Übersetzung von Beck.

April 15. Aufführung von *Wallensteins Lager* in Weimar.

April 16. Mit Lotte zum Tee bei Goethe in größerer Gesellschaft: von der Becke, Geheimrat Schmidt, Voigt, Karoline von Wolzogen, Frau von Lengefeld, von Kalbs und Destouches.

April 17. Aufführung der *Piccolomini* in Weimar.

April 19. Mit Lotte zu Tisch bei Goethe in größerer Gesellschaft: Frau von Lengefeld, Karoline von Wolzogen, Frau von Stein, Einsiedel, Wielands und Amalie von Imhoff.

April 20. Uraufführung von *Wallensteins Tod*, damals noch unter dem Titel »Wallenstein«, im Hoftheater Weimar. Der außerordentliche Erfolg wird Hauptgesprächsthema der Woche. Herzog Karl August beglückwünscht Schiller in der Hofloge und äußert den Wunsch, Schiller möge nach Weimar ziehen. – Besetzung wie 30. Januar, außer Cordemann als Graf Terzky, Spitzeder als Illo, Genast als Desveraux, Haide als Gordon, Weyrauch als Seni und Beck als Bürgermeister.

April 21. Mittags mit Goethe.

April 22. Zweite Weimarer Aufführung von *Wallensteins Tod*.

April 23. Mittags mit Goethe und Meyer zu Tisch bei der Herzoginmutter Anna Amalia.

April 24. Camdens »Annales rerum anglicarum«, Quelle zur *Maria Stuart*, aus der Bibliothek entlehnt.

April 25. Morgens Rückkehr nach Jena.

April 26. Beginn des Studiums der Geschichte von Maria Stuart und fester Entschluß zu deren dramatischer Bearbeitung. Quelle: Humes »History of England«, wohl auch Quelle zur *Jungfrau von Orleans*. – Von Göschen 16 Carolin Honorar für die Neuausgabe des *Geistersehers* erhalten.

April 27. Goethe übersendet Literatur über Maria Stuart.

Mai 1. Ankunft Goethes in Jena, wo er bis zum 27. bleibt. Abends Gespräch mit ihm über Maria Stuart und den ganzen Monat über fast täglich gemeinsame Spazierfahrten und regelmäßiger Verkehr. Um diese Zeit wiederholte Erörterung von Schillers Plan einer Dramensammlung »Deutsches Theater«.

Mai 2. Besuch Cottas in Jena, der 60 Louisdor von Iffland für den *Wallenstein* überbringt. Mittags dazu Besuch von Goethe und Frau von Stein.

Mai 3. Vormittags mit Goethe Spazierfahrt nach Burgau und durchs Leutratal; bei ihm zu Tisch; Gespräch über eine zu gründende Akademie. Abends gemeinsamer Entwurf eines Schemas über den Dilettantismus.

Mai 4. Nachmittags Besuch von Goethe, Mellish und Frau und Frl. Bose.

Mai 5. Morgens und nachmittags Spazierfahrten mit Goethe.

Mai 6. Morgens Spazierfahrt mit Goethe nach Dornburg zu einem Besuch bei Mellish; dort zu Mittag; abends zurück nach Jena und Besuch von Goethe, dem Schiller die Geschichte seiner Krankheit erzählt.

Mai 7. Vormittags Spazierfahrt mit Goethe nach Lobeda; abends Besuch von Goethe.

Mai 8. Abends Spazierfahrt mit Goethe nach Lobeda und gemeinsame Mahlzeit; Unterhaltung über Goethes Idee eines Naturgedichts. – Mitteilung an Körner über seine neue Beschäftigung, deren Gegenstand er erst nach Abschluß des Werkes erfahren solle. Bitte um eine Anzeige von *Wallensteins Tod* für die »Allgemeine Zeitung«.

Mai 9. Abends nach gemeinsamer Spazierfahrt nach Lobeda Besuch von Goethe; Gespräch über englische Geschichte.

Mai 10. Auszug in das Gartenhaus.

Mai 11. Abends Besuch von Goethe, Gespräch über dessen »Sammler«, anschließend Besuch von Niethammer und Schelling.

Mai 13. Gespräch von Schiller und Goethe mit Amalie von Imhoff über ihr Epos »Die Schwestern von Lesbos«. Sie ist durch Goethes Kritik und Vorschlag einer Umarbeitung gekränkt.

Mai 17. Mittags Gespräch mit Goethe über laufende und geplante Arbeiten. – Erfolgreiche Berliner Erstaufführung von *Wallensteins Tod*.

Mai 18. Mittags Besuch von Goethe.

Mai 19. Nachmittags Besuch von Goethe, Christiane Vulpius mit den Kindern und Frau von Stein. – Erweiterung des Schemas über den Dilettantismus.

Mai 20. Wiederholung der *Piccolomini* in Weimar.

Mai 20.–22. Gespräche mit Goethe über den Dilettantismus.

Mai 23. Nachmittags Arbeit mit Goethe am Schema über den Dilettantismus; abends gemeinsame Spazierfahrt nach Löbstedt und Gespräch über eine Sammlung von Goethes kleineren Gedichten.

Mai 24. Abends Fortsetzung des Schemas über den Dilettantismus mit Goethe.

Mai 25. Abends Besuch von Goethe.

Mai 26. Mit Goethe Abschluß des Schemas über Dilettantismus. – Unger einen Beitrag zu dessen »Journal der Romane« in Aussicht gestellt und den Plan einer Ausgabe eines »Deutschen Theaters« mit Neudrucken und Bearbeitungen vorhandener bedeutender Stücke und kritischen Einleitungen, halbjährlich 5–6 Stücke in zwei Bänden, gegen ein Jahreshonorar von 100 Carolin (für 4 Bände) unterbreitet. Aufforderung an diesen zu einer Sammlung von Goethes kleineren Gedichten als 7. Band der Werkausgabe.

Mai 27. Abreise Goethes von Jena. Weiterarbeit an *Maria Stuart*.

Mai 28. Lektüre von Christian Thomasius' Leben.

Mai Ende. Lektüre von Corneilles »Rodogune«, »Tod des Pompejus« und »Polyeuct« sowie von Racine und Voltaire, um die dramatische Technik der französischen Klassiker kennenzulernen.

Juni 3. Erhalt von Körners Aufsatz über *Wallensteins Tod*, der jedoch unbefriedigend wirkt.

Juni 4. Beginn der Ausarbeitung der *Maria Stuart*, nachdem das Schema zu den ersten Akten in Ordnung ist und »in den letzten nur noch ein einziger Punkt unausgemacht« bleibt. – Lektüre von Lessings »Hamburgischer Dramaturgie«.

Juni 5. Durchsicht des Manuskripts zu der Erzählung »Walther und Nanny« von Karoline von Wolzogen. Plan, die *Wallenstein*-Trilogie in ein einziges Drama zusammenzuziehen.

Juni 6. Besuch des preußischen Gesandten von Dohm.

Juni 8. Reise mit Lotte nach Weimar; mittags mit Goethe bei einer Gesellschaft von Loder im Belvedere; abends wieder zurück nach Jena.

Juni 9./10. Zwei Tage Erholung von den Beschwerden der Reise erforderlich.

Juni 12. Besuch von Mellish und Jandor.

Juni 12.–13. Besuch von Charlotte von Kalb, Mellish und Frau, Frl. Bose und Jandor.

Juni 14. Noch immer an der Arbeit bei den drei ersten Expositionsszenen der *Maria Stuart*; er sucht einen festen Grund für das Künftige zu legen. Bitte an Goethe um eine Aischylos-Ausgabe.

Juni 18. Besuch von Major Hendrich.

Juni 20. Besuch von Jandor.

Juni 24.–30. Besuch von Christophine und Reinwald in Jena; dadurch Unterbrechung der Arbeit. Ein näheres Verhältnis zu Reinwald kommt nicht zustande.

Juni 26. Unger nimmt Schillers Vorschlag eines »Deutschen Theaters« zu den genannten Bedingungen an (trotz Drängen des Verlegers nicht ausgeführt).

Juni 27. Besuch mit Reinwalds bei Mellish in Dornburg und zurück nach Jena.

Juni 28. Abends Gesellschaft.

Juni 30. Schiller begleitet Christophine und Reinwald nach Weimar; er bleibt dort bis 3. Juli bei Goethe.

Juli 2. Aufführung von *Wallensteins Tod* in Weimar vor dem preußischen Königspaar, das die Berliner Aufführung nicht hatte sehen wollen, sondern sich eine Weimarer Vorstellung ausbedungen hatte. Schiller wird dem König Friedrich Wilhelm III. vorgestellt, der sehr verbindlich im Betragen ist, und auch Königin Luise geht sehr geistvoll auf den Sinn der Dichtung ein.

Juli 3. Nachts zurück nach Jena.

Juli 5.–12. Infolge unerträglicher Hitze Arbeitsunfähigkeit und Schlaflosigkeit.

Juli 7. Honorarvereinbarung mit Kirms für eine Lauchstädter Aufführung der *Wallenstein*-Trilogie.

Juli Anfang. Lektüre von Rapin de Thoyras »Histoire
d'Angleterre« als Quelle für *Maria Stuart*.

Juli 12. Arbeit an der Exposition des Prozesses und der
Gerichtsform für *Maria Stuart*.

Juli 15. Wunsch, Goethes Gedanken über den Dilettantismus zu erfahren.

Juli 19. Lektüre von Friedrich Schlegels »Lucinde«.

Juli 23. Besuch von Ludwig Tieck, der schon durch Schlegels Vermittlung Beiträge zum »Musenalmanach« für
1799 geliefert hat; Unterhaltung über Shakespeare und
spanische Dramatiker, die jedoch, wie auch die wiederholten Besuche Tiecks bei Schiller, ohne Wärme verläuft,
da Schiller Tiecks nahe Verbindung zu Schlegels kennt.

Juli 24. I. Akt der *Maria Stuart* beendet.

Juli 25. II. Akt der *Maria Stuart* begonnen.

Juli 27. Besuch von Sophie Brentano, der Enkelin von Sophie von La Roche, und Susette Gontard.

Juli 30. Ernstliche Arbeit am II. Akt der *Maria Stuart*.

Juli Ende / August Anfang. Lektüre von Parny, »La
guerre des dieux anciens et modernes«.

August (?). Lektüre und kritische Beurteilung von Ch. A.
Vulpius' Drama »Carl XII. bey Bender« im Manuskript.

August 6. Goethe sammelt auf Ungers Wunsch seine neueren Gedichte in einem 7. Band (vgl. Mai 26.).

August 9. Ein Drittel der *Maria Stuart*, »das Schwerste
vom Ganzen«, abgeschlossen, gefördert durch gesund-
heitliches Wohlergehen und die Einsamkeit des Garten-
aufenthaltes. Entschluß, die nächsten 6 Jahre nur dem
Drama zu widmen und die Winter in Weimar zuzubringen, um durch häufige Theaterbesuche seine dramatische
Phantasie zu fördern. Wink an Goethe, die finanziellen
Möglichkeiten des doppelten Wohnsitzes zu erwägen.

August 14. Druckbeginn des »Musenalmanachs« für 1800
bei J. C. Gädicke in Weimar.

August 16. Der II. Akt der *Maria Stuart* fast abgeschlossen.

August 20. Während der Arbeit an *Maria Stuart* taucht der Plan einer neuen Tragödie auf: *Warbeck*, der falsche Thronprätendent, Grundmotiv auch des *Demetrius*. Erste Umrisse des neuen Planes festgehalten.

August 23. Entschluß, die freiwerdende Wohnung der Frau von Kalb in Weimar ab Michaelis auf ein Jahr zu mieten und Ende November nach Weimar zu kommen, um die beiden letzten Akte der *Maria Stuart* unter dem Eindruck des Theaters niederzuschreiben. – Entstehung einiger (verlorener) »Distichen auf den Mond« aus Interesse für Goethes Naturbetrachtung.

August 26. Beendigung des II. Aktes der *Maria Stuart*.

August 27. Beginn des III. Aktes der *Maria Stuart* nach wohlgemeintem, aber vergeblichem Bemühen, sich eine lyrische Stimmung für den »Musenalmanach« zu schaffen. Gedanke an eine neue Art lobender Xenien auf ehrenwerte Zeitgenossen anläßlich der Jahrhundertwende. – Von Kirms 150 Taler Honorar für die Lauchstädter Aufführung des *Wallenstein* erhalten. – Goethe vermittelt für Schiller die Wohnung in Weimar.

August 28. Fester Entschluß zur Übernahme der Wohnung der Frau von Kalb für 122 Reichstaler. – Durch Zahnweh am Sprechen und Lesen gehindert.

August 31. Besuch mit Lotte in Weimar zur Besichtigung der Wohnung und zurück nach Jena (?).

September 1. Bitte an Herzog Karl August um eine Gehaltserhöhung zur Bestreitung seiner Kosten für den doppelten Wohnsitz. (Vgl. September 11.)

September 3. Die Arbeit an der *Maria Stuart* ist bis zur Begegnung der Königinnen fortgeschritten; Unterbrechung derselben für die Arbeiten zum »Musenalmanach«.

September 4. Goethe meldet den Abschluß eines Mietvertrages für Schiller mit dem Perückenmacher Müller. Frau von Kalb will Schiller einige Möbel in der Wohnung überlassen.

September 4.–13. Besuch mit seiner Familie in Rudol-stadt bei der Schwiegermutter; Wohnung im Schloß; dort vermutlich erneute Anregungen zum *Lied von der Glocke* und Verkehr mit Gleichens.

September 8. Aufführung der *Räuber* durch die Weimarer Schauspieler in Rudolstadt.

September 11. Herzog Karl August genehmigt Schillers Bitte um Gehaltserhöhung vom 1. September und ge-währt zu den seit 1790 vereinbarten 200 Talern weitere 200 Taler jährlich, also insgesamt 400 Taler. Erste Ge-haltserhöhung seit 1790. – Aufführung von *Wallensteins Lager* und Jüngers Lustspiel »Eveline« in Rudolstadt.

September 13. Reise von Rudolstadt nach Weimar zu Goethe. Empfang eines silbernen Kaffeeservices von der Herzogin Luise von Weimar als Anerkennung für den *Wallenstein*.

September 15. Morgens bei Goethe, mit Voigt bei ihm zu Tisch, abends Rückkehr nach Jena.

September 16. bis Oktober 14. Goethe in Jena, Wohnung im Alten Schloß. Abends Goethe die beiden ersten Akte der *Maria Stuart* vorgelesen, weiterhin abends fast täg-licher Verkehr.

September 17. Abends Gespräch mit Goethe über die Frage, ob Schiller Shakespeares »Macbeth« frei übertra-gen solle, und die Möglichkeiten für dessen Aufführung.

September 18. Spazierfahrt mit Goethe.

September 19. Abends Gespräch mit Goethe über Magne-tismus, Farbenlehre und das Verhältnis der Empirie zur Transzendentalphilosophie. Wiederholte gemeinsame Lektüre von *Maria Stuart*, I. Akt.

September 20. Abends Gespräch mit Goethe und Schelling über Plastik und Malerei sowie Magnetismus; Lektüre vom Schluß des I. Aktes der *Maria Stuart*.

September 21. Nachmittags Spazierfahrt mit Goethe. Ge-spräch über den anschaulichen Vortrag der Farbenlehre; abends gemeinsame Lektüre des II. Akts von *Maria Stu-*

art. Durch Herders Beiträge zum »Musenalmanach« zu einem eigenen Beitrag (?) angeregt.

September Ende. Lektüre von Schleiermachers Reden »Über die Religion« und Tiecks romantischen Dichtungen.

September 22. Nachmittags mit Goethe bei Griesbach.

September 23. Nachmittags Spazierfahrt mit Goethe; Gespräch über Tiecks »Prinz Zerbino« und Schleiermachers Reden »Über die Religion«.

September 24. und 25. Abends Besuche von Goethe.

September 24., 27. und 29. Manuskriptsendungen zum »Musenalmanach« an Gädicke.

September 26. Abends Gespräch mit Goethe über Schleiermachers Reden »Über die Religion«.

September 27. und 28. Abends Besuche von Goethe.

September 29. Abends Besuch von Goethe, Schelling und Gries. Das *Lied von der Glocke* an Gädicke zum Druck übersandt (wohl in der 2. Septemberhälfte beendet).

September 30. Fortsetzung der Arbeit an *Maria Stuart*.

Oktober 2. Abends Gespräch mit Goethe über die Möglichkeiten der Tragödie.

Oktober 3. Abends Gespräch mit Goethe über Farben- und Schallphänomene.

Oktober 4. Abends Gespräch mit Goethe über den dichterischen Vortrag der Naturphilosophie, über Mohammed und andere dramatische Stoffe.

Oktober 5. Letzter Umzug aus dem Gartenhaus in die Stadtwohnung bei Griesbachs. Abends Gespräch mit Goethe über die Bearbeitung von Racines »Mithridate« und Corneilles »Cid« für die deutsche Bühne.

Oktober 6. Abends Besuch von Goethe.

Oktober 8. Mittags Gespräch mit Goethe über tragische Momente.

Oktober 9. Abends Gespräch mit Goethe über den Gebrauch von Fremdwörtern in der Tragödie.

Oktober 10. Goethe liest abends den »Mahomet« vor. Gespräch über tragische Stoffe.

Oktober 11. Nachts 22.30 Uhr Geburt der Tochter Karoline Henriette Luise.

Oktober 12. Neben der schon sehr weit gediehenen *Maria Stuart* Beschäftigung mit zwei neuen Dramenplänen (*Warbeck* und *Malteser*?). Cotta 6 Erzählungen von Lotte für die »Flora« angeboten. Bestimmungen für den Druck des *Wallenstein* in 2 Bänden: 1. Teil: Prolog, *Wallensteins Lager* und *Piccolomini*; 2. Teil: Abhandlung über die wallensteinischen Schauspiele (nicht ausgeführt), *Wallensteins Tod* und historische Anmerkungen (nicht ausgeführt). – Abends Gespräch mit Goethe über die Wirkung der Tragödie auf das Publikum.

Oktober 13. Mittags Goethe und Karoline von Wolzogen, nachmittags Spazierfahrt mit Goethe und Gespräch über »Mahomet«. Abschied von Goethe.

Oktober 14. Morgens Abreise Goethes aus Jena. Ankunft der Frau von Lengefeld.

Oktober 15. Vormittags Taufe der Tochter Karoline. Paten: Goethe, Frau Friederike von Gleichen (beide in Abwesenheit) und Frau von Lengefeld.

Oktober 15.–18. Durchsicht von Goethes Übersetzung des »Mahomet« von Voltaire; Bemerkungen über diesen. – Schreiben an Crusius wegen der Ausgabe seiner *Gedichte* und des 2. Bandes der *Kleineren prosaischen Schriften* und Anfrage wegen einer verbesserten Neuauflage des *Abfalls der Niederlande*, den Schiller noch um die Aufsätze *Des Grafen Lamoral von Egmont Leben und Tod* und *Merkwürdige Belagerung von Antwerpen* sowie zwei neue, noch zu schreibende Aufsätze erweitern will (die beiden letzteren nicht ausgeführt).

Oktober 16. Übersendung von *Piccolomini* und *Wallensteins Tod* an Cotta.

Oktober 18. Vorschläge an Goethe zur Umgestaltung des »Mahomet«.

Oktober um 19. Auf der Suche nach geeigneten Tragödienstoffen zur Förderung von Schillers Dichtung schlägt

Herzog Karl August ihm die Bearbeitung der Geschichte des Martinuzzi vor. Schiller lehnt sie als nur politisch ab, und der Herzog wünscht ein Schema der *Malteser* zu sehen.

Oktober 19. Erscheinen von:
»Musen-Almanach für das Jahr 1800. herausgegeben von Schiller. Tübingen, in der J. G. Cotta'schen Buchhandlung.« 1 Bl. 6 Bl. Kalendarium 264 S. 1 Bl. und 5 Kupfer 12°, gedruckt bei Gädicke in Weimar; enthält von Schiller: *Spruch des Konfucius – Die Erwartung – Das Lied von der Glocke.*

Oktober 20. Heirat der Schwester Luise mit dem Pfarrer Frankh. Das Erscheinen von Schillers *Lied von der Glocke* erregt im Schlegel-Kreis große Heiterkeit.

Oktober 22. Auf Wunsch des Herzogs Karl August kurze Wiederaufnahme des *Malteser*-Planes und Nachdenken über die Disposition – das einzig Vollendete – die er dem Herzog bei der Ankunft in Weimar vorlegen will.

Oktober 23. Erkrankung Lottes an Nervenfieber mit heftigen Phantasien und Beängstigungen; mehrere Wochen ohne Besinnung mit öfteren Anfällen. Behandlung durch Hofrat Dr. Stark. Da sie niemanden außer Schiller und der Mutter um sich duldet, jeden 2. Tag Nachtwachen an ihrem Krankenbett (am 23./24., 25./26., 27./28., 29./30.).

Oktober 24. Besuch von Mellish.

Oktober 28. Lotte noch immer im Delirium, doch sind die Phantasien weniger unruhig. Selbst durch die 4 Nachtwachen sehr angegriffen.

Oktober 30. Lotte ist fast fieberfrei und außer Gefahr, jedoch ohne Besinnung.

November 1. Cotta stellte Schiller sein Geld zu beliebiger Verfügung. – Nachts gewacht.

November 2. Seit diesem Tag ist Lotte völlig gleichgültig, stumpf und geistesabwesend und spricht keine Silbe.

November 5. Lotte zeigt merklich mehr Besinnung.

November 6. Zur Zerstreuung seines Gemüts tagsüber einige Stunden mit dem Sohn Karl bei Goethe in Weimar. Karl bleibt bei Goethe zurück. Am gleichen Tag Rückkehr nach Jena. Nachts gewacht.

November 8. Lotte ist wieder unruhiger; erneute Beängstigung. Besuch von Dr. Harbaur.

November 10. Goethe bis 8. Dezember in Jena. Besuch von ihm, Niethammer und Justizrat Hufeland. Gespräch über dramatische und naturwissenschaftliche Pläne.

November 11. Abends mit Goethe die Akte I–II von dessen Übersetzung von Voltaires »Mahomet« durchgegangen.

November 16. Von Cotta 200 Laubtaler, Vorschuß auf englische Übersetzungen, erhalten.

November 17. Abends Gespräch mit Goethe über den Bund der Kirche mit den Künsten.

November 18. Langsame Genesung Lottes, die mehr Aufmerksamkeit, Anteilnahme und Wiederkehr des Gedächtnisses zeigt, doch immer noch unruhige Phantasie und Traumbilder hat. Die Erholung schreitet unmerklich langsam vorwärts und erreicht erst Ende November einen befriedigenden Zustand. – Bitte an Göschen um die ersten 5 Hefte der »Thalia« zur Revision des *Don Carlos*. Dem Stuttgarter Theater den *Wallenstein* für 15 Carolin angeboten. Abends Gespräch mit Goethe über die »Mémoires historiques de Stéphanie-Louise de Bourbon-Conti«.

November 19. Schiller sendet Goethe die Memoiren der Stéphanie-Louise de Bourbon-Conti, die Goethe zur »Natürlichen Tochter« anregen.

November 21. Fortschreitende Besserung Lottes, die nach ihrer Erkrankung den ersten Brief (an die Schwester) schreibt.

November 22. Abends Besuch von Goethe; Gespräch über den Staatsstreich Napoleons vom 9. November.

November 25. Gespräch mit Goethe über die *Malteser*.

November 27. Abends Besuch von Goethe.

November 29. Ankündigung des Manuskripts der *Gedichte* an Crusius. Abends Gespräch mit Goethe über Schillers frühe Lyrik.

November 30. Abends Gespräch mit Goethe über die *Malteser*.

Dezember 1. Abends Gespräch mit Goethe über Shakespeare.

Dezember 2. Beschäftigung mit dem Einpacken zum Umzug.

Dezember 3. Vormittags nochmaliges Zusammentreffen mit Goethe, dann Umzug nach Weimar in die erste Wohnung: Windischengasse A 71 (jetzt Windischenstraße 8) bei Perückenmacher Müller, in der ehemaligen Wohnung der Charlotte von Kalb. Miete jährlich 122 Taler. Lotte bleibt mit Karl und der kleinen Karoline die ersten Wochen bei Frau von Stein; Schiller wohnt mit Ernst und den Dienstboten in der neuen Wohnung.

Dezember 4. Sorge für Renovierung und Neueinrichtung der Wohnung.

Dezember 5. Vorstellung und einstündiges Gespräch beim Herzog.

Dezember 6. Morgens Abreise der Frau von Lengefeld. – Manuskript des 2. Teils der *Kleineren prosaischen Schriften* an Göpferdt zum Druck.

Dezember 8. Rückkehr Goethes nach Weimar, abends Besuch bei diesem. Lotte unterhält sich »recht lebhaft und ganz nach ihrer alten Art«. – Cotta in 14 Tagen die Übersetzungen Lottes und Erzählungen Karoline von Wolzogens für die »Flora« in Aussicht gestellt.

Dezember 10. Abends mit Voigt und dem Maler Bury bei Goethe.

Dezember 12. Abends bei Goethe.

Dezember 13. Abends Besuch von Goethe.

Dezember 15. Abends bei Goethe, Gespräch über den III. Akt der *Maria Stuart*.

Dezember 16. Einzug Lottes in die neue Wohnung.

Dezember 17. Mit Herzog und Herzogin zum Tee bei Goethe, der in größerer Gesellschaft den »Mahomet« vorliest.

Dezember 19. Nachmittags Besuch von Goethe.

Dezember 20. Abends bei Goethe Besprechung über den Schluß des III. Akts der *Maria Stuart*.

Dezember 22. Schiller vergißt über der Arbeit einen beabsichtigten Besuch bei Goethe.

Dezember 23. Arbeit an der Ausfüllung kleinerer Lücken in den ersten drei Akten der *Maria Stuart*. Abends bei Goethe, der zuvor einer großen Gesellschaft in Anwesenheit Lottes den »Mahomet« vorgelesen hat.

Dezember 24. Mellish die ersten drei Akte der *Maria Stuart* vorgelesen.

Dezember 25. Abends bei Goethe.

Dezember 27. Nachmittags mit Goethe beim Herzog.

Dezember 28. Abends Besuch von Goethe.

Dezember 29. Abends bei Goethe; Gespräch über die Anforderungen an den Künstler.

Dezember 31. Abfassung der Todesszene Mortimers (*Maria Stuart*, IV. Akt), abends bei Goethe zur Jahrhundertende-Feier (als »Neunundneunziger« verfrüht).

Weitere Werke des Jahres: *Nänie* und *Die Worte des Wahns*.

1800

Januar 1. Nachmittags Besuch von den Schauspielern Voß und Haide; abends in der Oper zu »Cosa rara« von Martini.

Januar 2. Mit Lotte auf dem Ball.

Januar 3. Eingeladen bei der Herzoginmutter Anna Amalia (erstmals seit dem Umzug nach Weimar) zur Vorlesung von Kotzebues »Gustav Wasa«, der sich Schiller nicht entziehen kann. Abends bei Goethe.

Januar 4. Abends im Theater zu Kotzebues »Gustav Wasa«.

Januar 5. Eifrige Beschäftigung mit seinen Plänen; abends bei Goethe Gespräch über Kotzebues »Gustav Wasa«.

Januar 6. Entschluß zur Bühnenbearbeitung des »Macbeth« von Shakespeare, abends bei Goethe, Gespräch über das Versdrama und die Bühnenmöglichkeiten der »Iphigenie«.

Januar 6.–9. Abfassung des Gedichts *An Goethe, als er den Mahomet von Voltaire auf die Bühne brachte*, ursprünglich als Prolog zur Aufführung am 30. Januar gedacht.

Januar 7. Lektüre der »Iphigenie« im Hinblick auf die Bühnenmöglichkeiten. Besuch von Justizrat Hufeland aus Jena. Abends mit Voigt bei Goethe. Gespräch über den Magnetismus und Hofskandale.

Januar 9. Abends bei Goethe, Gespräch über Newton.

Januar 10. Zum Tee bei der Herzogin Luise. Beginn der Einstudierung des »Mahomet«, an der Schiller teilnimmt.

Januar 11. Nachmittags Schlittenfahrt mit Goethe. Abends in der Oper »Die theatralischen Abenteuer« von Cimarosa.

Januar 12. Beginn der Versbearbeitung von Shakespeares »Macbeth« auf Grund der Prosaübertragungen von Wieland und Eschenburg unter gelegentlicher Heranziehung des englischen Textes. Arbeit daran bis Ende März. Durch Cotta dem Frankfurter und Stuttgarter Theater das noch nicht geschriebene Manuskript der Bühnenbearbeitung für 12 Dukaten angeboten. Abends Gespräch mit Goethe über *Macbeth*.

Januar 12./13. Schlaflose Nacht in Gedanken an *Macbeth*.

Januar 14. Zweite Leseprobe des »Mahomet«. Abends bei Goethe.

Januar 15. Allein beim Herzog zur Tafel geladen, anschließend bei Wolzogens. Beschäftigung mit *Macbeth*.

Januar 16. Abends Besuch von Goethe.

Januar 18. Abends in der Oper zu Mozarts »Zauberflöte«.

Januar 20. Die ersten beiden Akte des *Macbeth* »aus dem

Rohen gearbeitet«. Abends bei Goethe, dem er auch die Szene aus *Wallensteins Tod* IV,1–2 für seinen Schwager Vulpius zur Veröffentlichung schickt.

Januar 21. Probe des »Mahomet«; anschließend Goethe und die Schauspieler bei Schiller; Theaterspäße.

Januar 22. Abends Gespräch mit Goethe über *Macbeth*.

Januar 23. Im Anschluß an eine »Mahomet«-Probe auf dem Theater Besuch bei Goethe.

Januar 26. Mittags bei Goethe, Betrachtung von Burys Bildern.

Januar 29. Nachmittags Besuch von Goethe.

Januar 30. Nachmittags bei Goethe; Gespräche über Naturwissenschaft. Abends in der Uraufführung von Goethes »Mahomet«.

Januar 31. Nachmittags Besuch von Goethe.

Januar Ende. Vorbereitung zur 1. Sammlung seiner *Gedichte* bei Crusius.

Februar Anfang. Druckbeginn des *Wallenstein*. – Revision von Lottes Übersetzungen »Die Nonne« und »Die neue Pamela«. – Die Szenen IV,1–2 von *Wallensteins Tod* erscheinen als Vorabdruck in Christian August Vulpius' Zeitschrift »Janus« Nr. 2, Februarheft.

Februar 1. Besuch von Niethammers. Abends bei Goethe.

Februar 2. Heranziehung des englischen Originals für die *Macbeth*-Bearbeitung, das den »Geist des Gedankens viel unmittelbarer« wirken läßt. Abends bei Goethe.

Februar 3. Abends bei Goethe.

Februar 4. Abends im Palais.

Februar 5. Der 1. Bogen von *Wallensteins Lager* ist gedruckt. Hoffnung, den *Macbeth* am 6. Februar abzuschließen. – Übersendung der von Lotte übersetzten Erzählungen »Die Nonne« und »Die neue Pamela« an Cotta. Die erste erscheint im Märzheft, die zweite im Maiheft der »Flora«.

Februar 6. Abends Goethe die beiden ersten Akte von *Macbeth* vorgelesen.

Februar 12. Aufführung von *Wallensteins Lager* in Weimar. Abends mit Voigt bei Goethe.

Februar 15. Zur Ader gelassen. Abends Gespräch mit Goethe über die Aufführung von *Macbeth*. Aufführung der *Piccolomini* in Weimar.

Februar 16. Erkrankung an Nervenfieber; häufiger phantasiert und sehr matt, nur langsame Erholung unter der treuen Pflege des Dr. Harbaur. Die Krankheit dauert bis gegen Ende März: »vier Wochen in die völligste Untätigkeit versetzt«; dadurch Unterbrechung der Arbeit an *Maria Stuart*.

Februar 20. und 21. Besuche von Goethe.

Februar 26. Erste Besserung: das Fieber ist fast ganz vorbei, doch noch Husten und große Erschöpfung.

März 6. Abends Besuch von Goethe.

März 7. Fieberfrei und nicht mehr bettlägerig, doch noch Mattigkeit und starker Husten. Abends Besuch von Goethe.

März 8., 9. und 11. Nachmittags Besuche von Goethe.

März 16. Übersendung des I. Akts der *Maria Stuart* an Mellish zur Übersetzung ins Englische. Noch in völliger Untätigkeit.

März 19. Abends Besuch von Goethe.

März 23. Der erste Ausgang nach der Erkrankung gilt dem gleichfalls erkrankten Goethe. Noch sehr kraftlos und große Mühe beim Treppensteigen; immer noch Husten und viel Schleim.

März 24. Aufforderung an Cotta, Goethe durch günstige Verlagsangebote zur Vollendung des »Faust« zu veranlassen. Bitte an Goethe um Kotzebues »Bayard«.

März 28. Justizrat G. Hufeland das Jenaer Gartenhaus zur Miete angeboten.

März 31. Nachmittags bei Goethe.

März Ende. Nach Beendigung des *Macbeth* Wiederaufnahme der Arbeit an *Maria Stuart*.

April 3. Nachmittags bei Goethe; Gespräch über *Maria*

Stuart, *Macbeth* und italienische Gegenden. Goethe liest den Schluß des *Macbeth*.

April 6. Mittags mit Wieland und Voigt bei Goethe.

April 8. Mittags mit Wieland bei Goethe.

April 11. Besuch des Studenten Konrad Ziegler mit Nachrichten von Cottas Schicksal (Reise nach Paris).

April 13. Mittags mit Wieland und Herder bei Goethe.

April 15. Zu Tisch bei Goethe mit Voigt, Harbaur und Meyer von Bremen. 17 Flaschen Wein vom Verleger Wilmans in Bremen erhalten.

April 16. Wilmans einen Beitrag zu seinem Taschenbuch versprochen.

April 17. Unger für sein »Journal der Romane« die von Lotte übersetzte, von ihm selbst bearbeitete Erzählung »Autun und Manon« übersandt. (In Band III des Journals erschienen.) Zum Konzert bei Goethe mit Lotte, Jagemanns, Herder, Voigts, Ackermann, Amerongen und Wolzogens.

April 20. Göschen den Neudruck der *Geschichte des Dreißigjährigen Krieges* und eine revidierte Ausgabe des *Don Carlos* versprochen.

April 22. Abends bei Goethe; Gespräch über Schellings »System des transzendentalen Idealismus«.

April 24. Mittags in großer Gesellschaft sowie abends bei Goethe.

April 25. Zum Konzert in großer Gesellschaft bei Goethe.

April 26. Iffland *Macbeth* übersandt (den Iffland am 20. Mai ablehnt) und die *Maria Stuart* in 6 Wochen für 12 Carolin versprochen.

April 28. Abreise Goethes nach Leipzig.

Mai Anfang. In Vertretung Goethes Leitung der Theaterproben für *Macbeth*; dadurch von der *Maria Stuart* abgehalten.

Mai 3. Besuch von Cotta auf dessen Durchreise nach Leipzig; Vertragsabschluß für *Maria Stuart*.

Mai 5. Akt I–IV der *Maria Stuart* fertig.

Mai 11. Den Schauspielern in seiner Wohnung die ersten vier Akte der *Maria Stuart* vorgelesen, um Karoline Jagemann für die Rolle der Elisabeth zu interessieren. Die für 17 Uhr angesetzte Vorlesung wird durch die Verspätung eines Teilnehmers und das Abendessen, nach dem Schiller nicht sogleich lesen will, bis gegen 23 Uhr verschoben und dauert über Mitternacht bis gegen Morgen.

Mai 13. Generalprobe von *Macbeth*.

Mai 14. Uraufführung von Schillers Bearbeitung des *Macbeth* im Weimarer Hoftheater mit Voß als Macbeth und Frau Teller als Lady Macbeth in Schillers eigener Einstudierung. Von Akt zu Akt begeisterter Beifall. Voß, der fürchterlich schwimmt, wird von Schiller nach dem II. Akt gelobt.

Mai 15. Zur Vollendung der *Maria Stuart* (V. Akt) zieht sich Schiller allein mit seinem Bediensteten auf Schloß Ettersburg zurück. Nach anfänglichem Leiden unter der rauhen Witterung ausgedehnte Waldspaziergänge.

Mai 16. Beginn der Arbeit am V. Akt der *Maria Stuart*. Spaziergänge. Rückkehr Goethes aus Leipzig nach Weimar mit 30 Carolin für Schiller von Cotta.

Mai 17. Erste Wiederholung von *Macbeth* in Weimar, nunmehr in Goethes Anwesenheit.

Mai 18. Besuch von Meyer in Ettersburg (?).

Mai 19. Überraschender Besuch des Herzogs in Ettersburg, der Schiller an der Arbeit trifft.

Mai 21. Besuch von Dr. Harbaur und Generalleutnant von Voß in Ettersburg.

Mai 23. Rückkehr nach Weimar zu einer Leseprobe der ersten vier Akte von *Maria Stuart*.

Mai 24./25. Cotta und seine Frau auf der Rückreise von Leipzig in Weimar.

Mai 25. Zu Tisch bei Goethe mit Lotte, Voigts, Herders, Cottas und A. W. Schlegel. Abends Rückkehr nach Ettersburg.

Mai 26. Abends bis zum 27. morgens Besuch von Goethe in Ettersburg.

Mai 27. Aufführung der *Räuber* in Weimar in Anwesenheit von Lotte und der Herzogin Luise.

Mai 29. Besuch der Schauspieler Becker, Haide sowie Voß und Frau in Ettersburg zur Leseprobe der *Maria Stuart*.

Juni 2. Rückkehr nach Weimar, von Lotte aus Ettersburg abgeholt.

Juni 3. Abends Besuch von Goethe.

Juni 8. Nachmittags Spaziergang mit Goethe; bei ihm zu Abend gegessen.

Juni 9. Vollendung der *Maria Stuart*. Schiller leitet die Leseproben des Stückes.

Juni 12. Auf Veranlassung Herders ersucht der Herzog Karl August Goethe, Schiller zur Streichung der Kommunionsszene in *Maria Stuart* zu bewegen, deren Darstellung Anstoß erregen würde. Abends bei Goethe.

Juni 14. Uraufführung der *Maria Stuart* im Weimarer Hoftheater mit Karoline Jagemann als Elisabeth und Frau Voß als Maria vor ausverkauftem Haus mit großem Erfolg. Kritik nur von seiten Herders, Wielands und des Schlegel-Kreises.

Juni 15. Besuch des dänischen Dichters Balthasar Bang; Unterhaltung über Gustav Adolf. Besprechung mit dem Schauspieler Heinrich Becker über die mögliche Kürzung der *Maria Stuart* in der Wahnsinnsszene Mortimers (III,8). Abends bei Goethe.

Juni 16. Erste Wiederholung der *Maria Stuart* in Weimar mit gekürzter Kommunionsszene. Bericht an Körner, daß er zu einer neuen Arbeit (*Jungfrau von Orleans*) Anstalten mache. »Ich fange endlich an, mich des dramatischen Organs zu bemächtigen und mein Handwerk zu verstehen.« Übersendung von *Macbeth* an Körner.

Juni 21. Nachmittags Besuch von Goethe.

Juni 22. Mit Voigt bei Goethe zu Tisch. Versendung der *Maria Stuart* an Iffland nach Berlin.

Juni 24. Abends mit Meyer und Bury bei Goethe zum
Nachtessen.

Juni 26. Aufführung von *Macbeth* in Lauchstädt.

Juni 27. Abreise Lottes mit Ernst nach Rudolstadt; die anderen Kinder bleiben bei Schiller in Weimar.

Juni 28. Spazierfahrt mit Goethe nach Ettersburg, dort
Treffen mit Griesbachs. Rückkehr nach Weimar. Ankunft Schröders aus Hamburg, den Schiller wegen Ver-
geßlichkeit seines Dieners nicht empfängt. Abends bei
Wolzogens.

Juni 29. Mittags und abends bei Goethe, Gespräch über die
»Natürliche Tochter«.

Juni 30. Übersendung der *Maria Stuart* nach Lauchstädt
und an Opitz nach Leipzig. An Wilmans den versprochenen Beitrag zu seinem Taschenbuch übersandt: *Der Fischer. Lied der Hexen im Macbeth* und *An Goethe, als er
den Mahomet von Voltaire auf die Bühne brachte*.
Abends bei Goethe.

Juni Ende. Erscheinen von:
»*Wallenstein ein dramatisches Gedicht* von Schiller. Erster Theil. Tübingen, in der J. G. Cotta'schen Buchhandlung. 1800.« 1 Bl. 238 S. 8°. Und: »*Wallenstein ein dramatisches Gedicht* von Schiller. Zweyter Theil. Tübingen, in
der J. G. Cotta'schen Buchhandlung. 1800.« 1 Bl. 250 S.
1 Bl. 8°. Gedruckt bei Gebr. Gädicke in Weimar, in 4000
Exemplaren und 3 verschiedenen Ausgaben. Enthält in
Teil I *Wallensteins Lager* und *Die Piccolomini*, in Teil II
Wallensteins Tod unter Wiederherstellung der ursprünglich geplanten Teilung zwischen beiden Hauptstücken:
die heutigen Akte I–II von *Wallensteins Tod* werden von
den *Piccolomini* entfernt und diesem zugefügt. – Die
Ausgabe ist zu Anfang September bereits vergriffen.
Noch im gleichen Jahr und fast jedes weitere Jahr folgt
eine Neuauflage.

Juli 1. Beginn der geschichtlichen Vorstudien und Arbeiten
am Schema der *Jungfrau von Orleans*, die ihn noch den

August hindurch beschäftigen. Der Stoff des neuen Dramas wird anfangs verschwiegen.

Juli 2. Abends Spaziergang mit Goethe.

Juli 3. Manuskript der *Maria Stuart* an Körner gesandt. Erste Aufführung der *Maria Stuart* in Lauchstädt mit großem Erfolg. Abends Gespräch mit Goethe über die *Jungfrau von Orleans*.

Juli Anfang. Die Schlußszenen des I. Akts von *Macbeth* erscheinen in Vulpius' Zeitschrift »Janus« Nr. 7, Juliheft, als Vorabdruck.

Juli 4. Mittags mit Einsiedel zu Schröder; nachmittags mit diesem und Karoline von Wolzogen in Tiefurt bei der Herzoginmutter Anna Amalia.

Juli 6. Mittags mit Bury und Prof. Döll bei Goethe zu Tisch.

Juli 8. Gespräch bei Goethe über die *Jungfrau von Orleans*.

Juli 9. Abends Spaziergang mit Goethe.

Juli 10. Vorschlag an Cotta, die *Maria Stuart* im nächsten »Musenalmanach« zu veröffentlichen, da ihm zum Lyrischen alle Neigung fehle und der »Musenalmanach« sonst eingestellt werden müsse.

Juli 13. Bitte an Körner um Schriften über Hexenprozesse. Lotte aus Rudolstadt zurück.

Juli 14. Abends Gespräch bei Goethe über die griechische und moderne Tragödie.

Juli 17. Von Opitz aus Leipzig 10 Louisdor für die *Maria Stuart* erhalten.

Juli 20. Nachmittags und abends Gespräch mit Goethe über die geplante Dramensammlung eines »Deutschen Theaters«.

Juli 21. Abends bei Goethe.

Juli 22. Goethe bis 4. August in Jena.

Juli um 25. Lektüre von August Klingemanns »Memnon«, Band I.

Juli 26. Unger für den Kalender auf 1802 anstatt der schon

an Cotta vergebenenen *Maria Stuart* ein anderes Stück
(*Jungfrau von Orleans*) versprochen. Ablehnung von
Ungers Vorschlag zur Beendigung des *Geistersehers*: »Ich
wollte eben so gut einen ganz neuen Roman schreiben«.
Vorschlag eines Auszuges aus Rétif de la Bretonne,
»Monsieur Nicolas ou le Cœur humain dévoilé« und Erneuerung des alten Planes für ein »Deutsches Theater«,
das er ab Winter mit Goethe bei Unger herausgeben
wolle.

Juli 28. Mitteilung des anfangs verschwiegenen Stoffes seiner neuen Tragödie an Körner und Verzicht auf die
Schriften über Hexenprozesse.

Juli 29. 150 Reichstaler von Kirms für die Aufführungen
der *Maria Stuart* in Weimar und Lauchstädt erhalten. –
Besuch von Mellish auf der Durchreise nach Dornburg. –
Goethe kündigt für seine »Tancred«-Bearbeitung die Verwendung von Chören an.

Juli Ende. Krämpfe und Schlaflosigkeit infolge großer
Hitze. Beendigung der Redaktion für den 1. Band seiner
Gedichte. Weiterarbeit am Schema der *Jungfrau von Or-
leans*.

August 1. Anregung von Goethe zur Abfassung einer
»Höllenbraut« (Entwurf »Rosamund oder die Braut der
Hölle«.).

August 4. Rückkehr Goethes aus Jena; Wiedersehen mit
Schiller.

August 8. Abends bei Goethe.

August 14. Schiller flieht vor der Weimarer Stadthitze und
zieht zu ungestörter Arbeit für kurze Zeit nach Oberwei-
mar.

August 15. Abends Spazierfahrt mit Goethe und gemeinsamer Aufenthalt in dessen Garten.

August 18. Unerwünschte Störung durch eine Hochzeit im
Nachbarhause. Abends Besuch zu Hause in Weimar.

August Ende (um 28.). Erscheinen von:
»*Gedichte* von Friederich Schiller. Erster Theil. Leipzig,

1800. bey Siegfried Lebrecht Crusius.« 3 Bl. 335 S. 8°, gedruckt bei Göpferdt in Jena. – Enthält nur 5 Gedichte aus
der Zeit vor der Begegnung mit Goethe; auch das Lied
An die Freude nicht mit aufgenommen. Erstdruck von:
*Nänie, An Goethe, als er den Mahomet von Voltaire auf
die Bühne brachte* und einigen Votivtafeln.

»*Kleinere prosaische Schriften von Schiller.* Aus mehrern
Zeitschriften vom Verfasser selbst gesammelt und verbessert. Zweiter Theil. Leipzig 1800. bey Siegfried Lebrecht
Crusius.« 2 Bl. 415 S. 8°; enthält (alles bereits veröffentlicht):

1. *Über naive und sentimentalische Dichtung;*
2. *Über Anmut und Würde;*
3. *Über die notwendigen Grenzen beim Gebrauch schöner Formen.*

August 28. Beschäftigung mit dem Neudruck der *Geschichte des Abfalls der vereinigten Niederlande* für Crusius.

August 29. Plan eines Erstdrucks der *Maria Stuart* im
»Musenalmanach« aufgegeben; Druck wegen der Thea-
ter vorerst verschoben. – Übersendung der von Lotte
übersetzten und von Schiller überarbeiteten Erzählung
»Der Prozeß« an Unger für das »Journal der Roma-
ne« (erschienen in Band IV). – Angebot einer Erneue-
rung und abgekürzten Bearbeitung des von Christoph
Gottlieb von Murr übersetzten chinesischen Romans
»Haoh-Kiöh-Tschuen« (»Eisherz und Edeljaspis«) an
Unger für dessen »Journal der Romane« zu einem
Honorar von 30 Carolin: die Bearbeitung sei begon-
nen und könne bis Jahresende abgeschlossen werden.
(Kam nicht zustande; nur der Anfang fand sich im
Nachlaß.)

September 2. Abends bei Goethe.

September 3.–6. Goethe in Jena.

September 4. Übersendung der *Gedichte* an Körner und
Kritik der Ausgabe.

September 5. Beginn der Niederschrift der *Jungfrau von Orleans*. Mahnung an Goethe zur Fortsetzung des »Faust«.

September um 5. Erstdruck von Schillers Gedicht *Die Worte des Wahns* in Cottas »Taschenbuch für Damen auf das Jahr 1801«.

September 8.–9. Goethe in Oberroßla, dann bis 4. Oktober in Jena.

September 13. Goethe einen kritischen Brief für die »Propyläen« (*An den Herausgeber der Propyläen*) versprochen.

September 17. Lektüre von Woltmanns »Geschichte der Reformation in Deutschland«.

September 21. Besuch mit Meyer und Lotte bei Goethe in Jena. Mittags und nachmittags mit Abeken bei Griesbachs. Goethe liest ihm neue Stücke des »Faust« vor (Helena-Akt). Abends zurück nach Weimar.

September 22. Unterredung mit Mellish wegen der Übersetzung der *Maria Stuart*. Beginn der Arbeit an dem Brief *An den Herausgeber der Propyläen* (bis 29. September).

September um 26. Erneute Krämpfe infolge schlechten Wetters.

September 26. Wunsch nach Nebenbeschäftigung mit der griechischen Sprache und Metrik.

September 29. Übersendung des Briefes *An den Herausgeber der Propyläen* an Goethe.

September Ende. Beginn des Studiums der griechischen Metrik (nach G. Hermann), insbesondere des Trimeters, zur Versgestaltung der *Jungfrau von Orleans*.

Oktober 1. *Macbeth* in Neubesetzung aufgeführt.

Oktober 4. Rückkehr Goethes nach Weimar; nachmittags mit Meyer bei Goethe; Gespräch über eine neue Preisaufgabe für die »Propyläen« (vgl. 9. November).

Oktober 7. und 9. Abends bei Goethe.

Oktober 11. Mittags mit Lotte bei Goethe zu Tisch in großer Gesellschaft.

Oktober 16. Karl Theodor von Dalberg in Weimar; Gespräch mit Schiller über Nachdrucker.

Oktober 21. Abfälliges Urteil über das Lied *An die Freude*.

Oktober 31. Mit Goethe auf der Redoute.

November 2. Abends bei Goethe.

November 6. Unger sein »historisches Trauerspiel« (*Jungfrau von Orleans*) unter Verschweigung von Titel und Inhalt gegen 100 Carolin als Taschenbuch für 3 Jahre zum Verlag angeboten. (Unger geht ohne genauere Nachfrage darauf ein.) Erste Erwähnung des geplanten Ankaufs des Hauses von Mellish in Weimar.

November 8. Aufführung von *Maria Stuart* in Weimar.

November 9. Text eines Preisausschreibens für das beste Intrigenstück auf Anregung Goethes für die »Propyläen« verfaßt: *Dramatische Preisaufgabe*. Abends bei Goethe.

November 14.–25. Goethe in Jena.

November 16. Plan für Festlichkeiten zu Beginn des neuen Jahrhunderts Anfang Januar mit Goethe.

November 17. Von Iffland 36 Dukaten für die *Maria Stuart* erhalten.

November 19. Abschluß der Trimeterszenen der *Jungfrau von Orleans* (II,6–8). Iffland den Plan der *Malteser*, den er nach der *Jungfrau von Orleans* ausführen will, mitgeteilt.

November 21. Eintägiger Besuch mit Meyer bei Goethe in Jena. Abends zurück nach Weimar.

November 25. Rückkehr Goethes aus Jena.

Dezember 2. Abends mit Prof. Gentz bei Goethe.

Dezember 4. Manuskriptsendung der *Geschichte des Abfalls der vereinigten Niederlande* an Crusius.

Dezember 11. Nachmittags auf Wunsch Goethes Anwesenheit bei den Bühnenproben zu Glucks Oper »Iphigenie auf Tauris«.

Dezember 12.–26. Goethe in Jena.

Dezember 15. Von Crusius 36 Carolin erhalten.

Dezember 17. Stammbuchblatt für August von Goethe (»Holder Knabe, dich liebt das Glück ...«) verfaßt.

Dezember 18. Die geplanten Säkularfeierlichkeiten unter Mitwirkung Ifflands müssen auf Wunsch des Herzogs unterbleiben, und ein diesbezügliches Einladungsschreiben wird kassiert.

Dezember 22. Lektüre der von Goethe übersandten »Ehrenpforte und Triumphbogen für den Theaterpräsidenten von Kotzebue« und eines Romans der Gräfin de Genlis.

Dezember 23. Bei der Probe von Glucks »Iphigenie auf Tauris«.

Dezember 24. Die *Jungfrau von Orleans* »um einige bedeutende Schritte vorwärts gebracht«. – Um Weihnachten Bekanntschaft mit dem jungen Heinrich Voß, der als Student in Halle einen Ferienbesuch in Jena und Weimar macht.

Dezember 26. Rückkehr Goethes mit Schelling aus Jena.

Dezember 27. Weimarer Erstaufführung der »Iphigenie auf Tauris« von Gluck, die ihn als Musikerlebnis entzückt.

Dezember 30. Goethe übersendet seine Bearbeitung des »Tancred«. Abends bei Goethe.

Dezember 31. Mit Schelling bei Goethe zum Abendessen und Feier der Jahrhundertwende in ernsten Gesprächen.

Weitere Werke des Jahres: *Gesang des Pförtners* nach *Macbeth – Die deutsche Muse – Die Antiken zu Paris*.

Veröffentlichung des Briefes *An den Herausgeber der Propyläen* und der Ankündigung *Dramatische Preisaufgabe* in Goethes »Propyläen«, 3. Band 2. Stück.

1801

Januar 1. Abends Aufführung der »Schöpfung« von Haydn, an der Schiller wenig Freude hat.

Januar 2. Redoute bei Hofe; anschließend nach Mitternacht lebhafte Champagnerrunde mit Goethe, Schelling, Steffens und Hufeland.

Januar 3. Schwere Erkrankung Goethes an Gesichtsrose; Schiller übernimmt für ihn die Leitung der Theaterproben, besonders für den »Tancred«. Dadurch wie durch die häufigen Krankenbesuche bei Goethe gerät die Weiterarbeit an der *Jungfrau von Orleans* ins Stocken.

Januar 4. Mittags in Gesellschaft Wielands, Voigts und Schellings im Hause Goethes, der wegen Krankheit nicht teilnehmen kann.

Januar 5. Krankenbesuch bei Goethe. Lektüre von Wielands »Aristipp«. Urteil über Tiecks »Genoveva« und A. W. Schlegels »Ehrenpforte«.

Januar 8. Berliner Erstaufführung der *Maria Stuart*.

Januar 13. Starker Katarrh, der aber bald nachläßt.

Januar 15. Manuskriptsendungen an Crusius (*Abfall der Niederlande*) und Göschen (*Don Carlos*).

Januar 17., 19. und 20. Krankenbesuche bei Goethe.

Januar 21. Weiteres *Don Carlos*-Manuskript an Göschen.

Januar 21., 22., 23., 25., 26., 27. und 28. Krankenbesuche bei Goethe.

Januar 28. Körner übersendet seine Bemerkungen zu *Maria Stuart*.

Januar 29. und 30. Bei den Proben zu »Tancred« und anschließend bei Goethe.

Januar 30. Auf der Redoute.

Januar 31. Uraufführung des unter Schillers Leitung inszenierten »Tancred« Voltaires in der Übersetzung von Goethe in Weimar. Anschließend bei Goethe.

Februar–April. Lottes Kusine, Christiane von Wurmb, lebt einige Monate bei Schillers, um Gesangsstunden bei Karoline Jagemann zu nehmen, und zeichnet fast täglich gesprächsweise Äußerungen Schillers auf, die sie später jedoch falsch datiert.

Februar 1. und 2. Besuche bei Goethe.

Februar 3. Mittags Spaziergang mit Goethe.

Februar 4. Abends bei Goethe.

Februar 5. Mit Prof. Niethammer bei Goethe.

Februar 6. und 8. Abends bei Goethe.

Februar 9. Starker Schnupfen und schlaflose Nacht, daher kein Ausgang. – Frieden von Lunéville zwischen Österreich und Frankreich, vermutlicher Anlaß zu Schillers Gedicht *Der Antritt des neuen Jahrhunderts* (vgl. 17. Juni).

Februar 11. Abschluß der ersten drei Akte der *Jungfrau von Orleans*; abends Vorlesung derselben bei Goethe, der den Plan noch nicht genauer kennengelernt hat.

Februar Mitte. Die Arbeiten an der 2. Auflage der *Geschichte des Abfalls der vereinigten Niederlande* und des *Don Carlos* sowie die Durchsicht des *Macbeth* und der *Maria Stuart* verzögern die Vollendung der *Jungfrau von Orleans*. – Verbreitung des Gerüchtes, Schiller arbeite an einem *Tell*-Drama.

Februar 16. Göschen wünscht von Schiller ein Gedicht auf den Frieden von Lunéville.

Februar 17. und 20. Abends bei Goethe.

Februar 21. Mit Schelling bei Goethe zum Nachtessen.

Februar 22. Abends bei Goethe.

Februar 26. Ablehnung von Göschens Bitte um ein Gedicht auf den Frieden.

Februar 27. Mit Lotte, Amalie von Imhoff und Voigt bei Goethe zum Abendessen.

Februar 28. Weingeschenk von Goethe erhalten.

Februar bis März. Korrekturen zu *Macbeth*.

März 1. Nachmittags Besuch Goethes bei Schiller; abends zur Teegesellschaft bei Goethe mit Bertuch, Mellish, Kraus, Falk und Hamilton.

März 5. Zur Vollendung der *Jungfrau von Orleans*, von der ihn die Weimarer Zerstreuungen abhalten, vierwöchiger Rückzug in die Stille des Jenaer Gartenhauses. Tagsüber Arbeit, abends meist in Gesellschaft bei Loder, Griesbachs, Niethammer u. a. m. Philosophische Gespräche mit Schelling und Niethammer.

März 8. Zum Kränzchen bei Niethammers mit Paulus und G. Hufeland.

März 11. Goethe übersendet Böhlendorffs »Ugolino Gherardesca« als »Nachklang des Wallenstein«. Lektüre desselben.

März 13. Zu Mittag bei Loder mit Herrn von Ziegesar, Griesbach und dem Arzt Hufeland. Abends in Gesellschaft.

März Mitte. Rasche und ununterbrochene Weiterarbeit an der *Jungfrau von Orleans*. Plan, den Rest des Stückes in Jena im Rohmanuskript zu vollenden und in Weimar auszufeilen.

März 16. Lektüre von Dorothea Veits »Florentin«.

März 20. Lektüre von Herders »Adrastea« und Louis de Tressans »Le chevalier Robert«. Abends zu einem Konzert bei Hufeland (Mozarts »Don Juan«).

März 22. Besuch von Lotte mit den beiden Söhnen und Friedrich von Wurmb in Jena, die abends nach Weimar zurückkehren.

März 24. Besuch von Schelling und Niethammer.

März 25. Zu einem vergnügten Abendessen mit Studenten, u. a. Abeken, bei Griesbachs; Gespräch über Farbenerscheinungen.

März 27. Wichtiger Brief an Goethe über den dichterischen Schaffensvorgang. Lektüre von Heinrich Friedrich Links »Bemerkungen auf einer Reise durch Frankreich, Spanien und vorzüglich Portugal«.

April. Erscheinen von:
»*Maria Stuart ein Trauerspiel* von Schiller. Tübingen, in der J. G. Cotta'schen Buchhandlung 1801.« 1 Bl. 237 S. 8°, gedruckt bei Gebr. Gädicke in Weimar.

April 1. Abschiedsbesuche in Jena bei G. Hufeland, Loder, Griesbach, Paulus und Niethammer. Rückkehr nach Weimar mit dem fertigen IV. Akt der *Jungfrau von Orleans*, von Lotte aus Jena abgeholt. Goethe seit 25. März in Oberroßla.

April 7. Übersendung der ersten vier Akte der *Jungfrau von Orleans* zum Druck an Unger. Die Bearbeitung des chinesischen Romans »Haoh-Kiöh-Tschuen« wird weiterhin in Aussicht gestellt.

April 8. Dritte Weimarer Aufführung des »Tancred«, zu der Schiller während Goethes Abwesenheit die Proben leitet.

April 14. Rückkehr Goethes aus Oberroßla.

April 15. Abends bei Goethe.

April 16. Abschluß der *Jungfrau von Orleans*.

April 18. Manuskript der *Jungfrau von Orleans* mit Vorschlägen für die Rollenbesetzung an Goethe. Auf dessen Wunsch Beginn der Bühnenbearbeitung von Lessings »Nathan«. Abends im Theater bei »Jedem das Seine« von Rochlitz und der Oper »Töffel und Dortchen« von Desaides.

April 20. Goethe sendet die durchgelesene *Jungfrau von Orleans* mit Lob zurück. Übersendung des Stückes an den Herzog auf dessen Verlangen.

April 21. Abends mit Wieland bei Goethe.

April 22.–30. Goethe in Oberroßla.

April 24. Abends bis spät in die Nacht Vorlesung der *Jungfrau von Orleans* vor den Damen, mehreren Professoren und einigen Studenten in der Wohnung.

April um 24. Austeilung der »Nathan«-Rollen durch Schiller.

April 25. In der Aufführung von Mozarts »Zauberflöte«.

April 26. Besuch von Cotta mit dem Kupferstecher Müller aus Stuttgart.

April 27. Abschluß der ersten Beschäftigung mit Lessings »Nathan« zur Aufführung in Weimar auf Wunsch Goethes; die Rollen sind bereits ausgeschrieben. – Seit dem Abschluß der *Jungfrau von Orleans* dringender Wunsch nach Beschäftigung mit einer neuen dramatischen Arbeit. Abends zu Anton Salieris Oper »Tarare« im Theater. – Erscheinen von:

»*Macbeth ein Trauerspiel* von Shakespear zur Vorstellung auf dem Hof-Theater zu Weimar eingerichtet von Schil-

ler. Tübingen, in der J. G. Cotta'schen Buchhandlung
1801.« 2 Bl. 161 S. 8°, gedruckt bei Gebr. Gädicke in
Weimar.

April 28. Der Herzog äußert sich gegenüber Lotte und Karoline gegen eine Aufführung der *Jungfrau von Orleans*
in Weimar. Er hatte eine Art Voltairescher »Pucelle« erwartet und hält das Stück trotz der zugestandenen uner-
warteten Wirkung beim Lesen nicht für spielbar, da sich
das Publikum ebenfalls eine Art »Pucelle« vorstellen
werde. (Sein Verhältnis zur Jagemann, der die Titelrolle
zufallen müßte, würde bei ihrem Auftreten als Jungfrau
Anlaß zu Spott bieten.)

April 30. Übersendung des V. Akts der *Jungfrau von Orleans* an Unger. – Rückkehr Goethes aus Oberroßla.

Mai Anfang. Auf der Suche nach neuen Dramenstof-
fen Schwanken zwischen den *Maltesern*, denen noch der
springende dramatische Punkt fehlt, der *Braut von Messina*, die fertig konzipiert ist und gleich begonnen werden
könnte, aber noch nicht genug sein Interesse erregt, dem
Warbeck, einer Komödie (*Die Polizei?*) und einigen anderen Plänen (*Themistokles?*). Lust zu einer »einfachen
Tragödie nach der strengsten griechischen Form«.

Mai 5. Goethe tagsüber in Jena.

Mai 7. und 14. Restmanuskript zum *Don Carlos* an Göschen.

Mai 11. und 12. Abends mit Goethe im Garten.

Mai 12. Erscheinen von:

»*Kleinere prosaische Schriften* von Schiller. Aus mehrern
Zeitschriften vom Verfasser selbst gesammelt und verbes-
sert. Dritter Theil. Leipzig 1801. bey Siegfried Lebrecht
Crusius.« 2 Bl. 372 S. 8°, enthält:

1. *Über das Erhabene* (Erstdruck);
2. *Über die ästhetische Erziehung des Menschen*, in einer
   Reihe von Briefen (aus den »Horen«);
3. *Über das Pathetische* (Auszug aus *Vom Erhabenen* in
   der »Thalia«).

Lektüre von Schellings »Darstellung meines Systems der Philosophie« im Manuskript (fragmentarisch) und von Fichtes »Friedrich Nicolais Leben und sonderbare Meinungen«. Mittags bei Goethe.

Mai 16. Besuch von Cotta, der ihm 50 Carolin mitbringt. Aufführung von *Wallensteins Tod* in Weimar. Anschließend Goethe, Cotta und Schelling bei Schillers zum Abendessen.

Mai 17. Essen auf dem Stadthause mit Goethe, Voigt, Gentz, Cotta, Kupferstecher Müller u. a. m.

Mai 18. und 22. Abends bei Goethe.

Mai 27.–30. Goethe in Jena.

Juni, 1. Hälfte. Erster Besuch von F. Rochlitz bei Schiller. Gespräch über *Wilhelm Tell*, von dem die Schlußszene nach dem Zeugnis von Rochlitz schon fast fertig vorliegen soll.

Juni Anfang. Angegriffene Gesundheit infolge rauhen Wetters.

Juni 2. Abends bei Goethe.

Juni 5. Abreise Goethes nach Pyrmont (bis 30. August).

Juni 10. Aufführung der *Maria Stuart* in Weimar.

Juni 17. Entstehung der Ballade *Hero und Leander*. Übersendung der Gedichte *Das Mädchen von Orleans, An* *** (das wohl im Juni entstandene Gedicht *Der Antritt des neuen Jahrhunderts*) und *Hero und Leander* sowie der ersten Hälfte von Karolines Erzählung »Der Zigeuener« (die Schiller dieser Tage revidiert) an Cotta für den »Damenkalender« auf 1802.

Juni 28. Entschluß, zur Erholung und Sammlung neuer Eindrücke im Juli das Ostseebad Doberan aufzusuchen und die Rückreise über Berlin und Dresden zu nehmen. – Herzfeld in Hamburg die Bühnenbearbeitung der *Jungfrau von Orleans* für September in Aussicht gestellt. Erneuter Plan zur Ausführung des *Warbeck*.

Juli. Die geplante Badereise wird infolge anhaltender Krämpfe Schillers und einer Unpäßlichkeit Lottes anfangs aufgeschoben und später ganz aufgegeben.

Juli 4. Plan zur *Gräfin von Flandern* vorgenommen.

Juli 9. Immer noch kein neues Stück begonnen, dagegen einen »Plan zu dreien ausgedacht«.

Juli 17. Erscheinen der zweiten, gekürzten Buchausgabe der *Geschichte des Abfalls der vereinigten Niederlande von der spanischen Regierung* bei Crusius in Leipzig.

Juli 20. Plan einer Reise nach Doberan endgültig aufgegeben; Anmeldung für 4 Wochen zu Anfang August nach Dresden zu Körners.

Juli 28. In Tiefurt.

Juli 31. Übersendung eines um 318 Verse gekürzten Bühnenmanuskripts der *Jungfrau von Orleans* an Herzfeld nach Hamburg. Nachmittags in Tiefurt, wo Friedrich Ludwig Schröder aus »Nathan« vorliest.

August 1. Besuch des aus Paris zurückgekehrten Wilhelm von Humboldt, der einige Tage in Weimar bleibt.

August 6. Aufbruch zur Reise nach Dresden mit Lotte und Karoline; am 1. Tag bis Naumburg.

August 7. In Leipzig. Abends bei Göschen.

August 8. Übernachtung in Oschatz.

August 9. Ankunft in Dresden bei Körners. Wohnung im Weinberghaus in Loschwitz.

Aufleben angesichts der fröhlichen Jugenderinnerungen. Besichtigung der Gemäldegalerie und der Mengsschen Abgüsse im Antikensaal. Unterhaltung mit Körner über neue poetische Pläne, insbesondere gedankliche Beschäftigung mit der *Braut von Messina*, deren Stoff er Körner erzählt. Während dieses Besuchs liest Schiller Körner die erste (verlorene) Szene des *Malteser* in Jamben vor.

August 12. *Hero und Leander* Körners vorgelesen.

September Anfang. Erscheinen des Gedichts *Der Fischer. Lied der Hexen im Macbeth* in Wilmans' »Taschenbuch auf das Jahr 1802. Der Liebe und Freundschaft gewidmet«.

September 1. Umzug von Loschwitz nach Dresden. Dort Verkehr mit Körners, Graf Geßler, Herrn von Schönberg

und Frau von Stein sowie Fritz von Stein. Vor der Abreise noch letzte Begegnung mit Tieck; Gespräch über
Malerei und Farben.

September 2. Übersendung des Bühnenmanuskripts der
Jungfrau von Orleans an Iffland.

September 2. (oder 3.) und 4. Besuche von G. Butler.

September 11. Uraufführung der *Jungfrau von Orleans* in
Leipzig mit allergrößtem Erfolg.

September 15. Abreise von Dresden in Begleitung von
Körners; Übernachtung in Hubertusburg.

September 16. In Hohnstädt bei Göschen; von ihm 300
Taler für den *Don Carlos* erhalten. Übernachtung ebenda.

September 17. Ankunft in Leipzig. Abends Anwesenheit
bei der dritten Leipziger Aufführung der *Jungfrau von
Orleans* vor ausverkauftem Haus, die zu einer Kundgabe
echter Begeisterung für den Dichter wird: nach dem
I. Akt und nach dem Schluß des Stückes ein hundertstim-
miges Vivat, für das Schiller von der Loge aus dankt; nach
der Vorstellung stehen die Zuschauer Spalier bis zum
Ranstädter Tor.

September 18. Mit Körner bei F. Kunze. Besuch des Lite-
raturwissenschaftlers J. G. Gruber in Schillers Gasthof
(Hôtel de Bavière), der Schiller nach seinen weiteren dramatischen Plänen fragt. Abrechnung und Verlagsge-
schäfte mit Crusius wegen des 2. Bandes der *Gedichte*.

September 19. Schmerzlicher letzter Abschied von Körners, die den Dichter nicht wiedersehen. – Abfahrt aus
Leipzig und Übernachtung in Weißenfels, wo Schiller
sich nach Luise Brachmann erkundigt.

September 20. Zurück in Weimar. Seit der Rückkehr gesundheitliche Besserung.

September 21. Aufführung der *Maria Stuart* in Weimar, in
der Titelrolle Mad. Unzelmann, die zum Gastspiel bis
2. Oktober in Weimar bleibt.

September 23. Beschäftigung mit den auf das Preisaus-
schreiben in den »Propyläen« eingegangenen Lustspielen.

September 27. Mittags mit Wieland bei Goethe zu Tisch.

September 28. Abends Besuch von Goethe.

September 30. Arbeit am *Warbeck*.

Oktober. Durch erneuten Katarrh an eigener dramatischer Arbeit verhindert. Beschäftigung mit dem Neudruck der *Geschichte des Dreißigjährigen Krieges* und des *Don Carlos* bei Göschen.

Oktober 2. Abends bei Goethe.

Oktober 5. Entschluß zur Abfassung des *Warbeck* in Prosa. Abends bei Goethe.

Oktober 9. Besuch von Bergrat Kirsten aus Berlin.

Oktober 10. Besuch von Kammergerichtsrat Sack aus Berlin.

Oktober um 10. Erneuter etwa einwöchiger Katarrh.

Oktober 11. Nachmittags Spazierfahrt mit Goethe.

Oktober 12. Erscheinen von:
»Kalender auf das Jahr 1802. *Die Jungfrau von Orleans*. Eine romantische Tragödie von Schiller. Berlin. Bei Johann Friedrich Unger.« 15 Bl. Kalendarium 260 S. 37 Bl. 12° mit Titelkupfer nach H. Meyer. Auflagehöhe 4000, Nachauflage von 1500 Exemplaren. Das Honorar beträgt 100 Carolin.

Oktober 15. Eintreffen der ersten 12 Kalender von Unger in Weimar.

Oktober 18.–22. Goethe in Jena.

Oktober 24. Goethes Aufführung von Terenz' »Die Brüder« in der Übersetzung von Einsiedel in Weimar; Schiller vermutlich anwesend.

Oktober 28. Beschäftigung mit Einsiedels Übersetzung von Terenz' »Die Brüder«. – Goethe gründet das »Mittwochskränzchen«, dessen Mitglieder sich alle 14 Tage in Goethes Haus versammeln: Goethe, Schiller und Lotte, Wilhelm und Karoline von Wolzogen, Meyer, Einsiedel, Amalie von Imhoff, Frl. von Göchhausen, Frl. von Wolfskehl, Hauptmann von Egloffstein, Hofmarschall von Egloffstein und Frau, Henriette von Egloffstein. Aus Anlaß dieser Zusammenkünfte entstehen späterhin die

Lieder *Die Gunst des Augenblicks*, *An die Freunde*, *Die vier Weltalter* und erfolgt im Laufe des Spätherbstes die Konzeption des *Siegesfestes*.

Oktober 29. Manuskript der *Geschichte des Dreißigjährigen Krieges* an Göschen. Beginn der Proben zum »Nathan« unter Goethes Leitung.

Oktober 31. Abreise Goethes nach Jena (bis 10. November).

Oktober Ende. Beginn der Bearbeitung von *Turandot* nach Gozzi in der deutschen Prosaübersetzung von August Clemens Werthes, da ihn seine Leiden nicht zu eigener dramatischer Produktion befähigen.

November. Fortsetzung der *Turandot* und Redaktion der *Kleineren prosaischen Schriften*, IV. Teil.

November 10. Rückkehr Goethes aus Jena.

November 11. Zur Nachfeier des Geburtstags zu Goethe eingeladen.

November 12. und 13. Abends bei Goethe.

November 12., 19. und 22. Weitere Proben zum »Nathan«.

November 16. Plan, nach Abschluß der *Turandot* an die Bearbeitung des *Warbeck* zu gehen. Besuch bei der Herzoginmutter Anna Amalia.

November 18. Besuch von Friedrich Gentz.

November 20. Abends zur Teegesellschaft bei Goethe mit Voigt, Prof. Heinrich Gentz, Kriegsrat Friedrich Gentz, Wieland und Herder.

November 21. Besuch von Seume in Begleitung von Schnorr von Carolsfeld und Henry Crabb Robinson. Abends Aufführung von *Wallensteins Tod*; in der Loge mit Friedrich Gentz; anschließend Souper bei Schiller mit Gentz, Goethe, Amalie von Imhoff, Meyer und Ridel bis nach Mitternacht.

November 23. Berliner Erstaufführung der *Jungfrau von Orleans* mit glänzendem Erfolg; bis Jahresende 13 Wiederholungen.

November 26. Zwei Proben zum »Nathan«. Aufführung einiger Szenen aus der *Jungfrau von Orleans* bei Kotzebue durch Frl. von Imhoff und Frl. von Wolfskehl. Anschließend Souper bei Kotzebue mit Gentz, Böttiger, Ridel und Kraus. Von Böttiger überlieferte mündliche Bemerkungen Schillers zur *Jungfrau von Orleans*.

November 27. Generalprobe des »Nathan«. Abends bei Goethe.

November 28. Besuch von Friedrich Gentz; abends Erstaufführung von Lessings »Nathan« in Schillers Bearbeitung in Weimar.

November 29. Zur Teegesellschaft mit Kriegsrat F. Gentz und Prof. H. Gentz, Weyland, Voigt, Karoline Jagemann, Lotte und Kraus bei Goethe.

Dezember 1. Erkrankung Lottes und der Kinder an den in Weimar grassierenden Masern. Dadurch Störung der Arbeit.

Dezember 2. Nachmittags Besuch von Friedrich Gentz.

Dezember 4. Ernennung Wilhelm von Wolzogens zum Weimarer Geheimrat.

Dezember 14. Spazierfahrt mit Goethe. Abends Aufführung des »Nathan«.

Dezember 15. Lektüre von Goethes Aufsatz über die »Weimarische Kunstausstellung vom Jahre 1801«.

Dezember 16. Abends zur Oper »Das unterbrochene Opferfest« von Huber und Winter (?).

Dezember 17. Spazierfahrt mit Goethe.

Dezember 21. Aufführung von *Wallensteins Lager*.

Dezember 22. Der Hamburger Theaterdirektor Herzfeld bittet Schiller um einen einteiligen *Wallenstein* für Sommer 1802. (Schiller nimmt im Frühjahr 1802 selbst die entsprechenden Kürzungen vor.)

Dezember 23. Spazierfahrt mit Goethe.

Dezember 27. Besuch von Abeken und Heinrich Voß. Abschluß der *Turandot*.

Dezember um 29./30. Kurzer, aber heftiger Anfall von

Fieber und Cholera, dem Krämpfe und starke Schwäche folgen.

Weitere Werke des Jahres: Das Gedicht *Sehnsucht*.

Weitere Erstdrucke des Jahres: Erstdruck des Prologs zur *Jungfrau von Orleans* in der Zeitschrift »Irene, Deutschlands Töchtern geweiht, von G. A. von Halem 1801. Erster Band«, 3. Stück. Erstdruck der Gedichte: *Der Antritt des neuen Jahrhunderts, Voltaires Pucelle und die Jungfrau von Orleans (Das Mädchen von Orleans)* und *Hero und Leander* in Cottas »Taschenbuch für Damen auf das Jahr 1802.«

Erscheinen der zweiten, um 834 Verse gekürzten Ausgabe des *Don Carlos* (erstmals in dieser Schreibweise) bei Göschen in Leipzig.

1802

Januar 1. Gesundheitliche Besserung. Bitte an Goethe um Euripides' »Ion«.

Januar 2. Bei der Weimarer Erstaufführung von A. W. Schlegels »Ion«. – Der schwer erkrankten Mutter, die zur ärztlichen Behandlung nach Stuttgart gezogen ist, 25 Gulden zusätzlich zu den sonstigen Leistungen übersandt.

Januar 3. Übersendung der *Turandot* an Körner für die Dresdener Aufführung. Abends bei Goethe.

Januar 6. Beschäftigung mit dem *Warbeck*-Plan. Abends bei Goethe mit Lotte, Voigts, von Wolzogens und Kollegienrat von Beck.

Januar 7. und 10. Abends bei Goethe.

Januar 12. Abends Leseprobe der *Turandot*.

Januar 16. Entstehung eines Rätsels für *Turandot*. – Erste Manuskriptsendung zum IV. Teil der *Kleineren prosaischen Schriften* an Göpferdt. Abends bei Goethe zu Tisch.

Januar 17. Vermittlung einer Anstellung für den Sohn des
Baumeisters Hölzel in Mannheim durch den befreunde-
ten Schauspieler Beck. – Plan einer Reise nach Schwaben
und in die Schweiz im Jahre 1803. – Ein Rätsel zu *Turandot* an Goethe übersandt.

Januar 17.–28. Goethe in Jena. Schiller vertritt ihn bei den
Theaterproben zu *Turandot*.

Januar 19. Erhalt einer Abschrift von Goethes »Iphigenie«
mit der Bitte um Bearbeitung.

Januar 20.–22. Entstehung der Bühnenbearbeitung von
Goethes »Iphigenie« auf dessen Wunsch.

Januar 21. *Turandot* an Iffland gesandt, der ihm 34 Dukaten für die *Jungfrau von Orleans* übersendet.

Januar gegen Ende. Lektüre von Dschajadewas »Gita Go-
vinda« in der Übersetzung von J. F. H. von Dalberg und
von Ariosts »Rasendem Roland«.

Januar 26. Erste Theaterprobe von *Turandot* in Weimar
unter Schillers Leitung. Erstaufführung der *Jungfrau von
Orleans* in Dresden.

Januar 28. Rückkehr Goethes aus Jena. Generalprobe zu
Turandot in Anwesenheit Goethes. Auf einer Abendgesellschaft bei Goethe Zusammentreffen mit Friedrich de
la Motte-Fouqué.

Januar 30. Uraufführung von Gozzis *Turandot* in Schillers
Bearbeitung in Weimar zum Geburtstag der Herzogin.
Wenig Kostümaufwand, nur chinesische Mützen. Ohne
besonderen Erfolg, nur die Rätsel finden stärkeren Beifall; sie werden in jeder späteren Weimarer Aufführung
durch neue Rätsel ersetzt.

Januar 31. Abends bei Goethe.

Januar Ende. Erste Beschäftigung mit dem *Wilhelm Tell*.

Februar. Lektüre von Tschudis »Chronicon helveticum«
als Quelle für *Wilhelm Tell*.

Februar Anfang. Entschluß, das Haus des Engländers
Mellish in Weimar zu kaufen, sich dauernd in Weimar
niederzulassen und das Jenaer Gartenhaus zu verkaufen.

– Entstehung der Lieder *An die Freunde* und *Die vier Weltalter*. – Druckbeginn des II. Bandes der *Gedichte* bei Göpferdt in Jena; lange unterbrochen und erst 1803 erschienen.

Februar 1. Neue Rätsel für *Turandot* entstanden: *Der Regenbogen* und *Der Blitz*.

Februar 2. Förmlicher Verzicht auf Einladungen an den Hof aus gesundheitlichen Gründen. – Goethe übersendet ein eigenes Rätsel zu *Turandot*: »Der Schalttag«.

Februar 3. Mittags mit Meyer bei Goethe, abends erste Wiederholung der *Turandot* in Weimar mit neuen Rätseln, um den Reiz der Neuheit und das Interesse zu wahren.

Februar 4. Bitte an Hoven um Pflege seiner kranken Mutter in Ludwigsburg. Übersendung der Gedichte *Die vier Weltalter* und *An die Freunde* an Körner mit der Bitte um Vertonung. Abends bei Goethe Vorlesung aus Meyers »Entwurf einer Kunstgeschichte des 18. Jahrhunderts«.

Februar 5. Bitte an Cotta um 2600 Gulden Vorschuß auf die geplante Sammlung seiner Dramen zum Hauskauf, zu 4 % Zinsen und zum nächstmöglichen Termin.

Februar 7. Abends bei Goethe.

Februar 8.–21. Goethe in Jena.

Februar 10. Fortsetzung des Manuskripts zur *Geschichte des Dreißigjährigen Krieges* an Göschen und Bitte um Vorschuß auf deren Neuauflage zum Hauskauf. Das Jenaer Gartenhaus G. Hufeland für 1650 Taler zum Kauf angeboten.

Februar 11. Erste Erwähnung des vor kurzem begonnenen Gedichtes *Kassandra*. Bitte an Goethe um seine Dienste beim Verkauf des Jenaer Gartenhauses.

Februar 15. Übersendung einer verkürzten Fassung von *Wallensteins Tod* an Herzfeld nach Hamburg.

Februar 17. Ausschreibung des Jenaer Gartenhauses in den Jenaer »Wöchentlichen Anzeigen«. Erhalt von Körners Vertonungen (vgl. 4. Februar). Entstehung der Verse *Dem*

Erbprinzen von Weimar, als er nach Paris reiste und Aufforderung an Goethe zur Teilnahme an einer im kleinen Kreise geplanten Abschiedsfeier für den Erbprinzen, da Kotzebue mit einer großen Klubveranstaltung droht.

Februar um 19./20. Lektüre des indischen Schauspiels »Sakontala« von Kalidasa.

Februar 21. Rückkehr Goethes aus Jena; abends bei ihm.

Februar 22. Mittwochskränzchen als Abschiedsfeier für den Erbprinzen Karl Friedrich von Weimar bei Goethe, wobei das Gedicht *Dem Erbprinzen von Weimar, als er nach Paris reiste* nach der Melodie von Claudius' »Rheinweinlied« gesungen wird.

Februar 24. Abreise des Erbprinzen mit Wilhelm von Wolzogen nach Paris. Vormittags erster Besuch von Zelter, der Schiller die Komposition seines *Tauchers* vorspielt, die großen Beifall findet. Mittags mit Zelter, Justizrat Hufeland und Prof. H. Gentz bei Goethe; abends Goethe bei Schiller zum Nachtessen.

Februar 25. Mittags mit Zelter, Einsiedel und Hufeland, abends nur mit Zelter bei Goethe.

Februar 26. Übersendung einer Bühnenbearbeitung von *Turandot*, deren Handlung, um die chinesischen Kostüme zu sparen, nach Persien verlegt ist, an Körner für das Leipziger und Dresdener Theater. – Mittags mit Zelter bei Goethe.

Februar 28. Abends bei Goethe.

März 1. Manuskript vom Anfang des 2. Bandes der *Geschichte des Dreißigjährigen Krieges* an Göschen, dem er eine neue *Jungfrau von Orleans* in Aussicht stellt (nicht ausgeführt). – Im Theater zu Gemmingens »Deutschem Hausvater«.

März 4.–22. Goethe in Jena.

März 5. Die für diesen Tag, Schillers Namenstag, geplante Ehrung, auf der Kotzebue durch eine Apotheose Schillers und seine Krönung im Weimarer Stadthause den Dichterruhm Goethes verdunkeln und einen Keil in beider

Der Gruß des Augenblicks

Und so finden wir uns wieder
  In dem heitern bunten Reihn,
Und es soll der Kranz der Lieder
  Frisch und grün geflochten seyn.

Aber was der Götter bringen
  Hier die Liebe ersten Zoll?
Ihn vor allen lasst uns singen
  Der die Lieder schaffen soll.

Denn nichts frommt es, dass mit Leben
  Seine den Altar geschmückt,
Dass den Würzeduft der Proben
  Weihrauch in die Schaale drückt,

Zückt vom Himmel nicht der Funke,
  Der den Heerd in Flammen setzt,
Ist der Geist nicht feuertrunken
  Und das Herz bleibt ungenetzt.

Handschrift Schillers seiner ersten Fassung des Gedichts
Die Gunst des Augenblicks

Freundschaft treiben wollte, scheiterte an der Weigerung des Bürgermeisters, den Stadthaussaal dafür herzugeben.

März 8. *Wallensteins Lager* und *Die Piccolomini* an Herzfeld nach Hamburg übersandt.

März 10. Verdrängung des *Warbeck* durch das seit 6 Wochen ständig wachsende Interesse am *Tell*-Stoff, dessen Namen er Goethe und Körner vorerst verschweigt. Berliner Erstaufführung von Schillers »Nathan«-Bearbeitung mit Iffland in der Titelrolle ohne großen Erfolg. – Lektüre von Archibald Bowers »History of the Popes«.

März 16. Bitte an Cotta um eine genaue Spezialkarte vom Vierwaldstätter See und Umgebung. Erste direkte Erwähnung des *Tell*-Planes. Übersendung der Gedichte *An die Freunde* und *Die vier Weltalter* an Cotta für den »Damenkalender« und der von Lotte übersetzten, von Schiller bearbeiteten Erzählung »Die Brüder« für die »Flora« (erschienen im 3. Vierteljahrsheft 1802).

März 17. Ablehnung von Körners Wunsch, Schiller möge eine neue Zeitschrift herausgeben.

März 18. Übersendung der Gedichte *Sehnsucht*, *Die Gunst des Augenblicks*, *Die Antiken zu Paris* und *Dem Erbprinzen von Weimar* ... an Becker für dessen »Taschenbuch« auf 1803.

März 19. Unterzeichnung des Kaufvertrags über das Haus von Mellish in Weimar um 4200 Taler. – Goethe rät Schiller zur Neubearbeitung seiner älteren Dramen für das Lauchstädter Theater.

März 20.–30. (?) Bühnenbearbeitung des *Don Carlos*. Goethes Bitte um Bearbeitung und Einstudierung der »Iphigenie« (vgl. 15. Mai).

März 22. Rückkehr Goethes aus Jena.

März 24. Beim Mittwochskränzchen, zu dem er im Auftrag Goethes eingeladen hat. – Übersendung der *Turandot* an Herzfeld nach Hamburg.

März 25. Stuttgarter Erstaufführung der *Maria Stuart*. –

Erhalt eines Darlehens von 2600 Gulden von der fürstlichen Kammer.

März 26. Goethe tagsüber nach Oberroßla. – Erste Abschlagszahlung zum Hauskauf in Höhe von 1365 Talern.

April 1. Das Jenaer Gartenhaus G. Hufeland erneut zum
Kauf angeboten, der am 2. April ablehnt.

April 3. Abends mit Lotte bei Goethe in Gesellschaft: Lo-
ders, Frommanns, Prof. H. Gentz und Kirms.

April 5. Berliner Erstaufführung der *Turandot*.

April 5.–11. Goethe in Oberroßla.

April 8. Von Frau von Lengefeld 600 Reichstaler zum
Hauskauf geliehen. Zweite Abschlagszahlung zum Hauskauf in Höhe von 112 Carolin. – Beginn eines sehr heftigen Katarrhs, der etwa 2 Wochen anhält.

April 19. Abends Besuch von Goethe.

April 22. Neues Manuskript zur *Geschichte des Dreißigjährigen Krieges* an Göschen gesandt.

April vor 23. Entstehung der *Turandot*-Rätsel *Der Funke,
Tag und Nacht* und *Das Schiff*.

April 23. Probe zu *Turandot*.

April 24. Zweite Wiederholung von *Turandot* in Weimar
mit neuen Rätseln.

April 25. Abends zu Goethe eingeladen; von ihm einen
Vorschuß zum Hauskauf erhalten.

April 26. Goethe bis 15. Mai in Jena. Schiller vertritt ihn
bei den Theaterproben. – Eintreffen der Frau von Kalb in
Weimar.

April 29. Einzug in das neuerworbene Haus des Engländers Mellish an der Esplanade, das dieser wenige Jahre
vorher hatte erbauen lassen (jetziges Schillerhaus). – Am
gleichen Tag Tod der Mutter in Cleversulzbach (vgl.
11. Mai).

Mai Anfang. Erscheinen von:

»*Kleinere prosaische Schriften* von Schiller. Aus mehrern
Zeitschriften vom Verfasser selbst gesammelt und verbessert. Vierter Theil. Leipzig 1802. bey Siegfried Lebrecht

Crusius.« 2 Bl. 388 S., gedruckt bei Göpferdt in Jena. Enthält (fast alles zuvor schon gedruckt):

1. *Die Schaubühne als eine moralische Anstalt betrachtet* (neu umgearbeitet erstmals unter diesem Titel);
2. *Zerstreute Betrachtungen über verschiedene ästhetische Gegenstände;*
3. *Über den Grund des Vergnügens an tragischen Gegenständen;*
4. *Über die tragische Kunst;*
5. *An den Herausgeber der Propyläen;*
6. *Über Bürgers Gedichte;*
7. *Über den Gartenkalender auf das Jahr 1795;*
8. *Über Egmont;*
9. *Über Matthissons Gedichte;*
10. *Gedanken über den Gebrauch des Gemeinen und Niedrigen in der Kunst* (Erstdruck);
11. *Der Menschenfeind.*

Mai 2. Wiederholte Bitte an Crusius um 50 Carolin Vorschuß für seinen Hauskauf.

Mai 3. Im Theater, wo Bürgers Witwe Elise geb. Hahn ohne Erfolg in »Ariadne« auftritt.

Mai 5. Vom Pächter Weidner in Niederroßla eine Hypothek von 2200 Talern zu 4 % Zinsen auf das Haus erhalten. – Beschäftigung mit den Leseproben zu Goethes »Iphigenie«, später auch zu F. Schlegels »Alarkos«.

Mai 6. Von Opitz 12 Louisdor für *Turandot* erhalten.

Mai 8. Besuch von Cotta auf der Durchreise nach Leipzig. Cotta meldet Lotte allein den Tod von Schillers Mutter.

Mai 11. Erhalt der Nachricht vom Tode der Mutter, die ihm Lotte, um ihn zu schonen, erst jetzt mitteilt.

Mai 12. Abends in der Oper zu Mozarts »Titus«.

Mai 13. Von Herzfeld aus Hamburg 24 Louisdor Honorar für *Wallenstein* und *Turandot* erhalten.

Mai 13. und 14. Bühnenproben von Goethes »Iphigenie« unter Schillers Leitung.

Mai 15. Rückkehr Goethes aus Jena. – Erstaufführung von

Schillers Haus an der Esplanade in Weimar.
Steindruck von A. Kneisel

Schillers Bearbeitung der »Iphigenie« von Goethe, zugleich erste öffentliche Aufführung dieses Stückes in Weimar. – Besetzung: Frau Voß als Iphigenie, Graff als
Thoas, Cordemann als Orest, Haide als Pylades, Becker
als Arkas. – Nach der Aufführung bei Goethe.

Mai 17. Abends zu Goethe eingeladen.

Mai 18. Mittags zu Goethe und dem Geheimen Konsilium
eingeladen.

Mai 19.–27. Goethe in Lauchstädt.

Mai 22. Aufführung des »Nathan« in Weimar.

Mai 23. Schriftliche Verhandlungen mit dem Schwager
Frankh wegen des Nachlasses der Mutter.

Mai 24. Von Crusius 74 Carolin Honorar für die *Ge-
schichte des Abfalls der vereinigten Niederlande* erhalten.
Letzte Abschlagszahlung von 300 Talern als Rest der
Kaufsumme für das Haus.

Mai 26. Aufführung von *Wallensteins Lager* in Weimar.

Mai 27. Von Göschen 60 Carolin Vorschuß für die 2. Auflage der *Geschichte des Dreißigjährigen Krieges* erhalten. – Rückkehr Goethes aus Lauchstädt.

Mai 29. Besuch von Cotta; mit ihm mittags bei Goethe; abends in der Weimarer Erstaufführung von F. Schlegels »Alarkos«. Abends Besuch von Cotta, Amalie von Imhoff, Frau von Stein und dem Maler Joseph Grassi aus Dresden.

Mai Ende / Juni Anfang. Bekanntschaft mit der Herzogin Anna Charlotte Dorothea von Kurland.

Juni 2. Erste Wiederholung von Schillers Bearbeitung der »Iphigenie« in Weimar.

Juni 5. Aufführung von *Wallensteins Tod* in Weimar. – Goethe bis 12. Juni in Jena.

Juni 6. Erneut Katarrh, Fieber und Husten. Stocken der Arbeit, jedoch »etwas kleines Lyrisches im Kopf« (*Thekla, eine Geisterstimme*).

Juni 7. In der Oper bei Mozarts »Don Juan«.

Juni 9. Übersendung des *Turandot*-Manuskripts an Cotta. Plan einer (nicht ausgeführten) Vorrede zur *Turandot*.

Juni 12. Durch Hausreparaturen an der Arbeit gehindert. Rückkehr Goethes aus Jena.

Juni 13. Abends bei Goethe, der sein soeben in Jena beendetes Vorspiel »Was wir bringen« vorliest.

Juni Mitte. Vollmacht an Griesbach für den Verkauf des Jenaer Gartenhauses.

Juni 19. Aufführung des *Don Carlos* in Weimar nach der Buchausgabe von 1801 zum Abschluß der Sommerspielzeit. – Verkauf des Jenaer Gartenhauses an Prof. Thibaut für 1150 Reichstaler.

Juni um 20. (26. ?) Erneuter böser Keuchhusten und Katarrhfieber.

Juni 21. Abreise Goethes nach Lauchstädt, Halle und Giebichenstein bis 25. Juli.

Juni 24. Von Iffland 46 Dukaten für die Bühnenbearbeitung von *Turandot* und »Nathan« erhalten.

Juli 1. Cotta als Bevollmächtigten für die Erbschaftsrege-
lung seiner Mutter eingesetzt.

Juli 4. Gesundheitliche Besserung.

Juli 9. Immer noch nicht frei vom Krampfhusten. Absen-
dung von *Thekla. Eine Geisterstimme* und *Kassandra* an
Cotta für den »Damenkalender« auf 1803. – Hamburger
Erstaufführung der *Turandot.*

Juli 12. Verhandlungen mit Voigt über sein künftiges
Adelswappen.

Juli 16. Übersendung einer gerichtlichen Vollmacht für
Cotta in der Erbschaftsangelegenheit, da Schiller auf sein
Erbteil vom Vater zugunsten seiner Mutter verzichtet
hatte, nun jedoch nicht vom Erbe der Mutter ausge-
schlossen sein will.

Juli 22. In Tiefurt.

Juli 23. Beginn einer Kur mit Eselsmilch gegen den Husten.

Juli 25. Rückkehr Goethes aus Lauchstädt. – Karl von Dalberg wird nach dem Tod des bisherigen Kurfürsten F. K.
von Erthal zum Kurfürsten von Mainz (mit Residenz in
Aschaffenburg) und Erzkanzler gewählt; damit liegt die
Voraussetzung zur Erfüllung seines früheren Verspre-
chens bezüglich Schillers Versorgung vor (vgl. 7. Januar
1803, 10. Oktober 1803, 22. Juni 1804).

Juli 26. Nachmittags bei Goethe, da sein Husten abends
noch leicht erregt wird.

August Anfang. Besuch des Fürsten Ludwig Friedrich von
Schwarzburg-Rudolstadt, der ihn »sehr angenehm über-
rascht«.

August 3. Abreise Lottes für etwa 2 Wochen nach Rudolstadt; die Kinder bleiben in Weimar.

August 3.–27. Goethe in Jena.

August 11. Kein Husten mehr.

August Mitte. Bei großer Hitze nicht viel geleistet, trotz
gesundheitlichen Wohlergehens. – Während Lottes Abwesenheit Beginn der ernstlichen Arbeit an der *Braut von
Messina*, vermutlich gleich Niederschrift.

August 16. Vom Weimarer Theater 100 Taler erhalten.

August 21. Abschluß der Bauarbeiten am Haus, die ihn oft bei der Arbeit störten und einige 100 Taler mehr kosten, als veranschlagt.

August 27. Rückkehr Goethes aus Jena.

August 28. Cotta regelt für Schiller in Leonberg die Erbschaftsteilung der Hinterlassenschaft seiner Mutter (Erbteil 920 Gulden).

September 2. Besuch von Niemeyer aus Halle.

September 3. Besuch des Schweizer Pfarrers Büel.

September 7. Datum des Adelsdiploms.

September 8. Besuch von Goethe.

September 9. Plan, nach Abschluß der *Braut von Messina* zuerst den *Warbeck*, dessen Plan jetzt auch »viel weiter gerückt« ist, dann den *Wilhelm Tell* vorzunehmen, der im Grundriß ebenfalls feststeht.

September Mitte (um 9.). Erscheinen von:

»*Turandot Prinzessin von China.* Ein tragicomisches Mährchen nach Gozzi von Schiller. Tübingen, in der J. G. Cotta'schen Buchhandlung. 1802.« 2 Bl. 155 S. 8° und:

»Taschenbuch für Damen auf das Jahr 1803. Herausgegeben von Huber, Lafontaine, Pfeffel und andern. Mit Kupfern. Tübingen in der J. G. Cotta'schen Buchhandlung.« 16°, enthält von Schiller die Gedichte: *An die Freunde – Thekla. Eine Geisterstimme – Die vier Weltalter – Kassandra.*

September 11. In Tiefurt zum Diner.

September 15. Goethe legt Schiller das I. Buch des umgearbeiteten »Cellini« vor.

September 19.–22. Besuch Wilhelm von Humboldts in Weimar auf der Durchreise nach Rom; letztes Wiedersehen. Schillers Plan einer römischen Geschichte.

September 20. Erhalt der ersten Exemplare der *Turandot* und des »Taschenbuchs für Damen«. Mittags und abends Besuch von Goethe.

September 21. Mittags mit Lotte und Humboldts bei Goethe zu Tisch. Abends ebenda.

September 22. Mittags Goethe zu Tisch.

September 25. Wiedereröffnung des Weimarer Theaters mit Goethes Vorspiel »Was wir bringen« und F. W. Meyers Lustspiel »Die Versuchung«.

September 29. Erscheinen der drei *Turandot*-Rätsel *Der Regenbogen, Der Funke* und *Der Blitz* in Wilmans' »Taschenbuch für das Jahr 1803. Der Liebe und Freundschaft gewidmet«.

Oktober. Weiterarbeit an der *Braut von Messina.*

Oktober 4. Erscheinen von:
»Taschenbuch zum geselligen Vergnügen. Dreizehnter Jahrgang 1803. Herausgegeben von W. G. Becker. Leipzig, bei Christian Adolph Hempel.«, enthält von Schiller die Gedichte: *Die Gunst des Augenblicks – Die Antiken zu Paris – Sehnsucht – Dem Erbprinzen von Weimar.*

Oktober 8. Verhandlungen mit Cotta über die Ausgabe seines »Theaters«.

Oktober 9. *Wallensteins Lager* in Weimar aufgeführt.

Oktober 11. In letzter Zeit gelegentlich von Krämpfen geplagt.

Oktober 12.–15. Goethe in Jena.

Oktober 17. Besuch der Tübinger Studenten Friedrich Eugen von Maucler und Johann Rudolf Wyß (Dichter) mit einer Empfehlung von Prof. Abel.

Oktober 17.–23. Goethe in Jena.

Oktober um 20. Karl von Dalberg erneuert seine alten Versprechungen. – Rascher Fortschritt der *Braut von Messina.*

Oktober 24. Abends bei Goethe. – Mannheimer Erstaufführung der *Jungfrau von Orleans.*

Oktober 26. Abends Besuch von Luise und Amalie von Imhoff.

Oktober 30. Besuch von Johann Heinrich Voß mit seiner Frau aus Jena. Pläne gemeinsamen Wirkens.

November 2. Besuch von Herrn von Funck.

November 13. Aufführung von *Wallensteins Tod* in Weimar.

November vor 15. Lektüre von Friedrich Leopold zu Stolbergs Übersetzung von vier Tragödien des Aischylos: »Prometheus«, »Sieben gegen Theben«, »Die Perser« und »Die Eumeniden«.

November 15. Bereits 1500 Verse der *Braut von Messina* fertig. – Freude über Körners Plan einer Zeitschrift »Annalen der Dichtkunst«, für die er selbst einen bereits in Vorbereitung befindlichen Beitrag (*Über den Gebrauch des Chors in der Tragödie?*) verfassen will.

November 16. Erhalt des Adelsdiploms vom 7. September aus Wien, das ihm um seiner Frau und der Kinder willen als Auszeichnung angenehm ist. Die Anregung dazu erging vermutlich von Karoline von Wolzogen über die Damen der Weimarer Gesellschaft an den Herzog Karl August, damit Lotte auf gleiche Stufe mit ihrer Schwester gestellt würde und wie diese Zutritt zum Hof hätte. – Das Wappenschild zeigt in der unteren Hälfte einen Querbalken, in der oberen ein aufsteigendes Einhorn; über dem lorbeergekrönten Helm ist das Einhorn wiederholt.

November 17. Voigt übersendet als Geschenk eine Darstellung des neuen Wappens mit einigen Versen.

November 20. Aufführung des »Nathan« in Weimar.

November 29. Abends Besuch von Amalie von Imhoff und Einsiedel, der seine Übersetzung eines französischen Lustspiels vorliest.

Dezember 9. Ball bei Graf Reuß.

Dezember 16. Tee bei Graf Reuß.

Dezember 18. In der Oper »Camilla« von Paer.

Dezember 26. Mittags von Goethe mit Schelling und Bergrat von Podmanitzky zu Tisch eingeladen.

Dezember 31. Vorlesung der vollendeten Akte der *Braut von Messina* im Familienkreise mit Karoline von Wolzogen und Frau von Lengefeld.

1803

Januar 1. Aufführung von *Wallensteins Lager* und Goethes »Paläophron und Neoterpe« in Weimar.

Januar 7. Erhalt von 650 Reichstalern als Neujahrsgeschenk von Karl von Dalberg. Feste Absicht einer Reise zu ihm nach Aschaffenburg mit einem Besuch bei den Schwestern in Meiningen und Cleversulzbach (nicht ausgeführt).

Januar 18. Abreise der Frau von Lengefeld, die seit Ende Dezember in Weimar zu Besuch war.

Januar seit 22. Auf Wunsch des Herzogs Lektüre der Dramen Alfieris in französischer Übersetzung und anderer französischer Dramen.

Januar 26. Durch Auffüllung der gelassenen Lücken in den ersten vier Akten gut fünf Sechstel der *Braut von Messina* fertiggestellt.

Januar 30. Am Hofe.

Februar 1. Abschluß der *Braut von Messina*.

Februar Anfang. Erneuter Satzbeginn des zweiten Bandes der *Gedichte* bei Göpferdt in Jena.

Februar 4. Auf Wunsch des Herzogs Georg von Meiningen zu dessen Geburtstag Vorlesung der *Braut von Messina* vor diesem in einer Gesellschaft von Freunden, Bekannten und Feinden, »Fürsten, Schauspielern, Damen und Schulmeistern mit großem und übereinstimmendem Effekt«.

Februar 5. Übersendung der *Braut von Messina* an Goethe.

Februar 6. Mittags Konferenz mit Goethe über die *Braut von Messina*. Zur Vorbereitung der Weimarer Uraufführung wird der Chor der *Braut von Messina* in fünf Individuen aufgeteilt.

Februar 7. Aufführung von *Wallensteins Lager* in Weimar.

Februar 8. Mittags Schlittenfahrt. Abends im Konzert, dann mit Lotte und Wolzogens bei Goethe.

Februar 11. Vorlesung der *Braut von Messina* bei der Herzogin, nachdem der Herzog sie zuvor gelesen. Übersendung des Stückes an Dalberg und zum Druck an Cotta.

Februar 12. Aufführung des »Nathan« in Weimar.

Februar 13. Mit Schelling bei Goethe zu Mittag eingeladen.

Februar 14. Manuskript der *Braut von Messina* an Körner gesandt.

Februar 17. Unzufriedenheit mit dem Weimarer Aufenthalt: »Oft treibt es mich, mich in der Welt nach einem anderen Wohnort und Wirkungskreis umzusehen.«

Februar 19. Übersendung der Verse *An Amalie von Imhoff* an dieselbe für das morgige Maskenfest. Entschluß, die Buchausgabe der *Braut von Messina* mit Rücksicht auf die Theater erst im Juni erscheinen zu lassen.

Februar 20. Bei Hof zu einem Maskenfest mit Figuren aus Schillers Werken: Amalie von Imhoff erscheint als Kassandra, die Prinzessin Karoline als Braut von Messina.

Februar 22. Auf der Redoute.

Februar 24. Übersendung der *Braut von Messina* an Iffland nach Berlin.

Februar 27. Erste Leseprobe der *Braut von Messina* bei Schiller.

Februar 28. Bitte an Zelter um Komposition der Chöre aus der *Braut von Messina*. Christiane von Wurmb als Sängerin an Zelter empfohlen. Abends zu Goethe eingeladen.

März Anfang. Nach Vollendung der *Braut von Messina* letzter vergeblicher Versuch zur Neuaufnahme der Arbeit an den *Maltesern*.

März 5. Im Klub.

März um 8. Verhandlungen mit Goethe wegen der Rollenverteilung für die *Braut von Messina*. – Entstehung der *Turandot*-Rätsel *Das Sehrohr, Der Mond und die Sterne, Das Weltgebäude.*

März 9. Aufführung von *Turandot* mit neuen Rätseln in Weimar.

März 10. Verhandlungen mit Crusius wegen einer (vom Verleger akzeptierten) Honorarerhöhung für den 2. Teil der *Gedichte* und wegen der Prachtausgabe der Gedichte. – Probe der *Braut von Messina* bei Goethe. Abends bei Goethe.

März 13. Absendung eines (verlorenen) Schemas für die Auflösung des Chores in Einzelpersonen zur Aufführung der *Braut von Messina* in Stuttgart.

März 15. Abends zu Goethe eingeladen.

März 19. Uraufführung der *Braut von Messina* im Weimarer Hoftheater mit großem Erfolg. Karl Schiller tritt als Page auf. Nach der Aufführung bringt der Sohn des Jenaer Professors Schütz im Schauspielhaus ein Vivat auf Schiller aus, was in Weimar sonst, vor allem in Anwesenheit des Hofes, nie üblich war. Goethe muß den Stadtkommandanten von Jena zur Verwarnung des Übeltäters auffordern.

März 22. Goethe übersendet Schiller Otways Trauerspiel »Das gerettete Venedig«. Abends bei Goethe eingeladen.

März 23. Infolge einer Erkältung von Rheumatismus befallen.

März 26. Erste Wiederholung der *Braut von Messina* in Weimar.

März 28. Erster einer Reihe von vergeblichen Versuchen, seinen Schulfreund Wilhelm von Hoven an die Universität Jena zu holen. – Erste Erwähnung der seit Abschluß der *Braut von Messina* zu seiner Erholung begonnenen Übersetzung der französischen Lustspiele »Encore des Ménechmes« und »Médiocre et rampant, ou le moyen de parvenir« von Louis Benoît Picard unter dem Titel »Der Neffe als Onkel« und »Der Parasit« auf Wunsch des Herzogs.

März 29. Übersendung des »Nathan« an Herzfeld nach Hamburg.

März 31. Besuch der Frau von Lengefeld. Abschrift seines Adelsdiploms an das Weimarer Geheime Konsilium.

April bis Anfang Mai. Fortsetzung der Arbeit an den beiden französischen Lustspielen.

April 2. Bei der Uraufführung von Goethes »Natürlicher Tochter« in Weimar.

April 13. Prof. Thibaut sendet 575 Taler, die Hälfte der Kaufsumme für Schillers Gartengrundstück in Jena.

April 17.–22. Goethe in Jena.

April 22. Erneuter Plan zur Ausarbeitung des *Warbeck* in diesem Sommer.

April 23. Weimarer Erstaufführung der *Jungfrau von Orleans* anläßlich eines Gastspiels mit »ganz ungewöhnlichem Erfolg«. Schiller hat sich viel Mühe mit den Proben gemacht.

April 25. Abschluß des Gedichts *Der Graf von Habsburg*, Schillers letzter Ballade. Aufführung von Goethes »Clavigo« in Weimar.

April 26. Besuch Cottas in Weimar. Souper und Punsch auf dem Stadthaus.

April 30. Erste Wiederholung der *Jungfrau von Orleans* in Weimar. Abreise nach Erfurt zur Teilnahme an einem lustigen Stiftungsfest mit 100 preußischen Offizieren. Abends zurück nach Weimar.

Mai. Erscheinen von:

> »*Gedichte* von Friedrich Schiller. Zweyter Theil. Leipzig bey Siegfried Lebrecht Crusius 1803.« 5 Bl. 358 S. 8°, enthält als Erstdruck die Vorerinnerung zum 2. Band der Gedichte sowie die Gedichte *Zenit und Nadir*, *Das Spiel des Lebens*, *Punschlied* und *Der Pilgrim*.

Mai 1. bis Mitte. Goethe in Jena, Naumburg, Lauchstädt und Halle.

Mai 2. An W. G. Becker das *Punschlied. Im Norden zu singen* übersandt.

Mai 3. Abschluß der Übersetzung und Bühnenbearbeitung von Picards »Der Neffe als Onkel«.

Mai 4. Von Iffland 33 Dukaten für die *Braut von Messina* erhalten.

Mai 5. Abschluß der Bühnenbearbeitung und Übersetzung von »Der Parasit«.

Mai 6. Tschudis »Chronicon helveticum« entliehen; damit Beginn der Vorstudien zum *Tell*.

Mai 7. Aufführung der *Jungfrau von Orleans* in Weimar.

Mai 11. Aufführung von *Wallensteins Lager* in Weimar.

Mai 13. Übersendung von »Der Neffe als Onkel« an Iffland. Mittags Besuch von Goethe.

Mai 14. Aufführung der *Räuber* in Weimar.

Mai Mitte. Vermutlicher Zeitpunkt der Bühnenbearbeitung (Kürzung) von Goethes »Stella«, die erst am 15. Januar 1806 aufgeführt wird.

Mai 15. Mit Schelling zu Tisch bei Goethe, der am gleichen Tag bis 29. Mai nach Jena verreist.

Mai 18. Uraufführung von Schillers Bearbeitung von Picards Lustspiel »Der Neffe als Onkel« in Weimar; trotz mangelnder Einstudierung mit viel guter Laune gespielt und sehr belustigend.

Mai 20. und 22. Erfolgreiches Eintreten bei Goethe und Kirms für eine probeweise Anstellung des Schauspielers F. A. Grimmer am Weimarer Theater (September 1803 – September 1804).

Mai um 20. Lektüre von J. H. Voß' »Zeitmessung der deutschen Sprache« und Klopstocks »Hermannsschlacht«; Einsicht in die Unmöglichkeit einer Erneuerung dieses Stücks, die evtl. für die Sammlung des »Deutschen Theaters« geplant war.

Mai 21. Besuch von Cotta auf der Durchreise von Leipzig, der ihm 30 Louisdor Honorar mitbringt und vergeblich gehofft hat, Schiller zu einem Besuch nach Württemberg und in die Schweiz mitnehmen zu können. Zweite Wiederholung der *Braut von Messina* in Weimar.

Mai 22. Abschluß des Gedichts *Das Siegesfest* (*Helden vor Troja*).

Mai 23. Übersendung von »Der Neffe als Onkel« an Herzfeld, »Der Parasit« an Iffland und Herzfeld. Erste Wiederholung von »Der Neffe als Onkel« in Weimar.

Mai 24.   Arbeit an der Vorrede zur *Braut von Messina* (*Über den Gebrauch des Chors in der Tragödie*).

Mai 28.   Aufführung von *Maria Stuart* in Weimar.

Mai 30.   Durchreise des preußischen Königspaars durch Weimar. Aufführung der *Jungfrau von Orleans*.

Mai Ende (?).   Lektüre von Calieróns Dramen in A. W. Schlegels Übersetzung (»Spanisches Theater I«), sehr entzückt.

Juni Anfang.   Häufiger Verkehr mit dem Musiker Zelter.

Juni 2.   Übersendung von *Der Neffe als Onkel* und *Der Parasit* an Opitz.

Juni 7.   Übersendung der Vorrede zur *Braut von Messina* (*Über den Gebrauch des Chors in der Tragödie*) und des *Siegesfestes* an Cotta.

Juni 10.   Übersendung der (von Schiller bearbeiteten?) Erzählung Karoline von Wolzogens »Edmund und Emma« für Cottas »Damenkalender« auf 1804. Vormittags und abends mit Knebel und Zelter bei Goethe.

Juni 11.   Erste Lauchstädter Aufführung der *Braut von Messina* zur Eröffnung der Lauchstädter Spielzeit des Weimarer Theaters.

Juni 14.   Erstaufführung der *Braut von Messina* in Berlin mit großem Erfolg.

Juni 20.   Besuch der Frau von Lengefeld in Weimar.

Juni um 20.   Erscheinen von:
»*Die Braut von Messina oder die feindlichen Brüder* ein Trauerspiel mit Chören von Schiller. Tübingen, in der J. G. Cotta'schen Buchhandlung 1803.« XIV, 162 S. 1 Bl. 8°, gedruckt bei Hopffer in Tübingen. Auflagehöhe 6000.

Juni 26.   Am Hofe.

Juni 27.   Aufführung von *Turandot* in Lauchstädt.

Juni 28.   Erhalt des ersten gedruckten Exemplares der *Braut von Messina* von Cotta.

Juli 2. Zur Zerstreuung und Erholung Reise nach Lauchstädt; Eintreffen dort gegen Abend; Wohnungssuche,
Abendessen im großen Salon in Gesellschaft sächsischer
und preußischer Offiziere. Aufenthalt dort bis 14. Juli in
Vertretung Goethes bei den Weimarer Schauspielern.
Gute Gesundheit, Müßiggang, erneute Theater- und Pu-
blikumserfahrungen, wachsende Sehnsucht nach neuer
Arbeit. In Lauchstädt Treffen mit Crusius und nähere
Bekanntschaft mit Friedrich de la Motte-Fouqué. Mit
ihm Gespräche über die Möglichkeiten zur Wiederbele-
bung der antiken Tragödie, besonders von Aischylos'
»Prometheus«. Abends Aufführung von *Wallensteins Lager* in Lauchstädt.

Juli 3. Nachmittags Eintreffen des Prinzen Eugen von
Württemberg, mit dem Schiller bis zu dessen Abreise am
5. Juli beständig beisammen ist, in Begleitung von August
von Wolzogen. Abends Aufführung der *Braut von Messina* in Lauchstädt vor zahlreichen Zuschauern, besonders
Studenten aus Halle und Jena, in Schillers Anwesenheit.
Während der Vorstellung schweres Gewitter mit Donner
und Regen, so daß man fast eine Stunde lang kein Wort
der Schauspieler verstehen kann und die Handlung nur
aus der Pantomime erraten muß. Stimmungsvolle Wirkung der Donnerschläge in der Schlußszene. Nach der
Vorstellung begrüßt Schiller die Schauspieler auf der
Bühne. Abends große Begeisterung der Studenten, die
ihm nach Abzug des Gewitters bei klarem Sternenhim-
mel ein Ständchen vor dem Fenster bringen und ihn
durch eine Delegation zu einem Kommers einladen, an
dem auch F. W. Gubitz, Fouqué und Karl von Raumer
teilnehmen.

Juli 4. Morgens neues Ständchen der begeisterten Studenten. Erneute Bekanntschaft mit Niemeyers, die ihm das
Versprechen zu einem Besuch in Halle abnehmen, und
mit Geheimrat Schmalz. Abends Aufführung von Goethes »Natürlicher Tochter«.

Juli 5. Mittags und abends in Gesellschaft in der Allee und dem Pavillon mit der Familie des Oberforstmeisters von Stein aus Weimar, Frau Pannewitz und einigen jungen Leuten aus Berlin, u. a. F. W. Gubitz.

Juli um 7. Zu Pferde Besichtigung eines Manövers zwischen preußischen und sächsischen Offizierstruppen auf dem Wege nach Merseburg.

Juli 8. Eintägiger Ausflug nach Halle zu Niemeyers, Besuch des dortigen Pädagogiums. Spätabends zurück nach Lauchstädt, gesundheitlich etwas angegriffen.

Juli 11. Aufführung der *Jungfrau von Orleans* in Schillers Anwesenheit in Lauchstädt.

Juli um 12. Bekanntschaft mit dem Dramatiker Joseph Ludwig Stoll aus Wien, den er an Iffland empfiehlt. Plan, den »Ödipus« des Sophokles im Winter 1803/04 durch freiere Gestaltung der Chöre für die moderne Bühne zu bearbeiten (trotz Interesse Ifflands nicht ausgeführt).

Juli 13. Diner beim Oberhofgerichtsrat Blümner aus Leipzig, auf dem Schiller mitteilt, der Entwurf des *Tell* sei vollkommen fertig, und er reise jetzt heim, um die Arbeit zu vollenden.

Juli 14. Rückkehr nach Weimar.

Juli 17. Aufführung von *Wallensteins Lager* und »Der Neffe als Onkel« in Lauchstädt. Am Hofe.

Juli 22. Spaziergang mit Goethe; Gespräch über die Anlage des *Wilhelm Tell*.

Juli 23. Dreißig Flaschen weißen Portwein als Geschenk von Cotta erhalten. Besuch bei Goethe; Gespräch über den »Götz«.

Juli 24. Bei Goethe; Gespräch über die Anlage des *Wilhelm Tell*.

Juli 27. Abends Spaziergang mit Goethe und Bericht über die Lauchstädter Erlebnisse.

Juli 28. Abends Spaziergang mit Goethe und Gespräch über den tragischen Chor.

August 3. Abends bei Goethe.

August 6. Eintägiger Besuch in Jena. Bei Prof. Paulus und mit Voßens im Griesbachschen Garten. Abends Rückkehr nach Weimar, von der Reise sehr angegriffen.

August 7. Am Hofe.

August 7.–11. Goethe in Jena.

August 9. Besuch des Straßburger Studenten Georg Daniel Arnold, den er an Goethe empfiehlt. – Buchbestellung bei Cotta von Schriften über die Schweiz (J. C. Füeßlins »Staats- und Erdbeschreibung der Schweizerischen Eidgenossenschaft«, H. Zschokkes schweizerische Schriften, K. V. von Bonstetten, »Briefe über ein schweizerisches Hirtenland«, J. G. Ebel, »Schilderung der Gebirgsvölker der Schweiz«) sowie einer Reihe von Klassikerausgaben (Caesar, Valerius Flaccus, Persius und Juvenal, Petronius, Sallust, Silius Italicus, Velleius Paterculus, Cornelius Nepos, Vergil, Lafontaine, Boileau, Molière, Racine, Rousseau).

August 11. Rückkehr Goethes aus Jena; abends Gespräch mit ihm über den Abgang zahlreicher Jenaer Professoren.

August 14. Abends mit Meyer bei Goethe.

August 16. Abends Spazierfahrt mit Goethe.

August 18. Bemühungen um einen Hauslehrer für Wilhelm von Humboldts Kinder.

August 19. Abends mit Meyer zu Tisch bei Goethe.

August 20. Am Hofe.

August 21. Besuch bei Goethe.

August 25. Abschluß der Vorstudien und abends Beginn der Ausarbeitung von *Wilhelm Tell*.

August 28. Am Hofe. Abends Verhandlungen mit Goethe wegen der nach Abgang von Schütz und Hufeland neu zu gründenden Jenaer »Allgemeinen Literatur-Zeitung«.

August 29. Abends bei Goethe.

August 30. Aufführung von *Wallensteins Tod* in Gegenwart des Königs Gustav IV. von Schweden.

August 31. Gustav IV. von Schweden läßt sich Schiller vorstellen und schenkt ihm als Zeichen seiner Zufriedenheit

mit der *Geschichte des Dreißigjährigen Krieges,* die
Schweden so rühmlich sei, einen Brillantring. Abends mit
Thibaut bei Goethe.

September. Den ganzen Monat hindurch ernstliche Arbeit
am *Wilhelm Tell.*

September 1. Besuch von Goethe und Niethammer.

September Anfang. Besorgnis über den Verfall der Jenaer
Universität durch Wegzug der bedeutendsten Professoren (Loder, Paulus, Schütz, Hufeland und Schelling) und
der »Allgemeinen Literatur-Zeitung«. Persönlicher Versuch, Prof. Paulus in Jena zu halten.

September 3. Vormittags Spaziergang mit Goethe.

September 4. Mittags bei Goethe zu Tisch mit Fernow,
Kraus und Meyer.

September 5. Abends Besuch von Goethe und Fernow.

September 7. Erscheinen der Gedichte *Der Graf von
Habsburg* und *Das Siegesfest* in Cottas »Taschenbuch für
Damen auf das Jahr 1804«.

September 11. Abfassung einer Notiz für Cottas »Allge-
meine Zeitung« über das Geschenk des Schwedenkönigs.
– Am Hofe. – Lektüre von Wielands »Menander und
Glycerion«.

September 12. Bitte an Körner um gute Schriften über die
Schweiz.

September 13. Nachmittags bei Sophie Mereau wegen ihrer Bearbeitung von Corneilles »Cid«, der in Weimar aufgeführt werden sollte.

September 14. Von Unwohlsein befallen; Besuch von Goethe.

September 15. Bekanntschaft mit den neu engagierten
Schauspielern Grüner und Wolff, wohl auf einer Schau-
spielergesellschaft bei Goethe.

September 16. Heftiger Schnupfen und Katarrh.

September 17. Aufführung der *Jungfrau von Orleans* in
Weimar in Schillers Anwesenheit. Immer noch Katarrh.

September 20. Vormittags Besuch von Goethe.

September 22. Erscheinen der Notiz vom 11. September in Cottas »Allgemeiner Zeitung« Nr. 265. Abends bei Goethe.

September 23. Im Interesse der eigenen Arbeit Ablehnung einer Einladung Goethes, mit ihm nach Tiefurt zu fahren. Abends bei Goethe (?).

September 25. Körner schlägt die Behandlung eines tragischen Stoffes aus der russischen Geschichte vor (später im *Demetrius* geschehen).

September 29. »Nathan« an Herzfeld nach Hamburg. Adelbert von Chamisso übersendet Schiller seinen Musenalmanach.

September 30. Besuch von Luise Brachmann und nachmittags von Goethe (?).

Oktober 1. Bei der Weimarer Aufführung von Shakespeares »Julius Caesar« nach Schlegels Übersetzung, die Goethe zur Förderung der Arbeit am *Tell* veranstaltet.

Oktober 2. Vormittags mit Frau von Lengefeld, die in Weimar auf Besuch war, Abreise nach Jena. Wohnung dort in Goethes Zimmer im Schloß. Häufige Besuche im Hause des alten J. H. Voß. Begegnung mit Luise Brachmann in großer Gesellschaft »glücklich überstanden«.

Oktober 3. Schriftliche Verhandlungen mit Crusius über die Prachtausgabe seiner Gedichte.

Oktober 3.–17. Lotte in Rudolstadt bei ihrer Mutter. Die Kinder bleiben in Weimar.

Oktober 7. Rückkehr von Jena nach Weimar.

Oktober 8. Abends nach der Vorstellung von Shakespeares »Julius Caesar« mit Fernow bei Goethe zu Tisch.

Oktober 9. Mit Frau von Stein am Hofe.

Oktober 10. Erhalt eines zweiten Geschenks in Höhe von 620 Reichstalern vom Karl von Dalberg. – Wegen der genauen Beschäftigung mit dem historisch-geographischen Hintergrund des *Wilhelm Tell* nur langsamer Fortschritt der Arbeit. – An Körner: hätte er mehr Anlage zum Dozieren, so würde er nach Jena gehen, um der verfallenden Universität aufzuhelfen.

Oktober 12. Uraufführung von Schillers Übersetzung und Bühnenbearbeitung von Picards Lustspiel »Der Parasit« im Weimarer Hoftheater mit geringem Erfolg. Der Herzog ist besonders erfreut über das Stück.

Oktober 13. Unterhaltung mit dem Herzog über die Zukunft der Jenaer »Allgemeinen Literatur-Zeitung« und den Verfall der Jenaer Universität.

Oktober 16. Ablehnung der von Graf Vitzthum für das Dresdener Theater gewünschten Änderungen in der *Braut von Messina*.

Oktober 21. Abends bei Goethe.

Oktober 25. Mittags Spazierfahrt mit Goethe.

Oktober 26. Erste Wiederholung des »Parasit« in Weimar.

Oktober 28. Abends Goethe zu Tisch.

Oktober 29. Goethe übersendet Shakespeares »Kaufmann von Venedig« mit der Bitte um Übernahme der Revision und der Proben während seiner Abwesenheit.

Oktober 30. Am Hofe. Abends Besprechung mit Goethe über Shakespeares »Kaufmann von Venedig«.

Oktober 31. Abends Besuch von Goethe; Gespräch über *Wilhelm Tell* und »Faust«.

November 1.–12. Goethe in Jena.

November 3. Zu Tee und Spiel bei der Herzoginmutter Anna Amalia.

November 5. Aufführung der *Maria Stuart* in Weimar.

November 7. Rasches Fortschreiten der Arbeit am *Wilhelm Tell*. Zufriedenheit mit der eigenen Arbeit.

November 9. Besuch von Knebel.

November 12. Rückkehr Goethes aus Jena.

November 13. Am Hofe.

November 14. Abends im Theater zu H. Becks Lustspiel »Die Schachmaschine« als Gastspiel des Berliner Schauspielers Beschort.

November 16. und 19. Besuche von Goethe.

November 20. Zur Punschgesellschaft bei Goethe mit Falk, Meyer und mehreren Schauspielern.

November 22. (?) Bekanntschaft mit dem Maler Friedrich Rehberg.

November 24. bis Dezember 24. Goethe in Jena.

November 28. Berliner Erstaufführung von *Wallensteins Lager*.

November 30. Trotz Leiden unter der strengen Witterung kein Stillstand der Arbeit.

Dezember 4. Am Hofe.

Dezember 5. Entschluß, vor Drucklegung des *Wilhelm Tell* eine Reise in die Schweiz zu unternehmen. – Hoffnung, im Frühjahr und Sommer 1804 den bisher zurückgelegten *Warbeck* zu vollenden. – Übersendung einer Szenenaufteilung zum *Wilhelm Tell* an Iffland.

Dezember 10. Aufführung der *Braut von Messina* in Weimar.

Dezember 14. Ankunft der Madame de Staël in Weimar. Sie »belebt durch ihren Geist und ihre Beredsamkeit die ganze Gesellschaft« und bringt durch ihren längeren Aufenthalt (bis 29. Februar 1804) mehrere Unterbrechungen in die Arbeit Schillers, der sie anfangs als interessant, später als lästig empfindet. – Abends im Theater zu »Don Ranudo de Colibrados« von Kotzebue nach Holberg.

Dezember 15. Abends bei der Herzogin erste Begegnung mit Madame de Staël, mit der er sich trotz der Verständigungsschwierigkeiten in französischer Sprache in eine erregte Diskussion um die Vorteile der deutschen oder französischen Dramatik einläßt. Streit über die Kantische Philosophie und die Unübersetzbarkeit Kants. – Heinrich von Gleichen zur Geburt seines Sohnes Adalbert, Schillers Patenkind und späterem Schwiegersohn, gratuliert.

Dezember 16. Morgens Besuch mit Wieland bei Madame de Staël. Abends mit ihr bei der Herzoginmutter Anna Amalia. – Erhalt von 400 Austern als Geschenk von

Herzfeld aus Hamburg, die er in fröhlicher Gesellschaft guter Freunde verzehrt.

Dezember 18. Tod Herders in Weimar, »ein wahrer Verlust nicht nur für Weimar, sondern für die ganze literarische Welt«.

Dezember 19. Aufführung von *Wallensteins Lager* in Weimar.

Dezember 23. Aufführung der *Jungfrau von Orleans* in Weimar.

Dezember 24. Tod des Herzogs Georg Friedrich Karl von Meiningen. – Rückkehr Goethes aus Jena; mit Lotte, Hofrat Stark und Madame de Staël bei diesem zu Tisch, wohin der Herzog Karl August dazukommt.

Dezember 25. Abends Besuch von Goethe.

Dezember 28. Aufführung des »Nathan« in Weimar.

Dezember 29. Abends mit Fernow und Friedrich August Wolf aus Halle bei Goethe.

Dezember 31. Abends mit F. A. Wolf bei Goethe.

Ende des Jahres. Erstdruck des Gedichts *Punschlied. Im Norden zu singen* in Beckers »Taschenbuch zum geselligen Vergnügen«, 14. Jahrgang 1804. Erstdruck des Gedichts *Der Jüngling am Bache* unter dem Titel *Liebesklage* in den »Gesängen mit Begleitung der Chitarra eingerichtet von Wilhelm Ehlers«, Cotta 1804. (Aus dem noch ungedruckten *Parasit.*)

In das Jahr 1803 fällt vermutlich auch die dramatische Skizze *Die Flibustier.*

1804

Januar. Ununterbrochene Weiterarbeit am *Wilhelm Tell.* Häufigeres Unwohlsein Goethes am Anfang des Monats.

Januar 2. Aufführung der *Maria Stuart* in Weimar.

Januar 3. Neujahrsempfang bei Hofe. – Abends Krankenbesuch bei Goethe. – Plan, den *Wilhelm Tell* in Almanachsform erscheinen zu lassen.

Januar 4. Während der Arbeit am *Wilhelm Tell* Entstehung des Gedichts *Berglied*.

Januar um 5. Revision von Racines »Mithridate« in der Übersetzung von Bode zur Aufführung am 30. Januar.

Januar 7. Essen bei Madame de Staël, abends mit Wieland beim kranken Goethe.

Januar 9. Aufführung der *Braut von Messina* in Weimar. Nachts Entstehung von zwei *Turandot*-Rätseln (wohl *Die Farben* und *Der Schatten an der Sonnenuhr* oder *Die Chinesische Mauer*).

Januar 11. Aufführung von *Turandot* in Weimar mit neuen Rätseln.

Januar 12. Besuch von Madame de Staël.

Januar 13. Den I. Akt des *Wilhelm Tell* an Goethe übersandt, der urteilt, schon der I. Akt sei »ein ganzes Stück und zwar ein fürtreffliches«. Abends bei der Herzoginmutter mit Madame de Staël, die zu Schillers Entsetzen noch drei Wochen lang in Weimar bleiben will.

Januar 15. Abends mit Meyer bei Goethe zur Betrachtung seiner Münzensammlung.

Januar 16. Durch ein Übel am Gehen behindert und ans Sofa gebunden. Übersendung des II. Akts von *Wilhelm Tell* an Goethe. – Bitte an Zelter um Komposition der Lieder im *Tell* (die Zelter erst nach Schillers Tod erreicht).

Januar 17. Leseprobe von Racines »Mithridate«, die Schiller für den erkrankten Goethe leitet. Ablehnung von Goethes Bitte um Rezensionen für die »Allgemeine Literatur-Zeitung«.

Januar 22. Ankunft des Historikers Johannes von Müller in Weimar (bis 7. Februar).

Januar 23. Übersendung des I. und II. Akts von *Wilhelm Tell* an Iffland nach Berlin. Von Akt III–V liegt das meiste ebenfalls fertig vor.

Januar 24. Schlaflosigkeit und Bedrücktheit infolge langen Eingesperrtseins.

Januar 27. Abends bei Goethe.

Januar 28. Langsamer Fortschritt der Arbeit, Lektüre einer Reisebeschreibung.

Januar 30. Zum Geburtstag der Herzogin Aufführung von Racines »Mithridate« in der Übersetzung von Bode, zu der Schiller die Proben geleitet hat.

Januar 31. Abends bei Goethe.

Februar 3. Mittags bei Goethe mit Voigt und dessen Sohn, Johannes von Müller, Gerichtsrat Thon und Meyer.

Februar 5. IV. Akt des *Wilhelm Tell* beendet. Am Hofe; abends bei Goethe.

Februar 6. Den III. und einen Teil des IV. Akts des *Wilhelm Tell* an Iffland gesandt. Aufführung des *Parasit* in Weimar.

Februar 7. Abreise Johannes von Müllers, der einen anderen Teil des IV. Akts von *Wilhelm Tell* an Iffland mitnimmt.

Februar 8. Abends mit Madame de Staël und Böttiger bei der Herzogin; Madame de Staël erkundigt sich eindringlich nach Schillers neuen Plänen.

Februar 9. Zu Mittag bei Madame de Staël; abends bei Goethe.

Februar 9.–11. Johann Heinrich Voß mit seiner Frau in Weimar bei Goethe, wo Schiller, der sich fast jeden Nachmittag dort aufhält, mit ihnen zusammenkommt.

Februar 10. Besuch bei Benjamin Constant.

Februar 11. Den Rest des IV. Akts und die erste Hälfte des V. Akts an Iffland übersandt; Veränderungen im Aufbau des *Tell*: die bisherige Szene I,3 wird zu II,1, in die neue Szene I,3 wird eine Geßler-Szene eingefügt.

Februar 12.–20. Heinrich Voß d. J. wohnt bei Goethe in Weimar.

Februar 15. Weimarer Erstaufführung von Kotzebues »Die Hussiten vor Naumburg im Jahr 1432«; Schiller beklagt sich über Kotzebues Plagiat an seiner *Jungfrau von Orleans*.

Februar 16. Ablehnung einer Einladung Goethes in die

Gesellschaft von Madame de Staël und Benjamin Constant, da er den *Tell* abschließen wolle.

Februar 18. Abschluß der Arbeit am *Wilhelm Tell*.

Februar um 19. (?) Mit August Bode, Heinrich Voß und Hain auf einer Maskerade.

Februar 19. Übersendung des abgeschlossenen *Wilhelm Tell* an Goethe mit einem Vorschlag zur Rollenbesetzung.

Februar 20. Übersendung vom Rest des V. Akts und der Geßler-Szene I,3 an Iffland. – Wegen schlechter Gesundheit einige Tage ans Haus gebunden.

Februar 24. Die Rollenauszüge zum *Wilhelm Tell* mit drei weiblichen Zusatzrollen (Mechthild, Elsbeth und Hildegard) an Goethe übersandt. Abends mit Goethe bei Madame de Staël.

Februar 25. Abends Besuch von Goethe.

Februar 26. Abends Benjamin Constant zwei Szenen aus *Wilhelm Tell* vorgelesen; Souper mit ihm und Goethe.

Februar 29. Abreise der Madame de Staël nach Berlin, die von Schiller als Erleichterung betrachtet wird.

März 1. Erste Leseprobe zum *Wilhelm Tell* bei Goethe.

März 6. Zweite Leseprobe des *Wilhelm Tell* unter Goethes Leitung, da Schiller durch Unwohlsein verhindert.

März 8. Probe der Akte I–III des *Wilhelm Tell* auf dem Theater.

März 9. Probe des III.–V. Akts von *Wilhelm Tell* auf dem Theater.

März 10. Nach längerem Zögern und Erwägen verschiedener Dramenpläne (wiederum *Warbeck* und vermutlich auch das bürgerliche Kriminaldrama *Narbonne* oder *Die Kinder des Hauses*?) Entschluß zur Ausführung des *Demetrius* und Beginn der ersten Arbeitsphase (bis 26. April).

März 11. Abends bei Goethe.

März 12. Manuskript des *Wilhelm Tell* an Körner gesandt.

März 13., 15. und 16. Weitere Proben zum *Wilhelm Tell*.

Goethes Änderung in der Motivierung der Apfelschuß-
szene III,3 durch die Prahlerei Walters. Während der
Proben Einfügung des Liedes *Mit dem Pfeil, dem Bogen*
und des Gesangs der Barmherzigen Brüder.

März 17. Uraufführung des *Wilhelm Tell* im Weimarer
Hoftheater. Trotz 5stündiger Dauer (17.30 bis gegen 23
Uhr) mit größerem Erfolg als alle anderen Stücke. Erne-
stine Voß sitzt neben Schiller in der Loge.

März 19. Erste Wiederholung des *Wilhelm Tell* in Weimar
mit einigen Kürzungen.

März 20. Klagen über den Weimarer Aufenthalt und wiederholter Gedanke an einen Fortgang von Weimar (vgl.
17. Februar 1803). Abends Besuch von Goethe.

März 21. Aufführung von Mozarts Oper »Die Entführung
aus dem Serail«.

März 24. Zweite Wiederholung des *Wilhelm Tell* in Weimar. Übersendung von Bühnenmanuskripten des *Tell*
nach Breslau und an Herzfeld nach Hamburg.

März 25. Spazierfahrt mit Goethe, der ihn auch abends besucht.

März 29. bis April 8. Heinrich Voß als Hofmeister für August von Goethe in Weimar; gelegentliche Besuche bei
Schiller und gemeinsame Spaziergänge.

März 31. Spazierfahrt mit Goethe.

März Ende / April Anfang. Keuchhusten und Fieber Lottes und der Kinder; Schiller allein bleibt verschont.

April 1. Am Hofe.

April 3. und 4. Abends bei Goethe.

April 7. Aufführung von Schillers Bearbeitung des *Macbeth* mit wesentlichen Verbesserungen in Weimar; anschließend kurzer Besuch von Heinrich Voß.

April 12. Bühnenmanuskript des *Wilhelm Tell* nach Mannheim gesandt.

April 14. Aufführung von *Macbeth* in Weimar. Übersendung von Änderungen am *Wilhelm Tell* an Iffland.

April 17. Zum Tee bei Hofmarschall von Egloffstein.

April 21. Anregung an Göschen zu einer Übersetzung von Diderots »Rameaus Neffe«, die Goethe später durchführt.

April 22. Besuch von Cotta. Am Hofe. Entstehung der Verse *Wilhelm Tell* als Widmung für ein *Tell*-Manuskript an Karl von Dalberg, das am 25. abgesandt wird. – Mannheimer Erstaufführung der *Maria Stuart*.

April 25.–30. Zweiter Besuch von Madame de Staël, in Begleitung A. W. Schlegels, in Weimar.

April 26. Antritt der Reise nach Berlin mit Lotte und den beiden Söhnen, nach plötzlichem Entschluß binnen 48 Stunden. Übernachtung in Weißenfels.

April 27. Mittags Eintreffen in Leipzig, Verkehr mit Cotta, Crusius und Göschen, die sich zur Messe dort aufhalten.

April 29. Abreise von Leipzig; abends Ankunft in Wittenberg.

April 30. Um Mitternacht Eintreffen in Potsdam; am Tor Unterhaltung mit dem Wachtoffizier über seine Dichtungen. – (Übersiedlung von Heinrich Voß aus Jena als Professor an das Weimarer Gymnasium.)

Mai 1. Mittags Ankunft in Berlin, Wohnung im »Hôtel de Russie«, Unter den Linden 23, später bei Hufeland, Friedrichstr. 130. Enthusiastische Aufnahme und Verehrung des Dichters. – Während des Berliner Aufenthalts entstehen die Porträtzeichnungen von Friedrich Georg Weitsch und Gottfried Schadow.

Mai 2. Bei von Hagens zu Mittag. Besuche bei dem Arzt Hufeland, Iffland, Dr. Stoll, Zelter, Bernhardi, Bethmann, Erhard, Prof. Ditmar, Beschort, Romberg und Brinkmann (zum Teil an den folgenden Tagen?). Abends in der Aufführung von Mozarts »Zauberflöte«.

Mai 3. In der Singakademie Zelters.

Mai 4. Mit Lotte zu Tisch bei Iffland. Abends Aufführung der *Braut von Messina*. Beim Erscheinen in der Theaterloge von den Zuschauern mit endlosem Jubel begrüßt.

Mai 5. Prinz Louis Ferdinand gibt Schiller zu Ehren ein Essen.

Mai 6. In Ifflands Aufführung der *Jungfrau von Orleans*; bei seinem Eintritt in die Loge erheben sich alle Zuschauer. Schiller urteilt, der prunkvolle Krönungszug mit 200 Teilnehmern habe das Stück erdrückt, man habe den »Zug« und nicht die »Jungfrau« gegeben.

Mai 6.–11. (?) Unwohlsein, Erschöpfung und Katarrhfieber.

Mai 10. Aufführung von Ifflands Lustspiel »Die Aussteuer«.

Mai 11. Aufführung von Glucks Oper »Iphigenie auf Tauris« in Berlin.

Mai 12. Souper bei dem Arzt Hufeland. Zweite Aufführung der *Jungfrau von Orleans* während Schillers Berliner Aufenthalt.

Mai 13. Mit Lotte zur Audienz bei der Königin Luise, die ihn nach Berlin zu ziehen wünscht; anschließend Gesellschaft bei der Oberhofmeisterin von Voß. Mittags bei Iffland.

Mai 14. Aufführung von *Wallensteins Tod* in Berlin mit Iffland in der Titelrolle.

Mai 15. In der Singakademie Zelters. Aufführung von Voltaires »Merope«. – Schiller äußert zum Sekretär Pauli seinen Wunsch, mindestens einige Jahre in Berlin zu bleiben und vielleicht auch den Geschichtsunterricht des Kronprinzen zu übernehmen.

Mai 15. oder 16. Zusammentreffen mit Henriette Herz.

Mai 16. Iffland meldet Schillers gestrige Äußerung dem geheimen Kabinettsrat von Beyme mit der Bitte, eine Anstellung Schillers für das Theater oder in der Akademie zu erwägen. – Angegriffene Gesundheit.

Mai 17. Abreise von Berlin nach Potsdam. Zu einem zwanglosen Frühstück beim Königspaar in Sanssouci. Mittags bei Beyme, wo der Plan einer Übersiedlung nach Berlin erörtert wird. Beyme stellt Schiller eine Pension von 3000 Reichstalern in Aussicht; dieser möchte sich jedoch erst von Weimar aus entscheiden. Abends in der Komödie: »Fanchon oder das Leiermädchen« von Kotzebue: Nachts bei dem Offizier und früheren Schulkameraden Chr. von Massenbach.

Mai 18. Abreise von Potsdam nach Wittenberg.

Mai 19. Von Wittenberg nach Leipzig.

Mai 20. Von Leipzig nach Naumburg.

Mai 21. Rückkehr nach Weimar, wo ein Geschenk Cottas von 1000 Gulden auf ihn wartet. Abends Aufführung von »Nathan« in Weimar.

Mai 22. Übersendung des *Bergliedes* an Cotta.

Mai 25. Abends bei der Herzoginmutter Anna Amalia.

Mai 27. Am Hofe. – Vom Mannheimer Theater 135 Taler für den *Wilhelm Tell* erhalten.

Mai 28. Übersendung der ersten Bogen des *Wilhelm Tell* an Cotta zum Druck.

Mai 29. bis Juni 1. Karoline von Humboldt in Weimar, öfter bei Schiller.

Mai 30. Aufführung von Terenz' »Heautontimorumenos« (»Der Selbstquäler«) in Schillers Anwesenheit in Weimar.

Juni Anfang bis Juli 12. Zweite Phase der Arbeit am *Demetrius*.

Juni Anfang. Plan einer Reise nach Aschaffenburg zu Karl von Dalberg zur Erörterung seiner Versorgungspläne (unterblieben, da Dalberg angesichts der labilen politischen Lage von einer Bindung an ihn abrät).

Juni 1. Zweite Manuskriptsendung von *Wilhelm Tell* an Cotta sowie des Gedichts *Der Jüngling am Bache* für den »Damenkalender«.

Juni 2. Frühstück bei Graf Reuß.

Juni 4. Schreiben an den Herzog Karl August mit Eröffnung seiner Berliner Aussichten und Versprechungen und der Bitte um Zulage des Gehalts, so daß er wenigstens ein Drittel seiner schriftstellerischen Erträgnisse für die Kinder weglegen könne. Wunsch, in Weimar bleiben zu können. – Weiteres *Tell*-Manuskript an Cotta.

Juni 4.–7. Besuch von Reinwalds in Weimar.

Juni 5. Ein Billett des Herzogs stellt dessen Eingehen auf Schillers Wünsche in Aussicht. Bitte an Goethe um Vermittlung in der Gehaltsfrage; Schiller rechnet zunächst mit 800, späterhin mit 1000 Reichstalern jährlich.

Juni 8. Der Herzog bewilligt eine Verdopplung von Schillers Gehalt auf 800 Taler und verspricht, bei nächster Gelegenheit auf 1000 zu steigern. Daher Beschluß, in Weimar zu bleiben, jeden Gedanken an eine Veränderung aufzugeben und alleiniger Wunsch, nur einige Monate gelegentlich in Berlin zuzubringen. – Absendung des Restmanuskripts von *Wilhelm Tell* an Cotta. Plan einer Widmung des *Wilhelm Tell* an Dalberg, der dies jedoch aus Bescheidenheit ablehnt.

Juni 10. Am Hofe.

Juni 15. Ausgabe seiner gesammelten Dramen, »Theater«, auf den Winter verschoben.

Juni 16. Bitte an Wolzogen um Nachweis russischer Quellen zum *Demetrius*. Aufführung des *Wilhelm Tell* in Weimar als Abschluß der Sommerspielzeit.

Juni 17. Abends bei Goethe.

Juni 18. Mitteilung an Kabinettsrat Beyme, daß er in Weimar bleiben werde, schon um sich die Muße zum eigenen Schaffen zu bewahren, aber gegen eine Vergütung von jährlich 2000 Reichstalern mehrere Monate des Jahres in Berlin zubringen wolle. Der Brief bleibt unbeantwortet. – Von Crusius 235 Reichstaler Honorar für seine *Gedichte* erhalten. Tagsüber kurze Reise nach Jena, abends zurück nach Weimar.

Juni 19. Spaziergang mit Goethe. Abends mit Goethe, Lotte, Frau von Stein, Amalie von Imhoff und Heinrich Voß bei Karoline von Wolzogen, wo Schiller aus »1001 Nacht« erzählt.

Juni 22. 542 Reichstaler als drittes Geschenk Karl von Dalbergs, für den *Wilhelm Tell*, erhalten. – In Tiefurt. – Goethe bis 7. Juli in Jena.

Juni 24. Am Hofe. Arbeit an der Auswahl für die Prachtausgabe seiner Gedichte und Vorschlag zu deren Illustra-
tion an Crusius.

Juni 28. Am Hofe in Anwesenheit des Königs von Preußen; über die Ergebnisse der Besprechung bezüglich seines Berliner Aufenthalts ist nichts überliefert.

Juli. Verbreitung des Gerüchts, Schiller arbeite an einem
Drama »Attila«. – Entstehung des Dramenentwurfs *Elfride* (?).

Juli 2. An den Pächter Weidner in Niederroßla 1100
Reichstaler, die Hälfte der Hypothek, einschließlich Zinsen zurückgezahlt.

Juli 4. Berliner Erstaufführung des *Wilhelm Tell*, der dort
innerhalb von 14 Tagen sechsmal gespielt wird. Honorar:
331 Taler.

Juli 5. Übersendung des Gedichts *Der Alpenjäger* an
Becker.

Juli 7. Nachmittags Besuch von Heinrich Voß; abends bei
Goethe, der aus Jena zurückkehrt.

Juli 8. Abends mit Heinrich Voß bei Goethe; Gespräch
über Hölderlins Sophokles-Übersetzung.

Juli 9. Vom Weimarer Theater 155 Reichstaler erhalten.

Juli um 11. Lektüre der »Charlotte Corday« von Christine
Westphalen; Plan einer eigenen dramatischen Bearbeitung.

Juli 12. Entschluß zur Ausarbeitung des schon früher er-
wogenen Dramenstoffs *Die Prinzessin von Celle*. Zurückstellung des *Demetrius*.

Juli 15. Erstaufführung des *Wilhelm Tell* in Mannheim.

Juli 16. Schiller erwartet täglich eine Entscheidung über
sein Berliner Angebot. – Abends mit Goethe in Tiefurt.

Juli 19. Abreise mit der Familie nach Jena, da Lotte we-
gen ihrer bevorstehenden Entbindung in der Nähe ihres
Vertrauensarztes Dr. Stark zu sein wünscht. Wohnung im
Niethammerschen Haus, Leutrastraße 6. Häufiger Ver-
kehr mit Heinrich Voß und dessen Eltern. Auch Frau von
Lengefeld kommt nach Jena.

Juli 20. Morgens Besuch von Knebel.

Juli 24. Infolge Erkältung bei einer abendlichen Spazierfahrt durch das Dornburger Tal in zu leichter Kleidung
von heftigen Schmerzen im Unterleib befallen (Darmver-
schlingung?). Dr. Stark glaubt, ihn nicht länger als eine
halbe Stunde am Leben erhalten zu können. Der Anfall
dauert nur 3–4 Tage, wirkt aber noch wochenlang nach.

Juli 25. Geburt der jüngsten Tochter Emilie Henriette
Luise in Jena.

Juli 27. Nachlassen der Krankheit.

Juli 30. Besuch von Graf Geßler, der bis zum 8. August in
Jena bleibt und häufig mit Schiller verkehrt.

August 3. Langsame Erholung: »Die Gefahr wurde glücklich abgewendet, alles geht nun wieder besser, wenn mich
nur die unerträgliche Hitze zu Kräften kommen ließe«;
»der Kopf ziemlich hell und der Appetit wieder hergestellt«.

August 7. Taufe von Emilie Schiller. Paten: die Fürstinnen
Karoline Luise von Rudolstadt und Wilhelmine Friederike Karoline von Sondershausen, Frau von Lengefeld,
Karoline von Wolzogen, Graf Geßler, J. H. Voß und
nachträglich die Prinzessin Karoline von Weimar.

August 10. Langsame Besserung, immer noch sehr matt
und angegriffen.

August 13. Heiter, aber noch sehr schwach. Abends Besuch von Heinrich Voß.

August 13.–15. Besuch von Goethe in Jena.

August 14. Schiller kann nur mit zitternder Hand schreiben.

August 15. Nachmittags Besuch von Knebel.

August 15., 16. und 17. Besuche von Heinrich Voß.

August 17. »Ich merke kaum eine Zunahme von Kräften.«

August 19. Rückkehr nach Weimar mit den Söhnen Karl
und Ernst. Goethe bis zum 3. September in Lauchstädt
und Halle. Abends Besuch von Heinrich Voß.

August 21. Kleine Reparaturen und Reinigung im Hause.
Abends Heinrich Voß.

August 23. Rückkehr Lottes aus Jena.

August 31. »Es geht noch immer sehr langsam mit meiner Erholung, und meine ganze Tätigkeit stockt noch, leider habe ich diese sechs Wochen aus meinem Leben verloren.«

September Anfang. Erscheinen der Gedichte *Der Jüngling am Bache* und *Berglied* in Cottas »Taschenbuch für Damen auf das Jahr 1805«.

September 3. Rückkehr Goethes aus Lauchstädt.

September 4. Kaum eine Zunahme von Kräften; »besonders ist der Kopf angegriffen, und das bißchen Schreiben wird mir sauer«.

September 5. Besuch des Mannheimer Bassisten Gern.

September 9. Am Hofe.

September 15. Wiedereröffnung des Weimarer Theaters zur Winterspielzeit.

September 22. Aufführung der Neubearbeitung von Goethes »Götz«, an der Schiller teilgehabt hat, in Weimar.

Oktober Anfang. Erscheinen von: »*Wilhelm Tell* Schauspiel von Schiller. Zum Neujahrsgeschenk auf 1805. Tübingen, in der J. G. Cotta'schen Buchhandlung. 1804.« 2 Bl. 241 S. 12°, gedruckt bei Hopffer in Tübingen. Auflagehöhe 7000.

Oktober 1. Aufführung des »Nathan« in Weimar.

Oktober 2. »Habe ich vomiert.«

Oktober 3. Besuch des Prinzen Eugen von Württemberg mit Ludwig von Wolzogen.

Oktober 4. Besuch des Dichters J. D. Gries.

Oktober 5. Spazierfahrt mit Goethe; immer noch sehr angegriffen.

Oktober 8. Erhalt der ersten Exemplare des *Wilhelm Tell* von Cotta. – Seit 8. Oktober langsam merkliche Genesung.

Oktober 11. Langsame Erholung, Kraft und neue Neigung zur Tätigkeit. Wiedergewonnener Glaube an seine Genesung. – Nach Schwanken zwischen *Warbeck* und *Deme-*

trius Arbeitsaufnahme des letzteren. – Zurückweisung des Gerüchts, daß er ein Drama »Attila« schreibe.

Oktober 14. Am Hofe.

Oktober 15. Erstaufführung des *Parasit* in Berlin.

Oktober 16. Aufforderung an Cotta, sich um den Verlag von Goethes gesammelten Werken zu bewerben.

Oktober 21. Am Hofe.

Oktober 22. Wieder recht ordentliche Gesundheit und Tätigkeit.

Oktober 27. Mit Heinrich Voß in der Weimarer Aufführung der *Turandot.* Einladung an denselben, seinen Geburtstag bei ihm zu feiern.

Oktober 28. Empfang bei Hofe.

Oktober 29. Abends Feier des Geburtstags von Heinrich Voß bei Schiller mit Geburtstagstisch und Champagner.

Oktober 30. Gesellschaft bei der Herzogin Luise.

November 4. Auf Goethes Wunsch Beginn der Arbeit an der *Huldigung der Künste* für den festlichen Empfang des Weimarischen Erbprinzen und seiner jungen Gemahlin, der russischen Prinzessin Maria Paulowna.

November 8. Abschluß der *Huldigung der Künste.* Wieder ganz wohl und ohne Furcht vor dem Winter. Bei der Weimarer Aufführung der *Jungfrau von Orleans.*

November 9. Einzug des Weimarischen Erbprinzen Karl Friedrich mit seiner Gemahlin Maria Paulowna in Weimar unter großen Festlichkeiten. Wilhelm von Wolzogen überreicht Schiller einen Brillantring als Geschenk der russischen Kaiserin.

November 10. Vormittags Besuch von Heinrich Voß als Geburtstagsgratulant. Abends Aufführung von *Wallensteins Lager* in Weimar. Anschließend Nachtmusik.

November 11. Empfang bei Hofe; Unterredung Schillers mit der »äußerst liebenswürdigen« Erbprinzessin Maria Paulowna.

November 12. Morgens Übersendung der *Huldigung der Künste* an Wilhelm von Wolzogen zur Mitteilung an die

Erbprinzessin. – Abends Uraufführung der *Huldigung der Künste* zu Ehren des Erbprinzen Karl Friedrich und seiner Gemahlin Maria Paulowna in Weimar in Schillers Anwesenheit, anschließend Racines »Mithridate« und Feuerwerk. Die Erbprinzessin ist zu Tränen gerührt.

November 13. Hofball. Besuch von Göschen; Verhandlung mit ihm wegen seines »Journals für deutsche Frauen von deutschen Frauen geschrieben. Besorgt von Wieland, Schiller, Rochlitz und Seume«, das seit 1805 in Monatsheften erscheint. Schiller stellt nur seine beratende Mitwirkung in Aussicht.

November 14. Aufführung von *Wallensteins Lager* in Weimar.

November 15. Ball bei Graf Reuß.

November 16. Mit Voß, Riemer, Stoll, Hain und Becker bis gegen 3 Uhr morgens auf der Redoute.

November 17. Aufführung der *Jungfrau von Orleans* in Weimar.

November 18. Am Hofe. – Als Folge der Festlichkeiten leidet Schiller unter einem heftigen Katarrh, der ihn hart mitnimmt.

November 21. Cotta einen Druck des Vorspiels *Die Huldigung der Künste* in einem Kalender oder in Verbindung mit dem *Parasit* vorgeschlagen. Manuskript zur 2. Auflage des II. Bandes der *Gedichte* an Crusius. Fortsetzung der Arbeit an der Auswahl seiner Gedichte für die Prachtausgabe und am *Demetrius*.

Dezember 1. Aufführung des *Wilhelm Tell* vor der Erbprinzessin Maria Paulowna in verkürzter Bearbeitung (Weglassung des Kaisermordes mit Rücksicht auf die anwesende Großfürstin, die Tochter des ermordeten Zaren Paul I.).

Dezember 3. Aufführung von Goethes »Die Geschwister« und Erstaufführung von Zumsteegs Oper »Elbondokani«.

Dezember 10. Fortdauer des Katarrhs. »Leider ist meine

Friedrich Schiller.
Kreidezeichnung von Johann Gottfried Schadow, 1804

Gesundheit so hinfällig, daß ich jeden freien Lebens-
genuß gleich mit wochenlangem Leiden büßen muß.«
Stocken der Tätigkeit.

Dezember 13. Übersendung der *Huldigung der Künste*
an Cotta. Beiliegend der Plan für die Sammlung seiner
Dramen, der der Ausgabe des *Theaters* von 1805–07 in
5 Bänden zugrundeliegt.

Dezember 15. Von Cotta 40 Flaschen Portwein und 10 Flaschen Malaga als Geschenk erhalten, Zeichen der Freude Cottas über Schillers Wiedergenesung, nachdem sein Tod Ende Oktober in der Presse gemeldet worden war.

Dezember 16. Am Hofe.

Dezember 17. Auf Wunsch des Herzogs Beginn der Bühnenbearbeitung von Racines »Phädra« (bis 14. Januar 1805), da ihn das Unwohlsein am eigenen Schaffen hindert. Vor dem Entschluß zur »Phädra« Beschäftigung mit Racines »Britannicus«, der aus unklaren Gründen jedoch liegen gelassen wird, nachdem die erste Szene übersetzt ist. Im Anschluß daran vermutlich Entstehung der eigenen Dramenskizze *Agrippina.*

Dezember 19. Bei der Aufführung des »Nathan« in Weimar.

Dezember 20. Schiller verkauft den Brillantring der Kaiserin von Rußland durch W. v. Wolzogen für 500 Reichstaler zur Abzahlung der Hypotheken.

Dezember 23. Bitte an Cotta um Laplaces »Exposition du système du Monde«.

Dezember 24. Tod Hubers in Ulm; die Nachricht davon erschüttert Schiller tief. Abends Besuch von Fernow.

Dezember Ende. Immer noch heftiger Katarrh, der nur Nebenarbeiten ermöglicht.

Dezember 29. Beschäftigung mit Proben von Heinrich Voß' Übersetzung von Shakespeares »Othello«; Verbesserung und Neuübersetzung einzelner Verse. – Erscheinen des ersten Hefts vom »Journal für deutsche Frauen« (vgl. 13. November).

Ende des Jahres. Erscheinen des Gedichts *Der Alpenjäger* in Beckers »Taschenbuch zum geselligen Vergnügen« für 1805.

1805

Januar Anfang. Trotz anhaltenden Katarrhs öfter am Hofe und rasche Fortschritte der »Phädra«-Bearbeitung. Goethe leidet das ganze Frühjahr hindurch an heftigen Nierenkoliken; daher seltenere Begegnungen.

Januar 2. Abends Besuch von Goethe, dem Schiller den I.–III. Akt der »Phädra« vorliest.

Januar 3. Abends zum Tee bei der Erbprinzessin Maria Paulowna.

Januar 4. Abends mit Goethe zum Tee bei der Herzogin Luise.

Januar 6. Die ersten vier durchgesehenen Bogen des *Don Carlos* für die Ausgabe des *Theaters* an Cotta. – Am Hofe.

Januar 9. Abends bei der Herzoginmutter Anna Amalia.

Januar 10. Mit der Erbprinzessin Maria Paulowna zu einer Vorlesung bei Goethe.

Januar 13. Am Hofe der Erbprinzessin Maria Paulowna.

Januar Mitte bis Februar Anfang. Erkrankung der Kinder an Windblattern.

Januar 14. Abschluß der »Phädra«; Übersendung der Akte I–III an Goethe, der einige metrische Verbesserungen anbringt. Plan zur Wiederaufnahme des *Demetrius*. Lektüre der Memoiren von Marmontel.

Januar 16. Bei der Weimarer Aufführung von Goethes »Die Mitschuldigen« und »Der Bürgergeneral«; Schiller wird dadurch zu dem Entwurf eines Lustspiels im Geschmack von Goethes »Bürgergeneral« angeregt. Besuch von H. C. Robinson.

Januar 18. Besuch von Dr. Harbaur. Übersendung weiteren Manuskripts an Cotta. Weiterhin stark vom Katarrh geplagt, daher keine Stimmung zu eigenen Arbeiten.

Januar 20. Leseprobe der »Phädra«. Weiterhin Katarrh, der ihm »fast allen Lebensmut ertötet«. Erst mit dem Nachlassen des harten Winters gesundheitliche Besserung.

Januar 24./25. Beschäftigung mit Goethes Übersetzung von Diderots »Rameaus Neffe«, zu der Schiller einige Verbesserungen anbringt.

Januar 28. Erneute Beschäftigung mit dem Dramenplan *Die Kinder des Hauses* (?).

Januar 29. Ball der Herzoginmutter Anna Amalia.

Januar 30. Uraufführung von Schillers Bearbeitung der »Phädra« von Racine in Weimar zum Geburtstag der Herzogin in Anwesenheit Schillers.

Februar Anfang. Langsam fortschreitende Besserung.

Februar 3. Am Hofe. – Neue Bogen zum *Don Carlos* und den Anfang der revidierten *Jungfrau von Orleans* für das *Theater* an Cotta.

Februar 8.–12. Schwere Erkrankung Goethes.

Februar 8./9. Heftiger Fieberanfall bei Nacht. H. Voß findet Schiller leichenblaß und fröstelnd im Zimmer mit zitternden Füßen und matter Stimme; er durchwacht die Nächte abwechselnd beim Krankenlager Schillers und Goethes, innerhalb von 12 Tagen viermal bei Schiller.

Februar 11. Erneuter Fieberanfall in der Nacht, wie in den folgenden 2 Wochen in jeder 3. Nacht. Tagsüber »fatales Schnupfenfieber«. – Aufführung von *Wallensteins Lager* in Weimar.

Februar 12. Besuch von Heinrich Voß, der auch nachts als Krankenwärter kommt. Schiller hat schon über 4 Tage nichts gegessen. Um 24 Uhr wird Lotte sorgsam zu Bett geschickt, da Schiller einen Ohnmachtsanfall kommen spürt. Halluzination einer Rechenschaftsablegung vor Gott.

Februar 15. Besuch von Heinrich Voß, der sich auch abends zur Nachtwache einfinden will. Schiller lehnt plötzlich lebhaft und dringend ab, weil er dem Redoutenfreunde Voß die heutige Redoute nicht vorenthalten möchte. Er gibt erst nach, als Voß gesteht, daß er ohne Schiller an der Redoute keine Freude haben würde.

Februar 16. Erhalt von Laplaces »Exposition du système

du Monde« von Cotta. – Geburtstag der Erbprinzessin Maria Paulowna; beim feierlichen Staatsakt der Belehnung der fürstlichen Häuser Schwarzburg-Rudolstadt und Sondershausen im großen Saal des Weimarer Schlosses ist Schiller vermutlich anwesend.

Februar 18. Bei der Weimarer Aufführung der »Phädra«.

Februar 20. Abends Voß als Krankenwärter.

Februar 22. »Die zwei harten Stöße ... haben mich bis auf die Wurzeln erschüttert, und ich werde Mühe haben, mich zu erholen.«

Februar 23. Übersendung der »Phädra« an Iffland. Entschluß zur ernsthaften Beschäftigung mit dem *Demetrius*, doch keine Hoffnung auf Abschluß des Stückes vor Ende des Sommers.

Februar 24. Nach Aussage von Voß »unbeschreiblich wohl und kräftig«, doch noch nicht recht arbeitsfähig. Nachmittags Besuch von Heinrich Voß.

Februar 25. Fieberfrei und allmählich auflebend. – Abschluß des Schillerporträts von F. A. Tischbein, dem er in den letzten Tagen gesessen hat, in der Rohzeichnung. Die Ausführung erfolgt erst später. – Neues Manuskript an Cotta (Rest des *Don Carlos* und Teil der *Jungfrau von Orleans*).

Februar 28. Anhalten der Besserung.

Februar Ende bis April um 12. Durchsicht und Bearbeitung der »Othello«-Übersetzung von Heinrich Voß.

März 1. Besuch bei dem kranken Goethe in Anwesenheit von Heinrich Voß. – Bitte an Cotta um Separatdrucke der *Huldigung der Künste*. – Lektüre der Briefe Winckelmanns nach den von Goethe übersandten Druckbogen.

März 5. Schwinden des Fiebers und schnelle Zunahme der Kräfte. Weiterarbeit am *Demetrius* (bis Ende April), da die vorgesehene letzte Durchsicht der »Phädra« durch die Krankheit ohnehin aufgeschoben ist.

März 8. Zum Tee bei der Herzogin Luise.

März 9. Bei der Weimarer Aufführung des *Wilhelm Tell*.

März 10. Am Hofe.

März 12. Mittags bei der Herzoginmutter Anna Amalia.

März 15. Abends bei der Erbprinzessin Maria Paulowna.

März 16. Entstehung der Verse *Einem Freunde ins Stammbuch* für den Kupferstecher Ch. von Mechel aus Basel.

März 17. und 24. Am Hofe.

März 27. Eifrige Arbeit an der Fortsetzung des *Demetrius*. Wiederholter Plan einer Reise nach Franken.

März 31. Am Hofe.

April. Ankauf eines Pferdes von Oberforstmeister von Stein auf Anordnung des Arztes, der ihm das Reiten als Bewegung verschreibt. Schiller hat das Pferd nicht mehr geritten, aber sich stets darauf gefreut.

April 2. Mit eintretendem Frühjahr Rückkehr von Heiterkeit und Lebensfreude, erneutes Aufleben. – Letzter Brief an Wilhelm von Humboldt: Bekenntnis zum Idealismus.

April 12. Abschluß der Bearbeitung von »Othello« in der Übersetzung von Heinrich Voß.

April Mitte (?). Erscheinen von:
»*Die Huldigung der Künste*. Ein lyrisches Spiel von Friedrich von Schiller. Tübingen, in der J. G. Cotta'schen Buchhandlung 1805.« 22 S. 1 Bl. 4°, gedruckt bei Frommann und Wesselhöft in Jena in einer Auflage von nur 125 Exemplaren.

April 14. Am Hofe.

April 15. Mittags Heinrich Voß zu Tisch.

April 21. Am Hofe.

April 22. Ankunft der Frau von Lengefeld auf Besuch.

April 23.–25. Beschäftigung mit Diderots »Rameaus Neffe« in der Übersetzung von Goethe.

April 25. Besuch von Goethe und Unterhaltung über »Rameaus Neffe«. Datum der letzten Briefe an Goethe und Körner. »Ich werde Mühe haben, die harten Stöße seit neun Monaten zu verwinden, und ich fürchte, daß doch etwas davon zurückbleibt ... Indessen will ich mich ganz

zufrieden geben, wenn mir nur Leben und leidliche Gesundheit bis zum 50. Jahr aushält.«

April 26./27.   Goethe übersendet einen Teil des Manuskripts zur Geschichte der Farbenlehre.

April 28.   Am Hofe.

April Ende.   Immer noch fleißige Arbeit am *Demetrius*,
doch nur langsame Fortschritte infolge der langen Ent-
wöhnung.

April 29.   Vorletzter Theaterbesuch: »Klara von Hohen-
eichen« von Spieß.

Mai 1.   Aussetzen der sonst üblichen Schmerzen an der linken Seite. Abends letzter Theaterbesuch mit Karoline
von Wolzogen: »Die unglückliche Ehe aus Delikatesse«
von F. L. Schröder. Auf dem Wege ins Theater letzte Begegnung mit Goethe, der selber kaum genesen ist und
Schiller nicht aufhalten will. Nach dem Schauspiel von
Heinrich Voß abgeholt, der Schiller in seiner Loge in heftigem Schüttelfrost findet und ihn nach Hause geleitet.
Spätabends Erkrankung an starkem Husten und heftigem
Katarrhfieber, das in den folgenden Tagen weiter zu-
nimmt (akute Pneumonie). Während der letzten Krankheit pflegen ihn treuer Diener Rudolf und Wilhelm
von Wolzogens zurückgelassener Diener Michael Färber.
Dr. Stark ist verreist.

Mai 2.   Anhalten des Fiebers. Besuche vom Schauspieler
Genast und Heinrich Voß: »Da liege ich wieder«. – Auch
während der Krankheit noch Beschäftigung mit dem *Demetrius*, Monolog der Marfa im II. Akt.

Mai 3. oder 4.   Letzter Besuch von Cotta auf der Durchreise nach Leipzig. Von Schiller freudig begrüßt, doch
sollen die Geschäfte bis zur Rückkehr Cottas aus Leipzig
verschoben werden.

Mai 5.   Verschlechterung des Zustandes. Abends Fieber-
phantasien. – Mannheimer Erstaufführung von Schillers
»Nathan«-Bearbeitung.

Mai 5./6.   Unruhige Nacht mit heftigen Krämpfen in der
Brust.

Mai 6. Morgens findet Dr. Huschke den Dichter röchelnd und mit kleinem Puls. Nachmittags bringt ein verordnetes Kräuterbad einige Linderung. Mäßiger Husten und immer noch Hoffnung auf Genesung. Abends beginnt Schiller abgebrochen, doch nie besinnungslos, zu sprechen. Verlangen nach Märchen und Rittergeschichten: »Da liegt doch der Stoff zu allem Schönen und Großen.«

Mai 7. Morgens munterer, da etwas geschlafen. Abends Versuch eines Gesprächs mit Karoline von Wolzogen über Tragödienstoffe, das diese jedoch ablehnt. Später Phantasieren und erneute Halluzinationen; so die Worte: »Ist das euer Himmel, ist das eure Hölle!« und »Du von oben herab, bewahre mich vor langem Leiden!«.

Mai 8. Kleiner und krampfhafter Puls. Nach unruhiger Nacht mit viel Phantasien (»Judex!«) bis gegen Mittag tagsüber öfter still geschlafen. Nachmittags läßt er sich die kleine Emilie bringen und küßt sie. Auf die Frage Karolines nach seinem Befinden antwortet er: »Immer besser, immer heiterer«. Er verlangt, die Sonne zu sehen, schaut in den strahlenden Abendhimmel und nimmt Abschied von der Natur. Nachts Plan einer Reise mit Lotte nach Bad Brückenau.

Mai 9. Nach unruhiger Nacht früh Besinnungslosigkeit, viel Phantasien und nur unzusammenhängende Reden, meist Latein. Vormittags ein Bad, dann eine Ohnmacht und phantasienreicher Schlaf. Ein Glas Champagner als letzter Trank. Nachmittags geschlafen, gegen 15 Uhr völlige Schwäche, Stocken des Atems. Gegen 17.30 Uhr ein plötzlicher Nervenschlag, der durch Einreibungen von Moschus scheinbar beruhigt wird, gegen 17.45 Uhr jedoch heftig repetiert und das Ende herbeiführt.

Niemand wagt, dem leidenden Goethe die Nachricht von Schillers Tod mitzuteilen. H. Meyer, der bei Goethe ist und, herausgerufen, davon erfährt, geht ohne Abschied weg. Christiane Vulpius erzählt nur von einer langen Ohnmacht Schillers.

Mai 10. Morgens errät Goethe das Geschehene. »Er ist tot!« wiederholt er und bedeckt sich die Augen mit den Händen. – Entstehung der Totenmaske Schillers von Johann Christian Ludwig Klauer und der Zeichnung von Ferdinand Jagemann »Schiller auf dem Totenbett«. – Die Sektion durch Dr. Huschke ergibt als Todesursache: akute Lungenentzündung mit weit fortgeschrittener eitriger Zerstörung der linken Lunge, Entartung der Herzmuskulatur und daneben Darmverengung.

Mai 11. Das Weimarer Theater bleibt mit Genehmigung des Herzogs und Goethes im Gedenken Schillers geschlossen. Nachmittags und abends werben der Bürgermeister Karl Schwabe und Heinrich Voß in einem Rundschreiben unter den Freunden des Verstorbenen freiwillige Leichenträger, die anstelle der sonst üblichen Zunfthandwerker den Verstorbenen auf seinem letzten Wege geleiten: Bürgermeister Schwabe, Dr. Stephan Schütze, Heinrich Voß, der Maler Ferdinand Jagemann, der Bildhauer Klauer, Kriegssekretär Helbig u. a. m. In der Nacht zum 12. Mai, nach Weimarer Sitte zwischen 24 und 1 Uhr, Beisetzung im sogenannten »Landschaftskassengewölbe« auf dem alten Friedhof der St. Jakobskirche in Weimar, der Begräbnisstätte für Standespersonen ohne eigenes Erbbegräbnis. Wilhelm von Wolzogen, der eben von einer Reise zurückgekommen ist, schließt sich auf dem Friedhof dem Zuge an; Goethe ist durch Krankheit verhindert. – Am 16. Dezember 1827 endgültige Beisetzung der sterblichen Überreste in der Fürstengruft zu Weimar.

Verzeichnis der Abbildungen

Register

I. Werke und Pläne

II. Personen und Orte

Zum Autor

GERO VON WILPERT, 1933 in Dorpat/Estland geboren, studierte 1953–57 in Heidelberg deutsche Literaturwissenschaft, klassische Philologie, Sprachwissenschaft und Philosophie und war 1957–72 Cheflektor des Alfred Kröner Verlags in Stuttgart. Seit 1973 war er Senior Lecturer, nach der Promotion seit 1978 Associate Professor für deutsche Literaturwissenschaft an der University of New South Wales in Sydney, dann 1982 bis zur Emeritierung 1994 o. Professor und Direktor des Deutsch-Departments an der University of Sydney. Er ist Fellow der Australian Academy of the Humanities.

Zu seinen Buchveröffentlichungen zählen neben der vorliegenden *Schiller-Chronik* (1958, ²2000): *Sachwörterbuch der Literatur* (1955, ⁸2000), *Deutsche Literatur in Bildern* (1955, ²1965), *Deutsches Dichterlexikon* (1963, ³1988), *Der verlorene Schatten* (1978), *Die deutsche Gespenstergeschichte* (1994) und das *Goethe-Lexikon* (1998). Er ist Herausgeber des zweibändigen *Lexikons der Weltliteratur* (1963–68), ³1988–93) und Mitherausgeber der Bibliographie *Erstausgaben deutscher Dichtung* (1967, ²1992) sowie der Sammelbände *Moderne Weltliteratur* (1972) und *Buddenbrooks-Handbuch* (1988).

Inhalt